·wald
›rdseeinseln

im:
'eter Rump GmbH
98
rackwede

mp
996

Schömann, Köln
Raisin, der Verlag
t anders angegeben
er Verlagsanstalt GmbH, Fulda

andlung der BRD, Österreichs,
Bitte informieren Sie Ihren
Bezugsadressen:
5461 Fernwald (Annerod)
e KNOe/KV, Libri,
/egener & Co.
ch 89, CH-3910 Affoltern
Buchvertrieb GmbH,
230 Wien
Nilsson & Lamm bv,
0 AD Weesp

at, bekommt unsere Bücher
s plus 4,50 DM für Porto und
Brief) direkt bei:
ersand
)9 Lingen (Ems)

und Verbesserungsvorschläge.

n den Autoren mit größter Sorgfalt
es gewissenhaft bearbeitet und
liche Fehler nicht ausgeschlossen
e Angaben im Sinne der Produkt-
erlag wie Autoren keinerlei Verant-
sachliche Fehler übernehmen.

ERMANY
5-619-3

Inhalt

Anhang

Exkurse zwischendurch

Vorwort

Weshalb auf die niederländischen Nordseeinseln reisen – "ausweichen" vielleicht sogar? Haben wir in Deutschland nicht selbst genug Inseln? Immerhin können wir gut zwei Dutzend zählen!

Nun, sie sind einmal etwas anderes. Anders nicht nur insofern, als auf den fünf "Waddeneilanden" unseres Nachbarstaates *Nederlands* (aber auch fließend deutsch) gesprochen wird. In vieler Hinsicht unterscheiden sich die holländischen Inseln nämlich von den deutschen und machen sie dadurch zu nicht minder reizvollen Reisezielen. Oft sind sie sogar noch weitaus attraktiver: Ihre Andersartigkeit besticht. Und wie die hiesigen Nordsee-Eilande haben sie alle ihren höchst individuellen Charakter, jede ist sozusagen ein Ländchen für sich.

Hier wie dort gilt es indes manches zu beachten, das nicht in den glanzvollen Broschüren und schwülstigen Prospekttexten steht. Fragen über Fragen: Wie ist unsere Beziehung zu den Niederländern, denen wir vor noch nicht langer Zeit so schändlich mitgespielt hatten? Und Antworten: Das meiste ist beigelegt, längst eingerenkt – aber eben nicht alles. Ist die holländische *Noordzee* sauberer als die deutsche *Nordsee?* Zumindest ist sie nicht nennenswert schmutziger; es gibt sogar einige ausgesprochene *Highlights* zu vermelden, wie später nachzulesen zu sein wird. Kann man in Holland besser essen und trinken als bei uns? Nun, vielleicht, streng genommen und ehrlich gesagt: eher nicht. Dieses Buch bemüht sich auf jedem Sektor um Aufrichtigkeit. Es verteilt gute Noten, aber auch, wo nötig, ein paar schlechte.

Vorweg gleich ein ganz dicker Pluspunkt: Die Niederländer haben es verstanden, ihre Inseln, wie so vieles in ihrem Ländle, so zu belassen, wie sie vor hundert, nein: zwei-, dreihundert und mehr Jahren aussahen, zumindest im besiedelten Bereich. Ein gut Teil der alten Bausubstanz ist erhalten geblieben und macht die Inselstädtchen sehens- und liebenswert. Nur sehr wenige – glücklicherweise niedrige – häßliche Großkomplexe verschandeln die insulare Landschaft, ein genereller Bebauungsstopp verhindert weitere Ausdehnung und Zersiedelung. Zwar ist auch, ganz wie in Deutschland, einiges an ausgesprochen "touristischer" Architektur entstanden. Doch alles nimmt sich irgendwie bescheidener aus – *bewußt* bescheidener. In Holland protzt man nicht mit Quadratmetern. Man protzt überhaupt nicht; die Niederländer haben dafür keine Veranlagung.

Es war ein besonderer Glücksfall, daß ich vor der Inangriffnahme dieses Buches die deutschen Nordseeinseln für ein ähnliches Projekt besuchte. Die frisch gewonnenen Eindrücke konnten dieserart mit den noch nicht verblaßten Impressionen aus dem deutschen Raum unmittelbar verglichen und gewertet werden. Die insularen Besonderheiten existieren, hier wie dort, aber auch viele Gemeinsamkeiten. In meinem Vorwort zu einem Buch über die Ostfriesischen Inseln hatte ich geschrieben: "Zwar liegen die Inselstrände selten gänzlich verlassen, auch im Winter nicht. Und manchmal tummelt sich auf ihnen mehr Menschheit, als dem nach insularer Isolation Dürstenden lieb sein mag. Doch sind dies überwiegend Menschen in fröhlicher Stimmung, deren Gesellschaft eher anregt als 'nervt'..." Wort für Wort trifft dies auch auf die holländischen Nordseeinseln zu. Möge sich der Gast – einen *Kur*gast gibt es dort nicht – bei unseren westlichen Nachbarn wohlfühlen und hinfort zu einem *Nisophilen,* einem Liebhabern von Eilanden werden!

Tot ziens – wir sehen uns!

Roland Hanewald

Hinweise zur Benutzung

Dieses Buch ist in mehrere Abschnitte gegliedert. Im Kapitel ***Allgemeine Reisetips*** findet man neben praktischen Informationen auch Themen wie Geschichte oder das Verhältnis von Niederländern und Deutschen. Das Kapitel ***"Die Nordsee"*** liefert landeskundliche Angaben zu Themen wie Wetter, Gezeiten oder Tierwelt.

Danach folgt die ***Beschreibung der einzelnen Inseln.*** Einem einleitenden Abschnitt zur Geschichte folgt eine Vorstellung der Orte und Landschaften, der Natur und der besonderen Sehenswürdigkeiten der jeweiligen Insel.

Den Abschluß jedes Inselkapitels bilden die ***praktischen Informationen.*** Erspart habe ich es mir, jedes kleine Adreßchen aufzulisten, Post, Supermarkt und Bäckerei im Detail zu beschreiben. ***Ärzte*** sind auch nicht mit Anschrift und Telefonnummer vertreten. Benötigt man sie, so sagt man einfach seinem Wirt Bescheid und kommt geradliniger ans Ziel als auf eigene Faust.

Die im Buch verwendete ***Reihenfolge*** von kommerziellen Betrieben beinhaltet keine Wertung. Im allgemeinen ist alphabetisch vorgegangen worden, mitunter setzt die zugrundeliegende Reiserichtung von West nach Ost die Prioritäten.

Läden haben in etwa die gleichen ***Öffnungszeiten*** wie hierzulande; der Sonntag ist jedoch noch heiliger als bei uns. ***Feiertage*** entsprechen ebenfalls weitgehend den deutschen, hinzu gesellen sich der Geburtstag der Königin (30.4.) und der Befreiungstag (5.5.).

Hintergrundinformationen oder interessante Anekdoten findet man in den ***Exkursen.*** Eine ***Literaturliste,*** ein kleiner ***Sprachführer,*** das ***Register*** und das ***Kartenverzeichnis*** im ***Anhang*** beschließen dieses Buch.

Alle Informationen sind zwar sorgfältig und aktuell recherchiert, aber Fehler lassen sich nicht immer vermeiden, und manche Angaben können sich natürlich auch ändern. Über diesbezügliche Hinweise freue ich mich!

Abkürzungen in diesem Buch

DZ	Doppelzimmer
EZ	Einzelzimmer
Fewo	Ferienwohnung
HP	Halbpension
HS	Hauptsaison
JH	Jugendherberge
NS	Nebensaison
Ü	Übernachtung
ÜF	Übernachtung mit Frühstück
VP	Vollpension
VVV	Fremdenverkehrsverein

Abkürzungen in niederländischen Quartierlisten

acc	*accommodatie*	Unterkunft
bk	*bijkomende kosten*	Nebenkosten
bt	*bad/toilet*	Zimmer mit Bad/Toilette
d	*douche*	Dusche
db	*dekbedden*	Bettdecke
dd	*donderdag*	Donnerstag
di	*dinsdag*	Dienstag
dk	*dekens*	Bettlaken
dt	*douche/toilet*	Zimmer mit Dusche/Toilette
es	*eindschoonmaak(kosten)*	Endreinigung(skosten)
fd	*feestdag*	Feiertag
gjg	*gehele jaar geopend*	ganzjährig geöffnet
HP	*halfpension*	Halbpension (HP)
k	*korting*	Rabatt, Nachlaß
L	*ligging* oder *logies*	Lage *oder* Zimmer (Ü)
LO	*logies + ontbijt*	Zimmer + Frühstück (ÜF)
md	*maandag*	Montag
mw	*middelweek*	Wochenmitte
nv	*niet verplicht*	keine Verpflichtung
pd	*per dag*	pro Tag
pl	*plicht/verplicht*	Verpflichtung
pn	*per nacht*	pro Nacht
pp	*per persoon*	pro Person
pppn	*per persoon per nacht*	pro Person/Nacht
pvt	*prijs van-tot*	Preis von-bis
tb	*toeristbelasting*	Kurtaxe
t/m	*tot en met*	bis einschließlich
v/a	*vanaf*	ab
vd	*vrijdag*	Freitag
volw, v/w	*volwassenen*	Erwachsene
VP	*volpension*	Vollpension (VP)
vpd	*verlenging per dag*	Verlängerung per Tag
vv	*vice versa*	hin und zurück
wb	*waarborgsom*	Kaution
wd	*woensdag*	Mittwoch
we	*weekend*	Wochenende
wi	*wisseldag*	Wechseltag
zat	*zaterdag*	Samstag
zd	*zondag*	Sonntag
zo	*zonder ontbijt*	ohne Frühstück

Allgemeine Reisetips

Anreise

Mit öffentlichen Verkehrsmitteln

Wer an die Nordsee reist, dem sei allemal empfohlen, das miefende Mobil daheim zu lassen - es paßt dort nicht hin. Vielen dient es ohnehin nur als Gepäckwagen; nach der Anfahrt bleibt es nutzlos stehen. Auch wird nicht gerade ökologische Denkart demonstriert, wenn man das Fahrrad auf das Auto schnallt. (Auf den Fähren wird der Höhen- oder Längenzuwachs des PKW durch das Rad außerdem empfindlich extra berechnet). Man sollte sich darauf verstehen, möglichst wenig Gepäck mitzuführen. Wäsche heißt nämlich Wäsche, weil man sie ständig neu waschen kann; man braucht nicht unendlich viele Wechselgarnituren. Und Fahrräder lassen sich eh überall preiswert mieten, ist man doch in Holland.

Mal probeweise einen ganzen Tag in der klaren Strandluft wandern; da riecht man anschließend jedes Auto. Auch das eigene - wetten? Vielleicht gewinnt man dann die Erkenntnis, daß es nicht immer nur "die anderen" sind.

Die ***Abfahrtshäfen*** Den Helder (Texel) und Harlingen (Vlieland/Terschelling) haben ***Bahnanbindung***. In beiden Fällen fährt der Zug jedoch nicht bis an den Kai; zumindest in Den Helder muß man noch ein ganzes Stück mit dem Citybus weiter. (Bei der Routenplanung ist auch stets zu bedenken, daß keine Bahnlinie über den Abschlußdeich führt; mit allen anderen Verkehrsmitteln bis hin zum Fahrrad kann man ihn jedoch befahren). Die Häfen Holwerd (Ameland) und Lauwersoog (Schiermonnikoog) lassen sich von Leeuwarden bzw. Groningen leicht mit ***Bussen*** erreichen. Bei Holwerd ist zu beachten, daß die Anlegestelle *(veerdam)* noch 4 km vom Ort entfernt ist; es gibt aber immer einen passenden Anschlußbus. Mehr zu den Fährhäfen im Text.

Mit dem Auto

Texel, Terschelling und Ameland sind "Autoinseln", man kann seinen Großrollstuhl dorthin mitnehmen. Von dieser Möglichkeit machen auch viele Deutsche Gebrauch, wie man an den Nummernschildern sieht; zu viele eigentlich. Die Holländer versuchen, den Trend einzudämmen, indem sie ziemlich hohe Fährpreise für das Mobil verlangen; die *Duitsen* scheint das bis auf weiteres aber nicht sehr zu schrecken.

Etwas hinterhältiger ist die Methode, die ausländischen Chauffeure auf Schritt und Tritt abzukassieren. Das halte ich für durchaus legitim, wenn sich infantile Triebfahrer angesichts einer gemütlicheren Umwel ihrer privaten Autokalypse hinzugeben verpflichtet fühlen. Doch man legt mitunter auch Übereifer an den Tag, indem man dem ganz legal parkenden Fremden ein ***Knöllchen*** verpaßt – er wird sich aus Unkenntnis der örtlichen Verhältnisse schon nicht beschweren. Doch, doch, er kann es. Gleich zum Rathaus (nicht zur Polizei), wenn man sich ungerecht behandelt fühlt, und Protest einlegen. Sofern man ein bißchen Nachweis erbringen kann, stößt man dann durchweg auch auf Verständnis.

Der ***Autotransport*** muß rechtzeitig reserviert werden; dafür werden u. a. Typ und Kennzeichen des Wagens benötigt. Einzelheiten zu den Fährschiffen und zu den ***Parkmöglichkeiten in den Fährhäfen*** bei den jeweiligen Inseln.
Nur am Rande: Die ***Promillegrenze*** in den Niederlanden liegt bei 0,5; darüber hinaus wird es dann rasch sehr teuer.

Niederländisch für Autofahrer

Die ***Verkehrszeichen*** in den Niederlanden entsprechen im großen und ganzen denen in der Bundesrepublik, befinden wir uns doch in der Europäischen Union. Mitunter weichen die Farben ab, aber damit kann man leben. Was manchmal zusätzlich schwarz auf weiß geschrieben steht, ist indes reines Niederländisch, und das sollte man lesen können. Ein Überblick:

bromfiets	Moped
drempel(s)	Bremsschwelle(n)
eenrichtingsverkeer	Einbahnstraße
EHBO	Erste Hilfe
fietsers	Radfahrer
geen	kein
Geen doorgaand verkeer	keine Durchfahrt
Geen toegang	keine Zufahrt
Geldt niet voor...	gilt nicht für...
gesloten	geschlossen
gevaar	Gefahr
Gevaarlijke bocht	gefährliche Kurve
inlichtingen	Auskunft
let op oder *pas op!*	Achtung!
motor	Motorrad
niet	nicht
Niet parken	Parken verboten
NP (inoffiziell, vor Ausfahrten)	nicht parken
Parkeerschijf verplicht	Parkscheibe erforderlich
Parkeren beperkt	eingeschränktes Parken
rotonde	Kreisverkehr
slecht wegdek	schlechte Wegstrecke
toegelaten	zugelassen
toegestaan	erlaubt
tol	Zahlstelle
uit(gang)	Ausgang
uitgezonderd	mit Ausnahme von
voorrang	Vorfahrt
Voorrang verlenen!	Vorfahrt beachten!
wegwerkzaamheden	Straßenarbeiten
werk in uitvoering	Baustelle
zachte berm	schlechter Straßenrand
zijweg	Straßeneinmündung
zonder	außer, ohne

Fährverbindungen

Die Fähren nach allen Inseln verkehren tidenunabhängig, mithin nach ***festen Fahrplänen.*** Der Winterdienst ist gegenüber dem Sommer etwas eingeschränkt. Siehe die jeweiligen Inseln und die Karte auf der Innenseite des Buchdeckels.

Aus Sicherheitsgründen wird das ***Reisegepäck*** in den jeweiligen Abfahrtshäfen auf Rollwagen *(aanhangwagens)* umgeladen. Dieser Service ist überall kostenlos.

Inselhüpfen

Wer etwas abenteuerlustig veranlagt ist, kann von einer Insel zur anderen reisen, ohne zwischendurch das Festland zu berühren – jedenfalls in der Theorie. Fahrplanmäßiges Inselspringen ist nämlich nur zwischen Vlieland und Terschelling möglich. Bei den anderen Inseln muß man sich Tourprogrammen anschließen, die alle von mehreren Faktoren abhängig sind: Saison, Wetter, Teilnehmerzahl. Stimmt einer nicht, fällt die Tour ins Wasser. Außerdem kann sich die Unterbringungsfrage aufgrund der unsicheren Verhältnisse schwierig gestalten. Auf manchen Karten sind durchgängige Fährverbindungen kommentarlos eingezeichnet; man muß sich dann stets die obigen Fußnoten dazudenken.

Wenn man ***mit öffentlichen Verkehrsmitteln alle Inseln von Texel bis Schiermonnikoog*** bereisen möchte, ist die folgende Route anzusetzen: Ab Texel ('t Horntje) per Fähre nach Den Helder Fährhafen. Bus (jeweils umsteigen) nach Den Helder Bhf, nach Den Oever, nach Aafsluitdijk (Zurich), nach Harlingen Bhf, noch 1 km zu Fuß oder per Taxi zum Hafen. Fähre nach Vlieland. Von dort Fähre nach Terschelling und erneut nach Harlingen. Bus (jeweils umsteigen) nach Leeuwarden, nach Holwerd, zum Fährhafen. Fähre nach Ameland und zurück nach Holwerd. Von dort Bus nach Lauwersoog; bei ungünstiger Direktverbindung via Leeuwarden und Groningen Fähre nach Schiermonnikoog.

Klingt kompliziert, ist aber anhand fester Fahrpläne leicht nachvollziehbar.

Die "Braune Flotte"

Mit dem eigenen Boot

Die Reviere um die niederländischen Nordseeinseln sind wahre Leckerbissen für den Wassersportler. Allerdings sollte man sich stets zwei wichtige Einschränkungen vor Augen halten: Die Holländer selbst sind höchst aktive Segler und Bootfahrer; deshalb wird es im Sommer in den Inselhäfen eng. Zudem stehen große Teile der *Waddenzee* unter ***Naturschutz.*** (Die geschützten Gebiete sind in den Seekarten in Dunkelgrün kenntlich gemacht). Man kann sie zwar befahren, und Trockenfallen auf ihnen ist auch nicht verboten, aber zumindest unerwünscht. Mindestabstand zu Seehunden: 1.500 m, zu Vogelkolonien: 500 m. Der Bordhund darf nicht frei auf dem Watt herumlaufen. Naturreservate, in den Karten als solche vermerkt, dürfen überhaupt nicht berührt werden.

Das ***Betonnungssystem*** entspricht schon seit 1978 dem westeuropäischen Standard. In einigen Punkten unterscheidet es sich jedoch vom deutschen, man mache sich vorher kundig. In Deutschland sollte man sich auch in einschlägigen Läden den jeweils im Frühjahr erscheinenden *Almanak voor Watertoerisme* besorgen, eine unverzichtbare ***Lektüre.*** Empfohlen außerdem: *Hydrograafische Kaart Nr. 1811: Waddenzee (Westblad)* und *Nr. 1812: Waddenzee (Oostblad)* sowie auch die *Getijtafels voor Nederlande,* entsprechend unserem Tidenkalender. Gutes Handbuch: Jan

Werner, siehe Literaturanhang. Funkverkehr im Inselbereich: *Centraale Meldpost Waddenzee,* Tel. 05624-43100, Fax -2355, UKW-Kanal 4.

Basisinformation zu den einzelnen Inselhäfen im laufenden Text.

Mit dem Flugzeug

Reguläre Flugdienste gibt es nicht. Je ein bescheidenes Flugfeld (unbefestigte Graspiste) auf Texel und Ameland kann mit Kleinmaschinen angeflogen werden. Zwischen beiden Inseln finden im Sommer Flüge statt, siehe Texel, Touren.

Essen und Trinken

"Die Holländer speisen, als hätten sie gerade einen Krieg verloren: hochkalorischen Gemüsematsch mit fetten Wurstschnibbeln, den sie *stampoltje* nennen. Oder sogenannten Balkenbrei aus Schmalz, Mehl und Schweineblut oder schorfige fußwarme Kroketten aus Automaten – 'aus der Mauer', wie es der Volksmund nennt." So lästerte der *Spiegel* vor ein paar Jahren, worauf die holländische Presse hitzig zurückschlug und die Deutschen pauschal als dumpfe Currywurstfresser darstellte.

Beides, sowohl die Sache mit dem verlorenen Krieg als auch die mit der Currywurst, dürfte etwas überzogen sein. Wahr ist zwar, daß man von Deutschland aus speziell zum Essen wohl lieber nach Frankreich als in die Niederlande reisen würde. Das flubbige Wattebrot, das fast überall die Frühstückstische ziert; die dazu gereichten, mit dem landesüblichen *Zilmetta-Hobel* hauchdünn geschliffenen Käsescheiben; die lange Zeit berüchtigt geschmacklosen Treibhaustomaten – "Gemüse-Gau" *(Natur);* "Wasser im vierten Aggregatzustand" (wiederum der *Spiegel) –;* der schlimme Krokettenteig, mit dem selbst die feinsten Sachen gestraft werden – das alles wird dem Hollandbesucher nicht immer so *smakelijk* vorkommen, wie es ihm seitens der Einheimischen

Matjes und Granat

Wer es noch nicht weiß: ***Matjes,*** auf holländisch *maatjes*, ist ein vornehmlich aus Dänemark stammender junger (roher) Hering, den man in einer milden Salzlake mehrere Wochen lang "heranreifen" läßt, bis er zum "Kaviar der Nordsee" gedeiht. Wie ißt man Matjes richtig, zumindest wenn er nicht auf dem Teller serviert wird? Indem man zunächst das süße Gummibrötchen abbestellt, das beim besten Willen nicht dazu paßt: *"Geen broodje, alstubelieft* - kein Brötchen, bitte!" Alsdann packt man den Fisch am Schwanz, legt den Kopf in den Nacken und füllt zügig ein. Könner schaffen's ohne abzusetzen, in einem Rutsch.

Granat *(granaat)* ist nur ein anderes Wort für die im Binnenland als Krabben bekannten ***Garnelen*** *(garnalen),* die von speziellen Kuttern massenweise gefangen und noch an Bord in Seewasser gekocht werden. Um Granat richtig zu "puhlen", greift man den Körper des Krabbeltieres, versetzt dessen Kopf eine leichte Drehung und zieht ihn ab. Kenner lutschen ihn aus – da ist der meiste Geschmack drin. Als nächstes klappt man die Schale von unten nach oben auf, und sie fällt ab wie ein Stück Schlauch. Druck aufs Schwanzende legt das Hinterteil frei - fertig. Wer an die Nordsee fährt und auf (mindestens) eine Granatmahlzeit verzichtet, ist selber schuld und sollte bei Pommes mit Mayo bleiben.

vor einer Mahlzeit gewöhnlich gewünscht wird. Selbst die Engländer - ausgerechnet - mokierten sich schon im 17. Jahrhundert über das holländische Essen und nannten es *heartless*, herzlos.

Verantwortlich für diese kulinarische Kargheit ist seit eh und je der generell spartanische Lebensstil der Holländer gewesen. Zwar verstand man sich durchaus darauf, schmackhaftere Gerichte als den bewußten Balkenbrei zu bereiten, man sehe sich nur die vollen Tafeln auf den Bildern der alten Meister an. Tendenziell wurden die Leckerbissen aber lieber gegen hartes Bares exportiert. Insofern hat sich seit alten Zeiten zwar nichts unbedingt Grundlegendes geändert. Sogar das holländische Bier scheint in diese Sparte zu fallen. 1995 testete die deutsche Illustrierte *Bunte* unter anderem die führende Marke *Heinecken* und kam zu dem Ergebnis: "O.K., wenn's nichts besseres gibt: neutral, unrund, Note 4."

Man braucht sich indes keineswegs der Befürchtung hinzugeben, in den Niederlanden in eine kulinarische Wüste zu geraten. Die vom *Spiegel* geäußerten, nicht ganz vorurteilsfreien Ansichten sind vorwiegend dieselben, die Ausländer traditionell gegenüber der deutschen "Plumpsküche" *(Wolfram Siebeck)* hegen. Als nach dem 2. Weltkrieg nämlich der Wohlstand immer fühlbarer über die Niederlande hereinbrach, änderten sich die Eßsitten auch dort vom Frugalen weg und zum Leckeren hin. Dazu trugen vor allem die vielen Immigranten bei, die aus den aufgelösten Kolonien und anderen exotischen Ländern kamen und sich in den Niederlanden ansiedelten. Versteht sich, daß sie ihre nationale Küche mitbrachten und sie vor Ort propagierten.

So kann man in Holland vorzüglich chinesisch, indisch, indonesisch, philippinisch, surinamesisch, thailändisch und vietnamesisch speisen, und natürlich sind auch "der Grieche", "der Italiener" und "der Jugoslawe" überall mit ihren höchsteigenen kulinarischen Kreationen vertreten. Die niederländische Küche selbst glänzt in

Speisekarte

Elementares	
Abendessen	*diner*
Baguette	*stokbroodje*
Brot	*brood*
Brötchen	*broodje*
Butter	*boter*
Ei, Eier	*ei, eieren*
gekocht	*gekokt*
Spiegelei	*spiegelei*
Eis	*ijs*
Fritten	*patat*
Frühstuck	*ontbijt*
Käse	*kaas*
Marmelade	*jam*
Teller-Mahlzeit	*schotel*
Mittagessen	*lunch*
Pfeffer	*peper*
Salz	*zout*
Schinken	*ham*
Suppe	*soep*
Wurst	*worst*

Fisch	**Vis**
Aal	*paling*
Bückling	*bokking*
Butt (Flunder)	*bot*
Hering	*haring*
Makrele	*makreel*
Scholle	*schol*
Seezunge	*tong*
Thunfisch	*tonijn*

Fleisch	**Vlees**
Beefsteak	*briefstuk*
Bratwurst	*braadworst*
Frikadelle	*fricandel*
Huhn	*kip*
Kotelett	*karbonade*
Lammfleisch	*lamvlees*
Leber	*lever*
Rindfleisch	*rundvlees*
Schnitzel	*schnitzel*
Schweinefleisch	*varkenvlees*
Speck	*spek*

Vegetarisches	**Vegetarisch**
Apfel	*appel*
Apfelsaft	*appelsap*
Apfelsine	*sinasappel*
Banane	*banaan*
Blumenkohl	*bloemkool*
Birne	*peer*
Erbsen	*erwtjes*
Erdbeeren	*aardbeien*
Gemüse	*groenten*
Gurke	*komkommer*
Gurke, saure	*augurk*
Karotten	*worteltjes*
Kartoffeln	*aardappelen*
Kirschen	*kersen*
Knoblauch	*knoflook*
Kohl	*kool*
Kopfsalat	*salade*
Lauch	*prei*
Obst	*fruit*
Pflaumen	*pruimen*
Radieschen	*radijs*
Reis	*rijst*
Rosenkohl	*spruitjes*
Salat	*sla*
Spargel	*asperges*
Tomate	*tomaat*
Weintrauben	*druiven*
Zwiebeln	*ui*

Getränke	**Dranken**
Bier	*bier*
Kaffee	*koffie*
Milch	*melk*
Tee	*thee*
Wasser	*water*
Wein	*wijn*

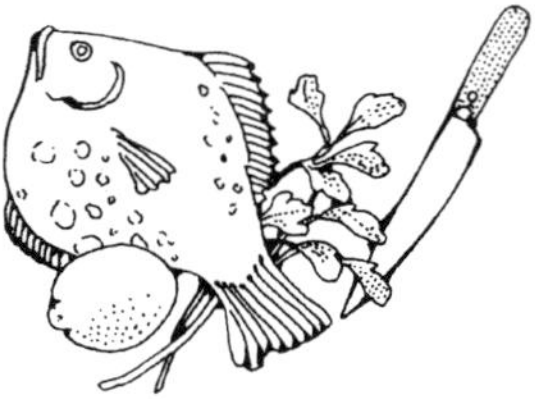

erster Linie mit exzellenten Fischgerichten, und auf den Inseln, allen voran Texel, wartet man mit Spezialitäten vom Lamm auf.

Die ganze fremdvokabularische Palette vom Champignon über die Pizza zum Ragout ist übrigens annähernd die gleiche wie im Deutschen. Eine nette Ausnahme: Salami heißt *cervelaat,* und umgekehrt heißt die Cervelatwurst *salami.* Restaurantpreise entsprechen in etwa den deutschen, mit einer Tendenz zu einigen Prozentpunkten darüber.

Aber jetzt, zum besseren Verständnis, noch ein wenig Pingpong auf holländischen Speisekarten, querbeet herausgegriffen:

- Texel: *Boerenkeas, peperkaas, brandnetel, met komijn, mosterd, schapekaas* - Bauernkäse, Pfefferkäse, Brennessel(käse), mit Kümmel, Senf, Schafskäse.
- Vlieland: *Gratis fles wijn bij uw eerste diner, gratis afscheidskoffie bij vertrek* - Gratis: Eine Flasche Wein bei Ihrem ersten Abendessen, ein Abschiedskaffee bei Abreise.
- Terschelling: *Schnitzel met Stroganoffsaus of scholfilets met remouladsaus en aardappelen* - Schnitzel mit Stroganoffsauce oder Schollenfilet mit Remouladensauce und Kartoffeln.
- Ameland: *Lamskoteletjes met kruidenboter en tijmsaus en bijpassende garnituur* - Lammkoteletts mit Kräuterbutter und Thymiansauce und passenden Beilagen.
- Schiermonnikoog: *Vleesrolletjes, gevuld filet, eilander spek, turfgerookte metworst* - Kleine Fleischrouladen, gefülltes Filet, Speck auf Inselart, torfgeräucherte Mettwurst.

Holländischer Garnelensalat

Man nehme...

- 100-150 g geschälte Granat
- ein Achtel Sahne
- 2 geh. EL Mayonnaise
- 3 geh. EL Tomatenketchup
- 1 EL Cognac
- 1 TL scharfer Senf
- 1 TL Zucker
- 1 TL Salz
- 5 Spritzer Maggi
- Prise Pfeffer

Sahne steifschlagen, alle Zutaten, zuletzt die Garnelen, hinzufügen, alles gut durchrühren. Wer sagt da, sie verstünden nicht gut zu essen, die Holländer?

Angeln

Ist Angeln "fair" gegenüber dem Fisch? Darüber gibt es sicher unterschiedliche Meinungen. Die Mehrzahl der Befragten wird die Aktivität gutheißen, solange sie dem Nahrungserwerb und nicht billiger Trophäenjagd dient. Doch wenn Angeln aus dem Auto gepriesen wird (Buresteiger-Deich, Ameland), wird wohl selbst ein begeisterter "Sport"-Fischer zum Öko-Rebellen. Denn das ist nicht mehr fair.

Wie auch in Deutschland ist das ***Angeln in der See*** in den Niederlanden weitgehend auflagenfrei gestattet; ein "Schein" ist nicht erforderlich. Einziges Limit: nicht mehr als zwei Angeln pro Person. Und natürlich darf man auch in den geschützten Gebieten des Wattenmeeres nicht seine Gerätschaften auswerfen. Die Wattenmeerkarte zeigt freilich, daß große Teile der festlandseitigen Inselküsten nicht vom Nationalpark berührt werden; dort kann also frisch drauflosgefischt werden. Die beste Anbißzeit auf der Wattenseite liegt in etwa 2 Stunden um die Mitte zwischen Niedrig- und Hochwasser. Auf der Nordseeseite hat man bei Ebbe in den tiefen Prielen zwischen den Sandbänken die besten Aussichten.

Zwar haben die Holländer wohl mehr als alle anderen Nordseeanrainer das gemeinsame Hausmeer mit katastrophalen Folgen leergefischt, der marinen Fauna mittels tödlicher "Eintragungen" den Gnadenstoß zu versetzen gesucht. Auch sind sie als zehntgrößte Industrienation der Welt nicht unmaßgeblich am Aufheizvorgang des Erdballs beteiligt. Sollten sich aber trotz all dieser Schindluderei vielleicht sogar Vorteile für die Nordseefauna ergeben?

Möglich wär's. Die Natur, unendlich "klüger" als der Mensch, besetzt ständig neu freigewordene Nischen. Während manche Fischarten auszusterben drohen, drängen andere nach: kleine wie Anchovis, einen Finger lang, und große wie der Fuchshai, bis zu anderthalb Meter messend, sind vor den holländischen Seeküsten seit geraumer Zeit keine Seltenheit mehr. (Der Fuchshai ist übrigens für den Menschen völlig ungefährlich.)

Im Sommer geht's auf Hornhecht, Turbo (Seebarsch) und Makrele, ausgesprochen beißfreudigen Fischen, entweder vom Strand und von den Buhnen aus oder von speziellen Charterschiffen, die nachstehend von Fall zu Fall genannt sind. ***Buhnen*** sind winklig in die See hineingebaute Steinwälle zur Strandbefestigung. In ihrem Bereich herrschen oft starke Strömungen und Turbulenzen, die vielen Fischarten behagen - gutes Angeln. Buhnen sind aber auch vielfach glitschig, schlammbedeckt und algenbewachsen. Wer stürzt, gerät in die Strömung - Vorsicht!

Geschichte: Holländer, Niederländer und Dutchmen

Holländer oder Niederländer?

Um von vornherein dem Vorwurf entgegenzuwirken, daß in diesem Buch Holländer und Niederländer bunt und terminologisch falsch durcheinandergewürfelt werden, sei hier gesagt, daß unsere Nachbarn es damit selber nicht so genau nehmen. (Nur der friesische Bevölkerungsteil pocht auf sorgfältige Unterscheidung). Holland ist stets die zentrale und wichtigste Provinz der Niederlande gewesen, deren kulturelle und geschichtliche Bedeutung einen derart hohen Rang im Königreich einnimmt, daß man nichts dabei findet, den Namen auf das ganze Land und seine Bewohner zu übertragen. Wie viele Menschen haben Doppelnamen - weshalb nicht auch ein Land?

Mit dem englischen Ausdruck *Dutch* hat es indes eine andere Bewandtnis. Bis an das 17. Jh. heran wurden die Bewohner des außerenglischen germanischsprachigen Raumes nämlich *dietsch* oder *duytsch* genannt, ein Wort mit der Wurzel *diet* = Volk, aus dem man die Verwandtschaft zu "deutsch" unschwer herauslesen kann. Als Deutsche und Holländer sich in Amerika anzusiedeln begannen - 1625 entstand dort "Neu-Amsterdam" unter Gouverneur *Pieter Stuyvesant* -, wurden sie von den englischsprachigen Miteinwanderern als *Dutchmen* über einen Kamm geschoren. Denn beide bedienten sich einer für englische Ohren gleichlautenden Grunzkommunikation, und beide schienen dieselben Charaktereigenschaften zu besitzen, die sie noch heute auszeichnen: Der Holländer gibt dem Deutschen gegenüber keinen Millimeter nach, wenn es gilt, einen eckigen Pflock in ein rundes Loch zu treiben. (Ein schönes Beispiel: Im März 1995 verklagte die Familie *Oosterloo* die Gemeinde West-Terschelling, "weil das im Hafen liegende Ausbildungsschiff *Prinses Margriet* der Seefahrtsakademie ihr die freie Aussicht auf das Wattenmeer versperrte." Das klingt doch irgendwie vertraut, gell?) Der *Dutchman* hat in englischsprachigen Ländern deshalb weiterhin eine eher unschmeichelhafte Nebenbedeutung: Betonkopf, Spießer, "Bauer" in etwa.

Geschichte

Was für Menschen sind sie nun aber eigentlich genau, die Dutchmen und -women? Sie können doch nicht alle Betonköppe sein! Sehen wir uns einmal ihre Geschichte an, um so zu einer Vorstellung zu gelangen.

Der Norden der heutigen Niederlande war schon lange ***vor der Zeitenwende*** von ***Friesen*** besiedelt, die ursprünglich vielleicht aus Jütland kamen. Der Rhein war Grenzfluß nach Gallien. Südlich dieser Trennlinie machten sich im 2. und 3. Jahrhundert die Römer breit. Um das Jahr 400

Englischer Angriff auf Terschelling

wurden sie von germanischen Stämmen jedoch fast gänzlich vertrieben; die zuvor besetzten Gebiete wurden Frankenland. Um ***600*** bekehrten sich die Franken zum Christentum, während die Friesen im Norden und die Sachsen im Osten sich damit noch lange Zeit ließen. Anno ***734*** wurden die Friesen jedoch "eingemeindet", und bald darauf führte *Karl der Große* mit blutiger Gewalt die widerspenstigen Sachsen unter das Kreuz.

855 wurde *König Lothar II.* ein Gebiet westlich und nördlich des Rheins zugesprochen, das demnach auch die heutigen Niederlande einschloß und das in seiner Gänze den Namen ***Lotharingen*** erhielt. Es hatte nicht lange Bestand. Nach dem Tod des Namensgebers stritten sich ost- und westfränkische Herrscher wiederholt um Lotharingen, bis der deutsche König *Heinrich I.* ein Machtwort sprach und den Zankapfel kurzerhand seinem Reich einverleibte.

Dort verblieben die ***Niederlande*** nominell bis ***1648*** und genossen sogar eine weitgehende Unabhängigkeit, die jedoch wegen ständiger innerer Querelen, erstens zwischen den "Holländern" im Süden und den Friesen im Norden, und zweitens zwischen den verschiedenen Grafengeschlechtern, die sich zeitweilig erbittert bekämpften, niemandem zur Freude gereichte.

Das ***16. Jahrhundert*** brachte die meisten Turbulenzen. Zwar waren die Niederlande durch

Erbfolgen jetzt in einem Riesenreich, das Spanien und seine weltweiten Besitzungen mit einbezog, an eine neue Position gerückt. Doch der Geist der ***Reformation*** hatte bereits um 1520 das Land erreicht und dort einen überaus fruchtbaren Nährboden gefunden.

Die einhergehenden sozialen Unruhen führten ***1568*** zum Ausbruch des 80jährigen ***Krieges mit Spanien,*** auf dessen Seite insbesondere der berüchtigte *Herzog von Alba* eine von Blut triefende Rolle spielte. Paradoxerweise erlebten die Niederlande jedoch auf dem Höhepunkt der Auseinandersetzung eine beispiellose wirtschaftliche und kulturelle Blüte, die das kleine Land zeitweilig zu einem der mächtigsten der Welt machte.

Aus den Greueln des Krieges zog man gleichzeitig die Lehre, daß Intoleranz in Glaubensdingen zu nichts als massiven Problemen führt. Die Niederlande entwickelten sich deshalb schnell zu einem europäischen ***Hort der Glaubensfreiheit,*** eine Position, die das Land noch heute innehat. Politisch und religiös Verfolgte fanden - und finden - in den Niederlanden stets bereitwillig Aufnahme; zu Zeiten des NS-Terrorregimes zeichnete sich das Land als eines der wenigen in Europa aus, in dem offen für die Juden Partei genommen wurde (obwohl es auch dort zu Fällen von Kollaboration mit den Schergen kam).

Vielleicht, mutmaßen intime Kenner der niederländischen Psyche, einer von ihnen *Friedrich Schiller,* ist hier nicht nur warme Mitmenschlichkeit am Werk, sondern auch manche praktisch-nüchterne Erwägung, zum Beispiel jene, daß sich kulturelle Vielfalt durchaus befruchtend auf Handel und Wandel auswirken müsse. In ihren ***Kolonien*** benahmen sich die Holländer nämlich keineswegs immer wie die Chorknaben, und auch das schöne Wort *Apartheid* - und eine entsprechende Politik - stammt von ihnen.

Wie dem auch sei - aus der niederländischen Geschichte ging ein ***eigenwilliger Menschenschlag*** hervor: Selbstgenügsam, aber auch knausrig auf den merkantilen Vorteil bedacht; bescheiden, aber, wenn "gefordert", zu gewaltigen Anstrengungen bereit; calvinistisch-karg, aber willens, die ärgsten Ausschweifungen kompromißlos zu akzeptieren; freizügig in der Lebensanschauung, aber eher weniger großzügig im Materiellen. Wenn wir unsere Nachbarn von dieser Warte aus zu nehmen wissen, dann werden wir gut mit ihnen auskommen.

Kinder

Meine Erkundigungen bei den VVV nach Kinderhorten und dergleichen ernteten Unverständnis: "Man fährt doch nicht mit den Kindern in die Ferien, um sie dann in einem Hort abzustellen!" Und, etwas maliziös dazu: "In den Niederlanden jedenfalls nicht." Tja – das ist die offizielle Lesart. Andere Länder, andere Sitten.

Ist unser Nachbarland deshalb ein "kinderfeindliches" Reiseziel? Genau das Gegenteil ist der Fall. Kinder sind in den Niederlanden vollkommen in das touristische Geschehen integriert. Quakt einmal eines – was die Zwerge ja so an sich haben –, so wird sich ein Einheimischer nicht darüber bitter beschweren, sondern eher zur Lösung des Problems beizusteuern suchen.

Allerdings kann man sich zumindest Babysitter vermitteln lassen. Sie bieten ihre Dienste in den Inselzeitungen an, und auch die VVV kann man, wenn dort nicht allzuviel Betrieb ist, mal um entsprechende Hilfe bitten.

Seemannskirche in Oudeschild (VVV Texel)

Kirchen

In Glaubensdingen anspruchsvolle Hollandreisende mögen argwöhnen, schon aufgrund sprachlicher Probleme in seelsorgerisches Niemandsland zu geraten. Zu solchen Bedenken besteht jedoch kein Anlaß. Nicht nur wird auf den Inseln, zumindest im Sommer, von beiden Hauptkonfessionen eine entsprechende Betreuung in deutscher Sprache angeboten. Man kann sich auch einmal einem niederländischen ***Gottesdienst*** anschließen und wird dann erstaunt feststellen, daß dort vieles eigentümlich vertraut klingt. Ein großer Teil der holländischen Kirchenmusik, namentlich die Choräle, schöpft nämlich aus einem alten, deutschsprachigen Reservoir. Da hört man dann "Heut singt die liebe Christenheit" und "Ein feste Burg ist unser Gott", und keiner der Sänger nimmt Anstoß an der ungeliebten Sprache ...

Kommunikation

Fast alle Holländer, insbesondere die in der Fremdenverkehrsindustrie tätigen, sprechen mehr oder minder fließend ***deutsch.*** Sie sind auf die *Duitsen* ja auch als Kunden angewiesen; kein anderes Ausländerkontingent reist in derart hellen Scharen (etwa 9 Millionen per annum) in die Niederlande. Dennoch bedienen sich viele Holländer aus historischen Gründen nicht gerne der deutschen Sprache; sie fühlen sich auch vor den Kopf gestoßen, wenn man sie einfach, Kenntnis und Einwilligung voraussetzend, auf deutsch anredet. Sofern sich der Sprecher dann auch noch eines harschen Kommandotons befleißigt – *Sagensemal, hamse denn kein anständiges Bier hier?* –, dann ist es mitunter ganz vorbei mit der Kommunikation: Der Holländer spricht plötzlich nur noch holländisch.

Nederlands

Ganz anders ist die Situation, wenn man sich ein paar Brocken *Nederlands* aneignet. Wie auch überall sonst auf der Welt öffnet diese kleine Lerninvestition Türen und Herzen; selbst die schmallippigste Pensionswirtin – und es gibt viele davon – wird sich zu einem freundlichen Lächeln hinreißen lassen. Vor allem junge deutsche Hollandbesucher haben dies anscheinend erkannt und den sprachlichen Chauvinismus abgelegt; so wurde mir jedenfalls von den Niederländern wiederholt und mit offenem Lob berichtet. (Wie sehr geschätzt so etwas dort ist, zeigt sich an der bis heute erhalten gebliebenen Titulierung des "guten Königs Louis". *Napoleons* Bruder *Ludwig* hatte sich 1806 bei seinem Einzug in Amsterdam die Mühe gemacht, Niederländisch zu lernen, für einen Franzosen etwas Unerhörtes.)

Nederlands ist in der Tat auch eine herrlich unkomplizierte Sprache. Sie ist, sagen Fachleute, einschließlich des Flämischen in Belgien nichts anderes als Niederdeutsch mit einfacheren Orthographieregeln. Und einer weitaus simpleren Grammatik. Das Holländische, anders als das insofern archaische Hochdeutsche, hat z. B. eine beträchtliche Anzahl unnützer Beugungen schlicht über Bord geworfen und sich radikal reformiert. Natürlich gibt es auch einen Pferdefuß: Die zwei (statt drei) bestimmten ***Artikel*** *(de* und *het)* sind genauso regellos verteilt wie im Deutschen, und oft genug genau umgekehrt *(het strand; de boot).* Dafür ist wiederum die ***Adjektivübereinstimmung*** wesentlich einfacher als bei uns. *Mooi dag,* sagen die Niederländer, *een mooi dag, de dag is mooi*, und nur einmal fügen sie dem Adjektiv ein -e zu: *de mooie dag,* während es im Deutschen beugungsmäßig aufwendig "schöner Tag, ein schöner Tag, der Tag ist schön" und "der schöne Tag" heißt.

Auch die ***Genitivform*** des Substantivs so gut wie ausgestorben: *De vrouw van mijn vriend* sagt der Niederländer, genau wie der Deutsche im Umgangssprachlichen: "die Frau von meinem Freund". Die Wortstellung, kommt erleichternd hinzu, ist fast die gleiche wie im Deutschen.

Entstehung des Niederländisch

Völlig daneben liegt allerdings die deutsch-stolze Anmaßung, beim Niederländischen handele es sich um so etwas wie einen davongelaufenen Regionaldialekt oder eine Art besseres Plattdeutsch. Das Gegenteil ist der Fall. Nicht nur hat sich das *Hoognederlands* seit etwa 1500 unabhängig vom damals erst aufkeimenden Hochdeutschen entwickelt, es ist auch heute noch nach Englisch und Deutsch die am weitesten verbreitete germanische Sprache. In weiten Teilen der Welt nahm es im 17. Jahrhundert einen globalen Rang ein, den Deutsch nie erreichte, nie erreichen wird. Niederländisch, die poltrige, prosaische Sprache der Seefahrer, nicht der Waldmenschen und auch nicht der Literaten, war die *lingua franca* bis hinab nach "Nieuw Zeeland", am letzten unentdeckten Ende der Erde. Viel Niederländisches ist ins Hochdeutsche eingeflossen, nicht umgekehrt. Sogar ein Wort, das so "urdeutsch" ist, daß es als unübersetzbar Buchstabe für Buchstabe in die englische Sprache übernommen wurde, nämlich die Weltanschauung, kommt aus Holland: *de wereldbeschouwing.* Von dem dieserart entstandenen sprachlichen Selbstwußtsein schwingt immer noch etwas nach in den heutigen Niederlanden, obwohl sich, genau besehen, Begriffe wie der *gebiedsmateloosheidsschaal* von Deutschen ebenso treffend veralbern lassen wie deren Donaudampfschiffahrtskapitänshose von anderen.

Nederlands lernen

Hollandreisenden, die sich um die Sprache ihres Besuchslandes bemühen möchten, sei das Büchlein *Niederländisch Wort für Wort* dieses Verlages aufs wärmste ans Herz gelegt. "Keine sturen, druckreifen Übersetzungsübungen, sondern sinnvolle, alltägliche Beispiele für das jeweilige Sprachsystem ..." - so ein Kommentar der *Frankfurter Rundschau* dazu. Ein kleiner Teil dieses Bandes diente als Vorlage für die kurze ***niederländische Übersetzungshilfe*** im Anhang.

Wer wenig sprachbegabt oder auch nicht willens ist, eine andere Sprache zu lernen, dem empfehle ich, einen Holländer zumindest mit diesen Worten anzureden: "Darf ich deutsch mit Ihnen sprechen?" Die Antwort ist dann zumeist: *"Klaar!"*

Wie man Grolsch sagt

An dem häufig vorkommenden Wort *graag* ("gerne") kann man seine ersten Exerzitien vornehmen; *"Ik zou graag* - ich würde gerne (dieses oder jenes haben/tun)" leitet oft einen holländischen Satz ein. Wenn man es richtig ausspricht ("ch-raa-ch"), hört sich das an, als hätte man den Mund voller Krachmandeln. Doch an dem Wort *Grolsch,* Name einer bekannten Biersorte, scheiden sich Könner und Versager endgültig. Kein Nichtholländer, scheint's, kann dieses Wort korrekt aussprechen: *Ch-rols-ch.*

Es gibt jedoch einen Weg. Dazu leere man eine Flasche Grolsch rasch und in einem Zug. In das resultierende donnernde Bäuerchen lasse man lediglich die Buchstabenfolge "Rolls" einfließen. Endergebnis in fehlerlosem Nederlands: *"Grolsch!"*

Die Niederländer haben, Hand aufs Herz, aber auch ihre Probleme mit der ***deutschen*** Sprache. Das größte ist, daß unsere Nachbarn oftmals vermeinen, sie perfekt zu beherrschen. Man hat es sich deshalb erspart, für die vielen Prospekte und Broschüren, die man zuvorkommenderweise für uns auf deutsch verfaßt hat, extra muttersprachige Übersetzer heranzubemühen. Die Folge ist häufig ungewollte Komik oder auch völlig Unverständliches: Ein Angelzubehörgeschäft auf einer Insel bietet zum Beispiel *Aas* an. Zwar verbirgt sich ein harmloser Angelköder dahinter - aber wer weiß das schon immer? Auch der Texelaner Maler *Harry Tielemans* wird sich bestimmt nicht sehr über das Lob "Verwahrlosung kennzeichnet seine Exemplare" freuen *(Texel Toerist Magazine 95/96),* womit der Reporter des Künstlers Vorliebe für alte, verfallene Motive umreißt. Man sollte immer beherzigen: Es ist ja gut gemeint.

Notfall

Notruf

Wer übers Telefon Hilfe herbeizitieren möchte, rufe die ***nationale Notnummer*** an: 0611.

Deutsche Vertretungen

- ***Den Haag:*** Deutsche Botschaft, Groot Hertoginnelaan 18-20, 2517 EG, Tel. 070 3420600, Fax 3651957.
- ***Amsterdam:*** Generalkonsulat, De Lairessestraat 172, 1075 HM, Tel. 020 67362-45 bis -47, Fax 6766951.
- ***Groningen:*** Honorarkonsulat, Leonard Springerlaan 15, 9727 KB, Tel. 050 205863, Fax 2664852.
- ***Leeuwarden:*** Honorarkonsulat, De Merodestraat 3, Postbus 407, 8901 BE, Tel. 058 948494.

Krankheit

Benötigt man einen ***Arzt,*** so sagt man einfach seinem Wirt Bescheid und kommt geradliniger ans Ziel als auf eigene Faust. Die ärztliche Versorgung in den Niederlanden ist mindestens ebensogut wie in Deutschland.

Die Niederlande sind der EG-weiten Vernetzung der ***Krankenkassen*** angeschlossen, man kann auch dort kostenfrei zum Arzt gehen. Die deutsche Plastikkarte gilt aber nicht für den holländischen Arztbesuch; man sollte vor der Reise einen sogenannten Berechtigungsschein bei seiner Krankenkasse anfordern. Schweizer, nicht zur EU gehörig, sollten sich nach Sonderkonditionen erkundigen.

Radfahren – die Holländer und ihre "Fietsen"

Radfahren ist für die Holländer nicht nur eine Art der Fortbewegung, es ist eine nationale Besessenheit. Jedermann, Königin *Beatrix* und der traurige Prinz *Claus* nicht ausgenommen, verzichtet, wann immer machbar, auf das stinkende Automobil und reitet statt dessen den Drahtesel. Ein vorzüglich ausgebautes ***Radwegenetz,*** wohl das beste der Welt, kommt der Umsetzung dieser Leidenschaft in die Praxis vortrefflich entgegen. Die holländischen Radwege verlaufen in der Mehrzahl nämlich nicht parallel zu den abgassatten Autostraßen, sondern sind separat angelegt.

Auch hat man viele Ortskerne und manche Landschaftsgebiete in den Niederlanden vom Kraftverkehr befreit. ***Für auswärtige Autos gesperrt*** sind im Bereich dieses Buches die Inseln Vlieland und Schiermonnikoog. Auf diesen Eilanden dürfen nur Einheimische und Lieferanten ihre Motorfahrzeuge benutzen. Ausnahmen werden (über die jeweiligen Verkehrsämter) behinderten Personen erteilt, die ohne ihr Auto nicht auskommen können. Die Fähren nach allen Inseln können Kraftfahrzeuge befördern.

Rijwielen oder *fietsen,* wie sie auf Niederländisch heißen (ein *fietser* ist ein Radler, ein *fietspad* ein Radweg), sind in jedem Inselkaff massenweise zu **mieten.** So zahlreich sind die Vermieter in der Tat, daß in diesem Buch darauf verzichtet wird, sie alle einzeln aufzuzählen. Man kommt gar nicht an ihnen vorbei, und das Preisgefüge ist durchweg überall das gleiche. Ein in etwa repräsentativer Überblick:

Fahrrad-verleih

	pro Tag	pro Woche
• **Holländerrad**	ƒ 7,00	ƒ 30,00
• **Rad mit Gangschaltung** (*"versnelling"*)	ƒ 12,00	ƒ 45,00
• **Mountainbike**	ƒ 15,00	ƒ 60,00
• **Tandem**	ƒ 20,00	ƒ 80,00
• **Tandem mit Gangschaltung**	ƒ 25,00	ƒ 90,00
• **Kinderrad**	ƒ 6,00	ƒ 25,00
• **"Bollerwagen"**	ƒ 6,00	ƒ 25,00

Borg bzw. *borgsom* wird mitunter verlangt, eine **Kaution,** die im Bereich von *ƒ* 100 liegt. Die erhält man jedoch zurück, wenn man nicht gerade mit dem Radl über den Harz gehen will.

Sparwillige sollten als erstes auf die teuren Mountainbikes verzichten, da es, man erinnere sich, in den Niederlanden keine Mountains gibt, und auf den Inseln außer ein paar Dünen schon gar nicht. (Nur auf Vlieland muß man ein wenig strampeln, dort erhebt sich immerhin eine 40 m hohe Bergwelt; es gibt sogar einen *Skiclub!)*

Als entbehrlich erweisen sich auch die bunten Uniformen und Helme, die vielen Radlern hierzulande unverzichtbar scheinen mögen. Die Holländer setzen sich in ihrer Alltagskluft aufs Radl und treten wacker drauflos. So wie es keinem bei uns einfallen würde, sich für eine Autofahrt ins Grüne mit einer Schumimontur zu rüsten, so kommen unsere westlichen Nachbarn ohne jegliches industrielle Schmückwerk aus. Ja, sie finden den bunten Putz, wie man mir wiederholt bestätigte, ausgesprochen albern und nutzlos und nur insofern brauchbar, als sich daran zuverlässig erkennen läßt, was für ein Landsmann sich dahinter verbirgt. Nach dem Prinzip des gebrannten Kindes setzen die Niederländer ihren Nachwuchs nämlich schon zweijährig auf die *fiets;* dadurch wird die nötige Praxis und Sicherheit erworben, die sich durch nachträgliche Armierung nicht mehr vermitteln läßt. Jedes holländische Kind fährt locker mit dem *rijwiel* über eine schmale Planke, welche die Gracht überbrückt; der Gedanke, dabei umkippen und ins Wasser fallen zu können, kommt ihm und seinen Eltern offenbar überhaupt nicht.

Radler auf Besuch haben allem Anschein nach erkannt, daß sich die Holländer heimlich über sie amüsieren. In den meisten Fällen hat man deshalb die schimmernde Helmzier abgelegt.

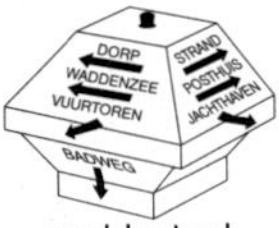

paddestoel

Radwege in den Niederlanden sind mit speziellen Wegweisern (Pfeile oder *paddestoelen*, rotweiße “Fliegenpilze”) und manchmal einem Fahrradsymbol ausgestattet.

Reise und Preise

Preise

Sieht man sich in den üblichen Vergleichstabellen um – “wo urlaubt es sich am preiswertesten in Europa?” –, so erfährt man durchgängig, sowohl in Deutschland als in den Niederlanden, daß das Leben dort (in NL) etwa zehn Prozent billiger sei als hier (D).

Anscheinend hat man bei solchen Überlegungen aber nur den Wechselkurs zugrunde gelegt, der in ungefähr dieser Relation entspricht. Vielleicht läßt sich, wenn man solch elementare Posten wie Mieten und Eierpreise zum Ansatz bringt, diese Ziffer auch irgendwie erreichen. Für den Feriengast ist sie jedoch nicht realistisch: Er wird Holland keineswegs als “billiger” empfinden als seine Heimat, und schon gar nicht um zehn Prozent.

Der ***Autofahrer*** dürfte es zuerst merken: Der Liter *loodvrij* (bleifreies Superbenzin) schlägt mit mindestens 1,75 DM zu Buche; 2 Gulden sind in etwa die Richtschnur, Europas höchste. Dieser

Preis wäre ökologisch durchaus vertretbar, wenn man alternativ niedrigere Tarife für ***öffentliche Verkehrsmittel*** anböte. Doch das ist nur bedingt der Fall. Zwar ist die Bahn billiger als in Deutschland, aber nicht viel. Oft ist man indes auf Busse angewiesen, und die sind sehr teuer: Für ein Minimum von einer Haltestelle zur anderen zahlt man landesweit 3 Gulden - fast schon Taxitarif. Günstiger dran ist man mit der *strippenkaart,* einem Mehrfachticket, das über die VVV (s. u.) bezogen werden kann und das der Fahrer lediglich abstempelt.

Commandeurshaus

Die ***Unterkünfte*** kosten etwa das gleiche wie in Deutschland. Das ***Essen*** ist hingegen teuer, ganz besonders das schwer zu findende gute Essen. Auch ***Getränke*** sind guldenträchtig, kein Wunder bei einer Biersteuer von 47%, auf die selbst *Theo Waigel* neidisch sein kann. Unbedingt "einführen" sollte man ***Filme;*** bei meinen Diafilmen machte ich jedenfalls die Erfahrung. Sie kosteten bis zu doppelt so viel wie in der Bundesrepublik, wofür sich außer Profitgier kein ersichtlicher Grund erkennen läßt. Um einige Prozente billiger ist die ***Post*** - nun, *jede* Post auf der Welt ist billiger als die deutsche. Mit dem Versand von Ansichtskarten ruiniert man sich jedenfalls nicht.

Eine landesweit für alle Verkehrsmittel und Institutionen gültige ***Tarifabstufung*** ist: Erwachsene *(volwassenen)* voller Preis, Kinder *(kinderen,* 4-12 Jahre, darunter meistens frei) und Senioren (ab 65) die Hälfte.

Für niederländische ***Senioren*** gibt es in vielen Museen, Verkehrsmitteln etc. ***Vergünstigungen.*** Wieweit die für deutsche Senioren gelten, hängt ganz von den jeweiligen Einrichtungen ab - aber immerhin könnte es sich durchaus lohnen, Ausweis oder Führerschein mitzuführen und zu versuchen, eine Ermäßigung zu bekommen.

Währung

Der ***Gulden*** hieß früher einmal "holländischer Florin". Dessen Kürzel hfl (oder einfach *f*) ist bis heute beibehalten worden und wird deshalb durchgängig auch in diesem Buch benutzt: *f* = Gulden. Das ***Münzgeld*** heißt Cent, abgekürzt mit ¢.

Anfang 1996 war der ***Wechselkurs*** etwa 89 Pfennig pro Gulden. ***Deutsches Geld*** läßt sich etwas günstiger in den Niederlanden einwechseln. Nützlich sind die ***Wechselautomaten,*** die in allen wichtigeren Inselorten zu finden sind.

Münzen: 5 ¢ = *stuiver;* 10 ¢ = *dubbeltlje;* 25 ¢ = *kwartje; f* 1 = *gulden; f* 2,50 = *rijksdaalder.* Auf Texel - aber nur dort - gibt es auch einen Fünfer, *tesselaar* genannt. ***Scheine:*** à 5, 10, 25, 50, 100 Gulden und größer.

Haupt- und Nebensaison

Wie in Deutschland sind die Preise der meisten Quartiere von der jeweiligen Saison abhängig; es gibt erhebliche Unterschiede. Leider erweisen sich die entsprechenden Definitionen in Holland als ziemlich schwammig. Ein einheitliches Schema läßt sich gar nicht darstellen, weil von einer Insel zur anderen und sogar zwischen den verschiedenen Herbergskategorien viele individuelle Variationen existieren. Natürlich liegt die Hauptsaison (HS, maximale Mietpreise) überall im Sommer, und, zwar mindestens über die beiden vollen Monate Juli und August hinweg. Aber auch die ersten Tage im Mai, die Woche um Himmelfahrt, die zweite Oktoberhälfte (holl. Herbstferien) und die zwei Wochen nach Weihnachten werden generell dazu gezählt. Dann wird noch zwischen Vor-, Nach- und Zwischensaison hin- und hergeschlüsselt, und schließlich gibt es auch eine Wintersaison, etwa den Kalenderwinter umfassend, mit minimalen Preisen. Wichtig ist auf alle Fälle, daß eine preisliche Abstimmung mit dem Vermieter erzielt wird, damit es nachher nicht heißt: "Ja, wußten Sie denn nicht …?"

Soweit möglich, sind die jeweiligen Saisoneinteilungen bei den einzelnen Inseln separat aufgeführt.

Reizwort Kurtaxe

Der deutsche Kult mit der Kur ist den Niederländern fremd. Kur- und Kurmittelhaus, auch das "Heilbad", sucht man auf den Inseln vergebens; die Holländer genießen die gesunden Eigenschaften der See vernünftigerweise ohne institutionelle Nachhilfe. Folglich gibt es auch ***keine Kurtaxe.*** Ebenso wäre unseren ultraliberalen Nachbarn die Vorstellung ungeheuerlich, etwa einen Strandstreifen abzusperren, gängige Praxis in Germanien, und Eintritt für dessen Betreten zu verlangen – der Strand gehört allen. Und das im kleinsten Maßstab. Die VVV Texel bemerkt dazu aus offenbar gegebener Veranlassung und bestimmt auf deutsche Besucher gezielt: "Am Strand entstehen schon mal Meinungsverschiedenheiten über Sandkuhlen. Wer eine Kuhle ge-

graben hat, muß bedenken, daß die Kuhle nicht automatisch für den Rest des Urlaubs Privatbesitz geworden ist. Der Strand ist für jeden da ... " Zum Thema Burgenbau später noch mehr.

Dessenungeachtet wird sich ein Staat, der seinen Bürgern fast zwei Drittel von jedem Gulden aus der Tasche zieht, die touristische Pfründe nicht entgehen lassen, und auch die Gemeinden stehen da nicht nach. Doch gibt man sich in Holland beim Inkasso der ungeliebten ***Steuer*** weitaus weniger gierig als in deutschen Landen (allerdings auch weitaus geheimnisvoller; kaum taucht das Wort oder eine Zahl mal irgendwo auf). Hier und da hat man sie im Fährpreis als *toeristenbelasting* untergepflügt; in den später bei den einzelnen Inseln aufgeführten Fährtarifen ist sie, wo immer anwendbar, jeweils enthalten. Zur Übersicht hier eine Aufschlüsselung:

- ***Texel:*** *f* 1,20 (auch Kinder) pro Übernachtung. Der Betrag wird vom Vermieter einbehalten. Dies ist eine echte "Kurtaxe", die der Gemeinde zugute kommt.
- ***Vlieland:*** *f* 6 (Kinder die Hälfte) im Fährpreis ab Harlingen sowohl für Retourticket als auch einfache Fahrt. Dazu *f* 1,10 Hafengeld.
- ***Terschelling:*** wie Vlieland.
- ***Ameland:*** *f* 1 (auch Kinder) pro Tag.
- ***Schiermonnikoog:*** *f* 1,50 (auch Kinder) pro Tag.

Richtig buchen

Verkehrsämter

Die Vorarbeit auf den Inseln erledigen die ***Verkehrsämter.*** Vor Ort erkennt man diese Büros an großen weiß-blauen Zeichen und Wegweisern mit der Aufschrift *VVV.* Das wird auf holländisch nicht etwa *Wauwauwau,* sondern *Fehfehfeh* ausgesprochen und bedeutet *Vereniging voor Vreemdelingenverkeer.* Die *Vreemdelingen*, das sind wir.

Informationen

Am besten, man schreibt oder faxt die Ämter zunächst an, um sich das jährliche ***Quartierverzeichnis*** zuschicken zu lassen. Selbiges stellen die Holländer in Rechnung, im Falle Terschelling sogar mit *f* 6,50, ganz schön happig (die Bezahlung ist allerdings freiwillig). Man kann auch ***anrufen;*** das dortige Personal spricht natürlich gut deutsch. Zumindest während der Hauptsaison muß man aber lange auf den Anschluß warten. Zwar hat man praktischerweise ein Band laufen, das einem (auf niederländisch) sagt, wie viele Teilnehmer noch vor einem in der Leitung sind. Aber die Gebühren ticken, während das Band dudelt, lustig weiter. Das summiert sich.

Auch ***Informationen über einzelne Inseln*** holt man sich am besten bei den Verkehrsämtern. Möchte man eher ***allgemeinere Auskünfte,*** kann man auch beim *Niederländischen Büro für Tourismus* (siehe unten) nachfragen.

Buchung

Es ist möglich, ***direkt über die VVV zu buchen,*** indem man seine Vorstellungen spezifiziert und auch eine Preisdecke setzt. Eine Übernachtung muß dann im voraus an die VVV gezahlt werden, die ihrerseits mit dem Vermieter abrechnet. Für diesen Dienst wird eine ***Buchungsgebühr*** in Rechnung gestellt, die ganz schön satte Dimensionen annehmen kann, nämlich von *f* 3,50 für ein Zimmer bis *f* 30 für eine Woche im Appartement. Zudem wird verlangt, die Rechnung entweder per Postanweisung oder als Euroscheck zu begleichen. Die *Deutsche Post AG* läßt sich das Anweisen mit 30 DM fürstlich honorieren; für jemanden, der ein wenig aufs Geld achten muß, ist das eine Summe, die bereits einer Pensions-ÜF entspricht und dort nutzbringender angelegt wäre. Der Euroscheckversand setzt ein entsprechendes Konto voraus. Es ist empfehlenswert, sich ein solches einzurichten, wenn man sowieso auf Eurotour gehen will. Die VVV schickt einem daraufhin eine Buchungsbestätigung zu, die man dem Vermieter nur vorzulegen braucht, um freundlich lächelnd hineingebeten zu werden. Die weitere Abrechnung läuft dann über die Herbergseltern.

Man kann auch direkt ***beim Gastgeber buchen,*** indem man sich an die Anschriften in der Gastgeberliste wendet. Der Ablauf ist dann fast der gleiche wie oben. Einziger Nachteil: Man muß eventuell mehr herumtelefonieren. Die Sprache (s. u.) ist kein Problem: Alle Wirtsleute sprechen deutsch.

Sehr gut: Die VVV schlichten unter Ausschluß des Rechtsweges und unter Hinzuziehung von geeigneten unparteiischen Instanzen verantwortlich alle etwaigen ***Streitigkeiten*** zwischen den Parteien.

Fremdenverkehrsämter

- ***Texel,*** Postbus 3, 1790 AA Den Burg, Tel. 0222-3 14741 und 12847, Fax 10054 und 14129 (Reservierungen).
- ***Vlieland,*** Postbus 1, 8899 ZN Vlieland, Tel. 05624-5 1111, Fax 1361.
- ***Terschelling,*** Postbus 20, 8881 AA Terschelling-West, Tel. 05624-4 3000, Fax 2875.
- ***Schiermonnikoog,*** Postbus 13, 9166 ZP Schiermonnikoog, Tel. 0519-5 31233 (Buchungen: 31900), Fax 31325.
- ***Ameland,*** Postbus 14, 9163 ZL Nes, Tel. 0519-5 42020, (Buchungen 42550), Fax 42932.
- Ameland nimmt eine gewisse Sonderstellung ein. Buchungen für diese Insel können direkt über das ***Niederländische Büro für Tourismus*** (NBT, Friesenplatz 1, 50672 Köln, Tel. 0221-925717, Fax 2570381) getätigt werden; auch das Quartierverzeichnis erhält man von dort. Man braucht sich dann mit keinem internationalen Zahlungsverkehr herumzuschlagen, muß aber einiges an Anlaufzeit voraussetzen. Das funktioniert auch bei den anderen Inseln. Man muß bei Verhandlungen mit den VVV nur angeben, daß man Zahlungen über das Postgiroamt Köln tätigen möchte. Ein entsprechender Überweisungsauftrag wird einem dann zugeschickt, nach dessen Erledigung das Geschäft in Gang gerät. Mehrere Tage dauert das aber auch.

Wie man Logis bezieht

Logies met ontbijt - Kamer vrij - "Unterkunft mit Frühstück" und "Zimmer frei" heißt das auf deutsch. *Huis te huren* steht nicht für eine Art Bordell, sondern für ein zu vermietendes Haus. Schilder mit diesen Aufschriften sieht man ständig - allerdings weitaus weniger in der Sommersaison, dann wird's ein wenig eng. Etwa von Sep-

tember bis April kann man aber auf gut Glück ohne Vorbereitung drauflosreisen und wird immer ein ansprechendes Plätzchen finden. Man klopft an, einigt sich über den Preis und zieht ein, fertig. Von Schnickschnack wie Ausweisvorlage und Meldezettel wollen die unbürokratischen Holländer nichts wissen.

Camping

Ich habe meinen Freund *Uwe* gefragt, warum er seit Jahren, nein, Jahrzehnten immer wieder zum Kampieren in die Niederlande fährt. Was denn dort so viel besser wäre, wollte ich wissen.

Zwei hauptsächliche Gründe führte *Uwe* an. Zum einen dränge sich das unangenehme Wort "Lager" dem Campgast in Deutschland geradezu auf, der "Blockwart" sei nirgendwo wirklich fern, "Platzordnungen" seien mit Ausrufezeichen nur so gespickt. Flexibilität null: Einen einmal gebuchten Standplatz spontan wechseln (vielleicht weil er nach langem Regen im Schlamm versinkt) ist fast unmöglich in D, jederzeit machbar in NL. Zum anderen gefiel *Uwe* die zwanglose Mentalität der Holländer, die sich nie anmaßen, gegenüber ihren Nachbarn den Hobbypolizisten zu spielen, ein Sport, dem die Deutschen mit großem Enthusiasmus frönen. Zwei recht gewichtige Gründe, sollte man meinen. Die organisatorische Infrastruktur ist ansonsten eh die gleiche. Versteht sich, daß sogenanntes "wildes Kampieren" wie in Deutschland auch in den Niederlanden überall verboten ist.

Tarife

Campingplätze sind bei den jeweiligen Inseln verzeichnet. Um nicht für jeden Platz aufs neue eine detaillierte Preisliste aufzuführen, sei hier ein repräsentativer Überblick der ***Durchschnittstarife*** (Minimum und Maximum) gegeben, jeweils pro Tag in der HS:

Personengebühr	*f* 4,00-6,50
Kind (generell bis 12)	*f* 3,50-6,00
Hund (nicht überall erlaubt, checken!)	*f* 1,00-4,25
Zelt (bis zu mittlerer Größe, darüber teurer)	*f* 3,00-5,00
Caravan	*f* 4,50-7,00
PKW	*f* 1,00-3,25

Für eine "typische Familie" (Ehepaar mit 2 Kindern und Hund) errechnen sich demnach ***Tagessätze*** zwischen *f* 24,50 und 42,50. In der Praxis variieren die Preise bei den meisten Campingplätzen aber insofern, als ein Minimalposten an anderer Stelle wieder durch ein Maximum aufgehoben wird: Der billige Hund ersetzt ein teures Kind. Im Durchschnitt ergibt das genannte Beispiel daher einen Betrag von *f* 33,50, mit dem man für Kalkulationen auf der sicheren Seite sein dürfte. Ich habe bei Texel mit seinen optimalen 14 Campingplätzen noch einmal eine Querrechnung gemacht und kam auf etwa *f* 37, allerdings ohne Hund.

Beliebt ist in Holland auch ***Kampieren auf dem Bauernhof.*** Die notleidenden Agronomen haben hier und da sogenannte *Kampeerboerderijen* als zusätzliche Einkommensquelle aufgemacht. Der Camper läßt sich dort auf dem Hofgelände nieder und hat an den Einrichtungen der Bauerei teil. Die Preise sind in etwa die gleichen wie auf den Campingplätzen.

Ferienwohnungen und -häuser

Ausstattung

Unsere Nachbarn machen uns vor, wie man auch wohnen kann, ohne daß sich ein Amtsinhaber (mit dem Baugewerbe unter einer Decke steckend) das Wissen anmaßt, wie viele Quadratmeter Fläche der minimalen Bequemlichkeit des Individuums zu dienen haben und ohne daß einem der Steigungswinkel der Treppe behördlich vorgeschrieben wird. Das Resultat ist eine eigenwillige, man darf sagen, "typisch holländische" Architektur. Die hohe Bevölkerungsdichte und der entsprechend enge Lebensraum - links und rechts schwappte stets Wasser - ließ einen Baustil entstehen, der sich auf das Essentielle beschränkt, fast spartanisch zu nennen ist und für die gedrängten Häuserreihen im ganzen Land, die Inselstädtchen nicht ausgenommen, charakteristisch ist.

Häuserzeile in West

Der Holländer nennt dieses Aufeinanderhocken *gezellig,* entfernt dem deutschen "gemütlich" entsprechend. Doch der Deutsche wird die gardinenlosen Fassaden, die jedem Passanten einen Blick in die kalte Pracht der niederländischen Wohnzimmerkultur gewähren, als wenig kuschelig empfinden. Auch den generell kargen Schlafgemächern dürfte der ausländische Gast in vielen Fällen wohl eher das Prädikat "abhärtend" als "komfortabel" verpassen. Trotzdem werden derartige Abstriche eben durch die Kleinheit des Domizils oft wieder wettgemacht, die die bewußte "deutsche Gemütlichkeit" aufkommen läßt. In "Wohnanlagen", die hier und da auch auf den Inseln entstanden sind, ist dies allerdings nicht der Fall. Man fühlt sich in ihnen, so jedenfalls mein (subjektiver) Eindruck, tatsächlich wie in einer Anlage.

Nebenkosten

In Deutschland sind seit 1992 im Beherbergungsgewerbe alle sogenannten Nebenkosten gesetzlich abgeschafft worden; der Vermieter muß klipp und klar einen Endpreis nennen. Ausgerechnet im liberalen Holland hat man diesen Grad der Verbraucherfreundlichkeit noch nicht erreicht. Weniger bei Zimmern und Pensionen als bei Ferienwohnungen und Appartements ist aufs Kleingedruckte zu achten. Wird ein Pauschalarrangement bei einem deutschen Veranstalter gebucht, so ist bereits alles im Preis enthalten (der dadurch aber natürlich anschwellen wird). Wer direkt mit den Holländern verhandelt, muß sich an Ausdrücke wie *borg* oder *borgsom* (***Kaution,*** generell *f* 100) und *eindschoonmaakkosten* (***Endreinigungskosten,*** *f* 50-85) gewöhnen. Allerdings kommt man dem Gast in den meisten Prospekten mit einer speziellen Nebenkostenkolumne freundlich entgegen. Die muß man aber sorgfältig studieren, denn da kann ganz schön was auflaufen. Klarheit sollte immer darüber herrschen, daß die Kaution zurückgezahlt wird (sofern man die Bleibe nicht hoffnungslos versaut hat). Falls hinter dem Posten Endreinigung *verplicht* (verpflichtet) steht, ist dieser auf jeden Fall zu zahlen. Solche Klausen sind möglichst zu meiden.

In zusätzliche Rechnung gestellt werden manchmal *bedlinnen* (Bettwäsche) und *handdoeksets* (Handtücher).

Eigenes Ferienhaus

Oder sollte man sich vielleicht nicht selber ein Ferienhäuschen in den Niederlanden zulegen? In ein schmuckes *zomerhuisje* kann man sich wirklich verlieben. Und dann kommt vielleicht der Wunsch auf, dieses prächtige Minidomizil auch zu besitzen, um dort in Zukunft jährlich die Ferien zu verbringen. Der Erwerb ist für Bürger der EG ohne weiteres möglich, und die Preise liegen wegen der geringeren Zahl der Auflagen und einer rationelleren Bauweise erheblich unter den deutschen. Oft sieht man auch Schilder mit der Aufschrift: *Te koop* = zu kaufen. (Mitunter liest man *Verkocht.* Das heißt nicht etwa "weichgesotten", sondern "verkauft".)

Allerdings ist ein Haken bei der Sache, auf den man gut achtgeben muß. Ein ***Ferienhaus*** darf nicht permanent bewohnt werden, ist also nur für "Urlaubszwecke" da. Insofern gibt es keinen Unterschied zu Deutschland. Die im Vergleich relative Kleinheit der Domizile hat jedoch manchen ausländischen Käufer dazu verleitet, sich ein ***normales Wohnhaus*** als Feriensitz zuzulegen, um dort lediglich ein paar Wochen im Jahr

De Waal, Dorfkern (VVV Texel)

zu logieren. Dieserart sind in manchen touristisch anziehenden Gebieten in den Niederlanden ganze Ortskerne von Fremden aufgekauft worden. Im Winter verwandelten sich diese "Feriendörfer" in wahre Geisterstädte bar jeglicher Siedlungsstruktur. Die aktuelle niederländische Gesetzgebung bestimmt deshalb, daß solche Immobilien nicht als Ferienwohnsitz, sondern nur als Erst- und Steuerwohnsitz genutzt werden dürfen, mit vorzulegender Abmeldung aus Deutschland. Rührige Beamte überprüfen den Belegungsstatus auf Zweckentfremdung. Wird auf solche erkannt, droht Rausschmiß. Und noch ein weiteres Wort der Vorsicht: Unsere so propere Nachbarnation mit ihren adretten *huisjes* und den blitzblanken Fensterscheiben ist das am stärksten verseuchte Land Westeuropas, eine arge Gift- und Güllehalde. Wer in Holland Grund und Haus erwirbt, warnen manche Makler, sollte zuvor lieber eine Bodenanalyse erstellen lassen, um sich vor bösen Überraschungen zu schützen. Im Bereich der Inseln ist da glücklicherweise wenig zu befürchten.

Jugendherbergen

Die holländischen JH, landesweit 42, werden von der *Nederlandse Jeugdherbergcentrale (NJHC,* Prof. Tulpplein 4, 1018 GX Amsterdam) unterhalten. Dort kann man eine Übersicht und den NJHC-Ausweis anfordern. Selbigen gibt's jedoch bei jeder Herberge für *f* 27,50 (ein Paßbild wird verlangt) auf Antrag. Danach ist überall verbilligte Unterkunft gegeben. Der Rabatt beträgt etwa 25%, also nichts wirklich Einschneidendes, doch nach etwa 5 Übernachtungen rechnet es sich schon. Außerdem genießt man bevorzugte Behandlung bei der Reihenfolge.

Empfehlenswert ist das Mitbringen von eigenem Bettzeug; man muß es sonst recht teuer leihen.

Telefon

Vorwahl

"Anrufen" heißt auf Niederländisch sehr hübsch *aanbellen.* Um von den Niederlanden ***nach Hause zu telefonieren,*** frage man: *Waar kan ik telefooneren?* und wähle folgende ***Landesvorwahl:***

- Deutschland 0949
- Österreich 0943
- Schweiz 0941

Die ***Vorwahl nach Holland*** ist 0031. Bei Auslandsgesprächen die Null vor der ***Ortsnetzkennzahl*** weglassen. Im Oktober 1995 wurden die letzteren in Holland landesweit geändert. Viele Publikationen enthalten deshalb noch die alten Zahlen. Man richte sich nach den Angaben in diesem Buch.

Tarife

Münztelefone nehmen 25¢- und *f*1-Münzen an, ***Telefonkarten*** *(telefoonkartjes)* gibt es bei den VVV und in Kiosken. Zwischen 20 und 8 Uhr ist der Telefontarif um ein Drittel billiger.

Oudheidkamer (VVV Texel)

Verhalten - Deutsche und Holländer

"Waarom de messen bij Nederland-Duitsland altijd geslepen zijn", steht über einem Artikel zum Thema Fußball in der holländischen Zeitschrift *Panorama:* "Warum die Messer bei Holland - Deutschland immer gewetzt sind." In der Tat. Da fliegt nicht nur der Ball, sondern auch die Faust und, von dem genannten Journal liebevoll im Bild festgehalten, mitunter auch Spucke. Man rempelt sich an, tritt sich ins Gemächte (in den Hintern sowieso): *"Voetbal is oorlog, jawel* - Fußball ist Krieg, jawohl!"

Jawohl. Der 1. Weltkrieg verschonte die Niederländer. Als Kaiser *Wilhelm II.,* der den *Orlog* verloren hatte, dort 1918 bescheiden anklopfte, gewährten sie ihm bereitwillig und dankbar Asyl und weigerten sich, ihn an die Siegermächte auszuliefern. Er war eh ein naher Verwandter; die niederländische Nationalhymne beginnt mit den Worten: *"Wilhelmus van Nassouwe ben ick van Duitschen bloet ..."* Dieser Wilhelmus hackte in Doorn bei Utrecht noch friedlich Holz, als die Deutschen schon wieder die Kriegstrommel rührten. Doch dieses Mal, im ***2. Weltkrieg,*** machten sie um ihr kleines Nachbarland keinen Bogen, sondern, wie die Holländer noch heute in einem wütenden Euphemismus festhalten, "polderten es ein". 600.000 Niederländer wurden ab 1942 zum "Arbeitseinsatz" ins Deutsche Reich deportiert, in die wahrhafte Versklavung. Die Gestapo wütete in den besetzten Gebieten, Geiseln wurden öffentlich hingerichtet, die jüdische Bevölkerung der Niederlande - die tragische Geschichte der *Anne Frank* spielt dort - bis auf einen winzigen Rest ausgerottet, mit fleißiger einheimischer Kollaboration übrigens. Und die völkerrechtswidrige Bombardierung Rotterdams (noch kurz vor Abschluß der Kapitualationsverhandlungen) durch die Luftwaffe mit fast 1.000 Opfern blieb bis in die Neuzeit einer der neuralgischen Punkte der deutsch-niederländischen Beziehungen ...

Verständlich, daß uns die Holländer angesichts "der Schatten der bösen Vergangenheit" (*Leo Leertouwer,* Rektor der Universität Leiden) immer noch nicht so recht grün sind. ***Moffen*** sagen sie zu den Deutschen, wenn sie sich an diese unseligen Zeiten erinnern, wenn sie einen kleinen getrunken haben oder, eben, als Fußballer gegen sie antreten. Was dieses "Schimpfwort" allerdings so perfide macht, scheint im Dunkel einer langen gemeinsamen Nachbarschaftsbeziehung verborgen zu sein. Schon preußische Grenadiere auf holländischer Seite wurden derart tituliert. Kein Holländer kann jedenfalls erklären, weshalb man die Deutschen im Zorn ausgerechnet "Handschuhe" nennt, denn nichts anderes bedeutet das Wort *moffen.* "Muffe", also "Schiß" haben, mag ihm zugrunde liegen, was freilich reines Wunschdenken beinhalten dürfte. Die Deutschen haben traditionell immer nur Gott und den Kaiser gefürchtet, weniger die Niederländer, und wenn schon, dann ihre Tomaten.

Auf 25 Milliarden Gulden wurde bei Kriegsende der von den Deutschen angerichtete materielle

Schaden an dem kleinen neutralen Land beziffert. Daß es mit der ***Neutralität*** in Wahrheit nicht so weit her war, ist aber selbst vielen Holländern heute unbekannt. Eine entsprechende Politik der Regierung und des Königshauses, die *Hitler* keinen Anlaß zum Einmarsch geben sollte, wurde von säbelrasselnden Kommißköppen, unter einer Decke vor allem mit den Engländern, nämlich nach Kräften hintertrieben. Den Deutschen, denen diese Machenschaften nicht verborgen blieben, wurde dadurch ein perfektes Motiv für ihre Invasion geliefert. Ob es andernfalls ein glücklicheres Ende genommen hätte, sei dahingestellt. Schon waren deutsche Fallschirmjäger nach Den Haag unterwegs, um die königliche Familie festzusetzen, als diese von holländischen Generalstäblern auf Schiffen der Royal Navy eilends ins britische Exil geschickt wurde. Für Prinz *Bernhard,* naiven Herzens auf deutsche Worttreue bauend, kam der Schachzug völlig überraschend, er hatte nur ein einziges Hemd dabei; Königin *Wilhelmina,* schlimmer noch, wurde quasi gekidnappt. Immerhin hatte man aber den Staatsschatz sozusagen nebenbei in Sicherheit bringen können. "Verrat!" schnaubten die Deutschen - und so nahm die Geschichte ihren schändlichen Lauf.

Während viele ältere Holländer dem "Biervolk, das auf groben Soldatenstiefeln in den stillen Garten Hollands hineinstürmt" (Romanautor *Maurits Dekker*), immer noch sehr reserviert gegenüberstehen, haben die Berührungsängste der ***jüngeren Generationen*** merklich abgenommen. Mit "Ribbentrops Lügengewebe" und einem "wortbrüchigen Deutschen Reich" wissen sie nichts mehr anzufangen. Sie sind wie ihre Nachbarn Europäer, zudem liberaler, toleranter und vorurteilsfreier als die meisten. Oder so will es zumindest die Eigendarstellung.

Nach einer jüngeren Umfrage (1995) halten Hollands 14- bis 19jährige die Deutschen aber immer noch für das "unsympathischste" Volk der Europäischen Union. (Kurz danach erhielten die

Franzosen – wegen Muroroa – diesen Ehrentitel. Wenig später, im Januar '96, ließ *Daimler-Benz* den holländischen Flugzeugproduzenten *Fokker* in die sichere Pleite laufen. Danach dürfte jetzt alles wieder beim alten sein). Beim Fußball oder wenn's in der Disco mal Zoff gibt, treten uralte Aversionen, scheint's, immer wieder zutage. Sollte so etwas wie ein "David-Goliath-Syndrom" existieren, das den Kleineren, wahr empfunden oder nicht, sich stets die Rolle des Prügelknaben aneignen läßt?

Klamauk-Gebührenliste

Hier ein kleiner Einblick in den Bußgeldkatalog der Inselpolizisten:

● Öffentliche Trunkenheit	*f* 90
● Störung der Nachtruhe	*f* 120
● Trinken von Alkohol in der Öffentlichkeit	*f* 70
● Einen Briefkasten anpieseln *("aanplassen")*	*f* 50
● Fahrrad unverschlossen abstellen	*f* 70
● Wildes Kampieren	*f* 150
● Im Freien übernachten; den Verkehr behindern	*f* 70
● Geräuschbelästigung mit Motorfahrzeugen (auch Booten)	*f* 120

(Aus: *Friesch Dagblad,* Juli 1995)

WILLKOMMEN AUF UNSERER INSEL!

Schön daß Du uns besuchst, sicher kommst Du aber nicht allein wegen unseren vielen Blumen und Vögeln. Ausgehen, Tanzen und Spaß haben gehören dazu. Auch wir tun das, man ist nur einmal jung.

ABER,

daß die Rückkehr aus Disco und Kneipe oft mit unglaublichem Lärm verbunden ist,

daß unsere Gehwege und Vorgärten oft beschmutzt werden,

daß oft mutwillig vieles zerstört wird,

daß Glas, Büchsen und Plastik auf die Straße und in unsere Gärten geworfen werden,

daß Prügeleien stattfinden,

daß Fahrräder und anderes Eigentum gestohlen wird,

DAS MACHT UNS WÜTEND!

DESHALB WERDEN VORFÄLLE DIESER ART SOFORT GEAHNDET!

ÖFFENTLICH SICH ÜBERGEBEN ODER SEINE NOTDURFT ZU VERRICHTEN

kostet Dich hfl 50,–

ZERSTÖRUNG FREMDEN EIGENTUMS

kann Dir ganz schnell Dein ganzes Taschengeld kosten!

GROBER UNFUG UND ANDERE BELÄSTIGUNGEN

packen wir hart an!

DIEBSTAHL

kommt Dich teuer zu stehen!

PRÜGELEIEN

werden ein teures Vergnügen!

DISKRIMINIERENDES VERHALTEN

dulden wir nicht, es wird bei uns schwer bestraft!

BETRACHTE DIES ALS MITTEILUNG UND AUCH ALS WARNUNG!

Wir, die Bewohner, die Gemeinden, Polizei und Justiz, wünschen Dir schöne Ferien mit viel Sonne. Aber wir erwarten von Dir, daß Du andere Feriengäste respektierst.

Herausgeber: Staatsanwalt u. Polizei der friesischen Watteninseln.

Druk: Grafisch Centrum Oostergo - Metslawier

Bis 1648 waren wir, Deutsche und Niederländer, vielleicht noch so etwas wie Brüder und Schwestern jedenfalls war unser Nachbarland bis zum "Frieden von Münster" jenes Jahres ***Teil des Deutschen Reiches.*** Das ist aber immerhin dreieinhalb Jahrhunderte her, und seitdem sind beide Völker völlig unterschiedliche Wege gegangen.

Traditionell hatten die Niederländer, im Guten wie im Bösen, ohnehin immer weitaus mehr mit den Völkern in ihrem Westen - Engländern, Franzosen, Spaniern - zu tun als mit den Moffen. Nach wie vor sehen uns die Holländer deshalb nicht als enge Verwandte, und als liebe schon gar nicht, sondern ungefähr so, wie die meisten Deutschen sich die Russen vorstellen: als andere, gewiß manchmal nette, doch mentalitätsfremde, obrigkeitshörige, *muffelige,* unberechenbare *Vreemdelingen*, die man, zurück zu den Niederländern, mit Pfiffigkeit (holländischen TV-Showmastern zum Beispiel) und Zuvorkommenheit (Gastfreundschaft im Wert von etwa 600 Millionen Gulden pro Jahr) besser bei Laune hält. Deutsche, gleich welchen Alters, die in den Niederlanden den großen Zampano spielen wollen, sind nach wie vor nicht gern gesehen. Wer die Sau rauslassen will, deklamiert ein kleines Volk mit vollem Recht, tue das dort, wo sie hingehört - nicht bei uns!

Ein feste Burg

Wir hatten uns bereits zuvor ein wenig über die Unterschiede zwischen Deutschen und Holländern ausgelassen. Jetzt, wir haben mittlerweile den Strand erreicht, werden uns vielleicht noch ein paar weitere Merkmale ins Auge stechen.

In der Tat: es gibt ***keine Strandkörbe.*** Die Holländer vertreten die Ansicht, daß sie den Strand verschandeln. Dafür stehen an den Zuwegungen mancher Strände sogenannte *strandhuisjes,* Holzschuppen einfachster Bauweise, in denen man sich umziehen und die man tagsüber bewohnen kann. Typischer Preis (Texel, *De Krim): f* 25 pro Tag, 87,50 pro Woche, gar nicht so billig; dafür sollte man eigentlich schon Halbpension verlangen. Mieten kann man an den meisten Stränden auch Strandstühle (*f* 6 pro Tag) und -liegen (7,50) sowie Sonnen- und Windschirme (7,50).

Man wird aber auch ***keine Sandburgen*** finden. Für das von Soziologen "typisch deutsch" genannte Phänomen ist an niederländischen Stränden kein Platz (außer einmal im Jahr bei einem Wettbewerb in Scheveningen, für den sogar Spezialsand aufgefahren wird). In Deutschland ist der Sandburgenbau fast überall verboten. "Um den Strand zu schützen", wie es offiziell heißt, doch in Wahrheit wohl eher, um mehr Strandkörbe vermieten zu können. In Holland käme niemand auf die Idee, seine, so die Gelehrten, "frühkindliche Prägung" mit dem Klappspaten auszuleben, die erzwungene Arbeitslosigkeit im Urlaub per Pseudoaktivität zu kompensieren. Auch den Drang, sich vom Nachbarn per Sandmauer abzuschotten und das besetzte Loch zum Privateigentum zu erklären, empfinden Holländer offenbar nicht. In der Tat wird die Strandburg in niederländischen Werbespots als notwendiges Zubehör für das Klischee vom häßlichen Deutschen herangezogen. Die Mehrzahl der Besucher hat auch anscheinend erkannt, daß die Krümelkastelle den Holländern doof vorkommen; man sieht kaum mal eines.

Praktisch: In Kilometerabständen stehen dicke, rotbemalte und ***numerierte Pfähle*** *(paalen)* am Strand. Sie geben vorzügliche Orientierungshilfen ab, denn sie ersetzen sozusagen die Hausnummern in der weglosen Sandwüste. Man weiß dann, daß bei Paal X nacktgebadet oder bei Paal Y gesegelt werden darf, und hat eine Vorstellung davon, wo man sich generell befindet.

Die Nordsee

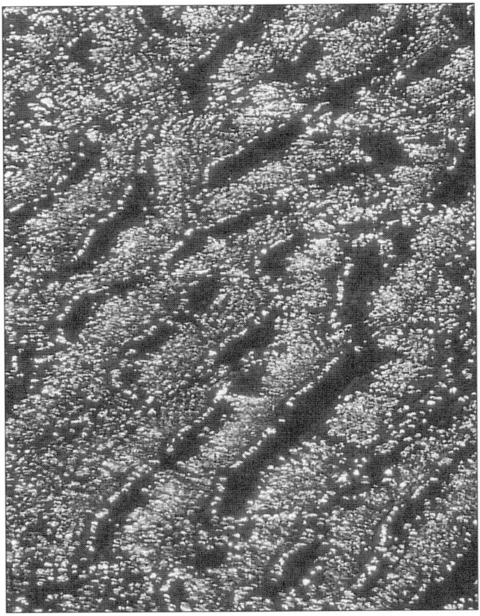

Die Natur

Insulare Entstehungsgeschichte

Bildung der Inseln

Vor ungefähr ***9.000 Jahren,*** es war eklig kalt in Nordeuropa und viel Wasser durch Eis gebunden, lag der Spiegel der Nordsee wesentlich niedriger als heute. Die britische Insel und das kontinentale Festland waren über eine Landbrücke miteinander verwachsen; die Küstenlinie der südlichen Nordsee reichte in etwa von der Humbermündung bis Sylt. Dann endete die letzte ***Eiszeit,*** es wurde wärmer; das Eis begann zu schmelzen, und die Nordsee trat über ihre Ufer.

Etwa ***6.000 Jahre*** mag es her sein, als sich in groben Zügen bereits die heutige ***Küstenlinie*** abzuzeichnen begann. Die niederländischen (und deutschen) Nordseeinseln bildeten zu jenem Zeitpunkt einen langen, unregelmäßig durchbrochenen Dünenwall aus Resten der einstigen ***Geest-,*** d. h. Sandküste, eiszeitlicher Abrieb, der nach und nach auf das Festland zugeschoben worden war. Die dahinterliegende ***Marsch*** befand sich überwiegend unter Wasser, teils von der See her, teils als riesiges Deltagebiet von Flußmündungen, oder wurde erst durch Ablagerungen von Sedimenten gebildet. Noch um die Mitte des ersten Jahrtausends n. Chr. war mindestens die Hälfte der heutigen Niederlande Teil der See. Überhaupt klafft in der Geschichte Hollands etwa zwischen dem 4. und 10. Jahrhundert ein großes Loch. Davor spielten die Römer eine gewisse Rolle, zumindest im Süden des Landes.

Deichbau und Sturmfluten

Und erst danach, um das Jahr ***900 n. Chr.,*** läßt sich die damalige Geographie wieder einigermaßen nachvollziehen. Etwa zu jener Zeit, der Meeresspiegel hatte sich wieder etwas gesenkt, begannen nämlich die ersten ***Deichbauten*** an der Küste. Folglich existieren einige Aufzeichnungen, wenn auch dürftigster Art. So läßt sich in ungefähr rekonstruieren, daß die nordholländische Halbinsel, die heute in Den Helder ihren Abschluß findet, damals wahrscheinlich bis Terschelling reichte, mithin das spätere Texel und Vlieland noch in sich einbezog. Östlich davon zog sich das ***Flevo*** (später *Vlie)* dahin, ein mächtiger ursprünglicher Mündungsarm des Rheins.

Die seeseitige Dünenküste war ein verletzliches Stück Erde. Schon während der nächsten wenigen Jahrzehnte trugen große ***Sturmfluten*** zu grundlegenden Veränderungen der geographischen Verhältnisse bei und schälten die Konturen der heutigen Inselkette im wesentlichen aus der gefleckten und getüpfelten Küstenlinie heraus. Insbesondere die ***Luciaflut von 1287*** zeichnete alle Karten neu. Das Eiland Griend, an der Fahrrinne zwischen Harlingen und Terschelling/Vlieland gelegen, war zuvor von stattlichen Dimensionen gewesen und beherbergte sogar ein Städtchen und ein Kloster. Die Lucia reduzierte es zu einer winzigen Sandbank, doch die Dynamik des Wattenmeeres sorgte alsbald für neues Wachstum. Im letzten Jahrhundert grasten dort noch Kühe. Heute besteht Griend, 100 Hektar groß und unermüdlich ostwandernd, überwiegend wieder aus Sand und ist Vogelschutzgebiet.

Das Flevomeer, zunächst ein schmales Hemd, weitete sich indessen zur ***Zuidersee*** aus, einer riesigen Wasserfläche, die erst in den dreißiger Jahren dieses Jahrhunderts durch den berühmten 28 km langen "Abschlußdeich" wieder der Nordsee abgetrotzt und damit zum Ijsselmeer wurde. (Ein "Meer" bezeichnet im Niederländischen immer ein Binnengewässer, also eine*n* See. Falsch ist in diesem Fall eigentlich auch die Benennung "Deich", an der die Holländer jedoch eisern festhalten. Korrekt handelt es sich um einen *Damm.)*

Tausende von Opfern forderte die ***Allerheiligenflut von 1570***. Auch die furchtbare ***Weihnachtsflut von 1717*** schlug im Bereich der Watteninseln mit gnadenloser Härte zu; allein im Groninger Raum kamen über zweitausend Menschen ums Leben.

Gefährdete Küste

Die Gefahren, die seitens der Nordsee drohen, sind heute, im Zeitalter der Moderne, keineswegs gebannt. Zwar haben die Holländer Enormes in Sachen Deichbau und Küstenbefestigung geleistet, Disziplinen, in denen ihnen weltweit buchstäblich niemand das Wasser reichen kann. Beginnend etwa zur ersten Jahrtausendwende, hoben sie ein ganzes Land aus der Traufe, ihr eigenes Land, ein Gewaltakt, auf den sie stolz sein können und es auch sind. Doch der Kampf geht weiter. Im Zeichen einer womöglich menschengemachten Erderwärmung steigt der Meeresspiegel wieder mit bestürzender Schnelligkeit, die Brandung gewinnt an Wucht, reißt stets aufs neue Land mit sich fort. Wie auch ihren deutschen Nachbarn bereitet den Holländern die fortwährende ***Abtragung der insularen Strand- und Dünenküsten*** große Kopfschmerzen. Ein

Wattenseedeich

weiteres Problem gesellt sich dazu, ebenfalls menschengemacht: Durch den Abbau von Erdgas auf Westeuropas größter Lagerstätte im niederländischen Küstenbereich senkt sich das dortige Landniveau allmählich, vor allem auf Ameland. Das sind im Grunde Peanuts, keineswegs dramatische Zahlen. Doch an den Gestaden der Nordsee zählt jeder Zentimeter und trägt so zum Kopfschmerz bei.

Die Pille dagegen besteht bis auf weiteres aus ***Sandaufspülungen***, ein sehr teurer Spaß, den die schlanken Inselökonomien nicht zu tragen in der Lage sind. Also muß der Staat, der allsorgende, diese Aufgabe übernehmen. Ein paar Millionen mehr oder weniger - was soll's? Bei einer öffentlichen Verschuldung in Höhe von 80% des Bruttoinlandsprodukts macht das den Kohl auch nicht mehr fett.

Tobende Nordsee

Wind und Wetter

Ganz elementar gesagt, entspricht das niederländische Wetter dem deutschen, zumindest was die respektiven Küsten angeht. Man kann also getrost *NDR 2* hören statt *Radio Hilversum* und muß lediglich das Wettergeschehen ein paar wenige Stunden vorverlegen, um eine deutschsprachige Vorhersage für den nächsten Tag zu haben. Ob die dann auch stimmt, ist allerdings eine andere Frage.

Kleine Wetterkunde

Wie die gesamte Nordsee liegen die niederländischen Inseln im Bereich der sogenannten ***Westwindtrift,*** d. h. einer Rinne vorwiegend westlicher Winde im Gefolge von Tiefdruckgebieten, die zumeist über die Britischen Inseln und Skandinavien ostwärts ziehen. Da die Luftströmung um diese Druckgebilde in etwa gegen den Uhrzeigersinn zirkuliert, kündigt sich eine von einem herannahenden Tief ausgelöste Wetterverschlechterung meistens durch zunächst südwestliche Winde an. Eine Warmfront bringt daraufhin häufig diesiges Wetter, Regen und Westwind, eine nachfolgende Kaltfront Schauer und im Anschluß auf einen Windsprung auf nordwestliche Richtungen klarere Sicht und niedrigere Temperaturen. Diese sich stets wiederholende Sequenz ermöglicht auch dem Amateur auf dem Gebiet der Wetterkunde eine rudimentäre Auswertung des meteorologischen Geschehens. Er kann, wenn es zu Mittag stetig aus Südwest weht, mit einiger Zuversicht verkünden: "Heute abend wird es Regen geben."

Klima-katastrophe?

Das jedenfalls ist der "normale" Ablauf der Dinge. In den letzten Jahren hat es nun an der Nordsee mehrere "Supersommer" gegeben. Für manchen ist das Klischee vom typischen Nordseewetter, welches das ständige Mitführen eines Pullovers und "Friesennerzes" (sprich Regenkleidung) so unumgänglich macht, dadurch ein wenig ins Wanken geraten. Bald, so kann man in kühnen Prophezeihungen nachlesen, wiegen sich Palmen auf Helgoland, und auf den Dünen gedeiht der Wein - Erste Terschellinger Hanglage. Aber das ist reines Wunschdenken. Selbst falls sich der ***Treibhauseffekt*** *in extremis* entwickeln sollte, sind Pullover und Nerz noch für viele Jahre angesagt. Der plötzliche Umschwung von Schön auf Schlecht, ausgelöst durch einen heranrauschenden Wetterwirbel, bleibt auch weiterhin die Norm an der Nordsee, nicht der ewig blaue Himmel.

Insulares Klima

Und es ist doch eben der ständige Wechsel, welcher so viel zur Eigenart und Faszination des insularen Klimas des südlichen Nordmeeres beiträgt. Der am Rande des Golfstroms aufgewachsene "atlantische Mensch", wie ihn der Schriftsteller *Hans Leip* nennt, zehrt von diesem Wechsel, er hält ihn auf Trab und in ständiger denkender, erfinderischer, umwälzender, erneuernder Unruhe. "Wir lieben die Stürme, die brausenden Wogen!" So besingt's der Deutsche, aber die Aussage paßt viel besser zum Holländer, umreißt gleichsam seinen nationalen Charakter ...

Leider indes bringen die Stürme auch oft den ***Regen*** mit sich, der den meisten Urlaubern, Atlanter oder nicht, wenig in den Kram paßt. Da gibt's aber eine gute Nachricht. Ein auch auf den deutschen Nordseeinseln beobachtetes Phänomen trifft gleichermaßen auf die niederländischen Eilande zu: Ist im Wetterbericht von Niederschlägen die Rede, sind die Inseln nicht unbedingt einbezogen. Im Jahresmittel ist es auf ihnen zwar etwas kühler, aber es regnet auch deutlich weniger. Über dem fernen Festland kann man dann dunkle Wolkenballungen und dicke Regenstreifen ausmachen, wenn auf den Eilanden schon längst wieder die Sonne lacht. Trotz mieser Vorhersage also den Lichtschutz lieber nicht vergessen ...!

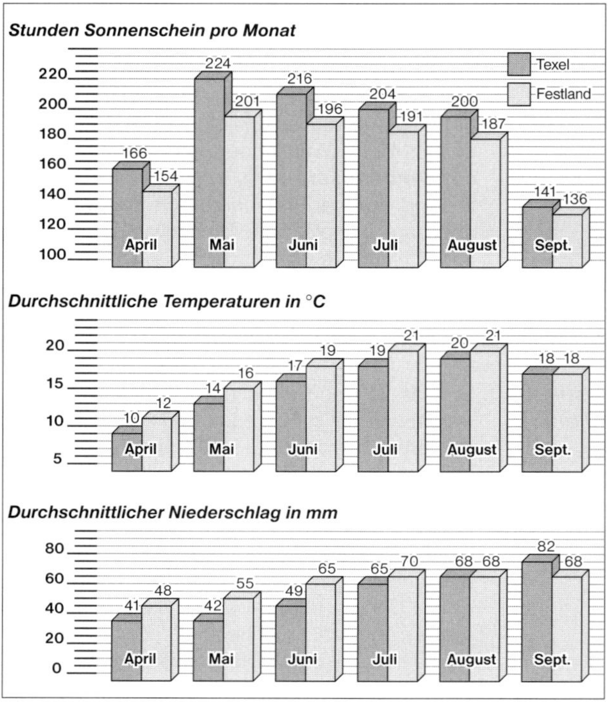

Wind und See

Für die Geschwindigkeit des Windes und die daraus resultierende Bewegung und Höhe der See dient international die sogenannte ***Beaufort-Skala*** (Bft) als übersichtliche Meßlatte. Sie wird auch in Wetterberichten benutzt und gibt mit jeweils nur einer Ziffer eine kompakte Vorstellung von den tatsächlichen Verhältnissen.

Bft	***km/h***	***Wind***	***Zustand der See***
0	< 1	Stille	Spiegelglatt
1	1-5	Leiser Zug	Leicht gekräuselt
2	6-11	Schwache Brise	Kleine, kurze Wellen mit glasigen Kämmen
3	12-19	Leichte Brise	Kämme beginnen zu brechen; mitunter treten kleine weiße Schaumköpfe auf
4	20-28	Mäßige Brise	Wellen werden länger und Schaumköpfe häufiger
5	29-38	Frische Brise	Wellen mäßiger Höhe, aber schon von ausgeprägter langer Form. Überall weiße Schaumköpfe, vereinzelt etwas Gischt
6	39-49	Starker Wind	Wellen bauen sich auf; Kämme brechen und hinterlassen größere weiße Schaumflächen; etwas Gischt
7	50-61	Steifer Wind	Die See beginnt sich zu türmen. Der weiße Schaum der Brecher legt sich in Streifen zur Windrichtung
8	62-74	Stürm. Wind	Mäßig hohe Wellenberge mit langen Kämmen. Gischt beginnt abzuwehen. Ausgeprägte Schaumstreifen in Windrichtung
9	75-88	Sturm	Hohe, "rollende" Wellenberge mit dichten Schaumstreifen in Windrichtung. Beginnende Sichtbeeinträchtigung durch Gischt
10	89-102	Schwerer Sturm	Sehr hohe Wellenberge mit langen, überbrechenden Kämmen. Schweres, stoßartiges Rollen der See. Sichtbeeinträchtigung durch Gischt
11	103-117	Orkanartiger Sturm	Außergewöhnlich hohe Wellenberge. Durch Gischt herabgesetzte Sicht
12	118-133	Orkan	Luft mit Schaum und Gischt angefüllt. See völlig weiß. Jede Fernsicht hört auf

Die gesunde See

Gesundes Klima

Es ist bereits zur Sprache gekommen, daß die Niederländer von den ***gesundheitsfördernden Eigenschaften des Seeklimas*** nicht viel hermachen und daß der im Deutschen so heißgeliebte Begriff der "Kur" als solcher kaum bekannt ist. Dort, wo man seit eh und je mit dem Meer in gedeihlicher Symbiose lebt, kommt man anscheinend gar nicht auf die Idee, einem Element, das in jedermanns Adern pulst, auch noch zusätzliche Heilwirkungen zuzusprechen. Deshalb sieht man keinen Holländer andächtig an einer Meerwasserflasche nuckeln oder im Sanatorium komprimierte Seebrise inhalieren. Alle diese Segnungen sind in Gottes freier Natur im Überfluß vorhanden; sie brauchen nicht medizinisch verordnet zu werden und bedürfen keiner "Anwendungen". Man kann sie statt dessen ohne Umstände in den ganz normalen Tagesablauf einbeziehen und tut seiner etwa angegriffenen Gesundheit damit vielleicht einen größeren Gefallen als in klinischer Umgebung und unter Terminzwang.

Die reine, weitgehend pollenfreie und mit Salz angereicherte Seeluft tut vor allem ***Allergikern*** gut, heißt es. Etwa 15 Millionen hustender, schniefender, juckreizbefallener, an diesem Leidenskomplex krankender Menschen soll es allein in der Bundesrepublik geben. Das ungezwungene Genießen von Meer, Sonne und Seewind in Ferien- und Urlaubsstimmung jedenfalls ruft in jedermann, Allergiker oder nicht, eine fühlbare Dosis ganzheitlichen Wohlbefindens hervor, ohne daß jedes aus seinem Versteck gereizte Hormönchen beim Namen genannt werden müßte. Erwähnt sei aber nur, daß Licht, Luft und Sonne das müde machende Hormon Melatonin abbauen und damit für gute Laune und, für manchen gewiß nicht irrelevant, eine erfreuliche Anhebung der Libido sorgen.

Der Sonnenschirm ist immer dabei

Vorsicht Sonne!

Allzuviel ist indes ungesund. Zwar befindet sich über der Nordsee keineswegs ein "Ozonloch", wie einen die Boulevardpresse manchmal glauben machen möchte. Richtig ist aber, daß der Ozonschild auch in unseren Breiten genügend ausgedünnt ist, um mehr gefährliche ***UV-Strahlung*** denn je auf Erde und Menschheit niederbrutzeln zu lassen. Bemerkbar macht sich diese Entwicklung in einer dramatischen Zunahme von Hautkrebsfällen. Die schwerste Form, das maligne Melanom, nimmt in der Regel einen tödlichen Verlauf.

Wer sich zum "Durchbraten" in die pralle Sonne legt, geht heute ein erhebliches Risiko ein, "Lichtschutz" hin oder her. Auch auf längeren Strandwanderungen ist Vorsicht angebracht. Meine Frau und ich, die wir im Lauf des Jahres immer sehr viel Sonne "verdauen" müssen, gehen gewöhnlich mit ***Sonnenschirmen*** auf solche Touren. Die Erheiterung, die wir stets damit erregen, ist ein Beweis, wie wenig die Problematik bisher ins allgemeine Bewußtsein vorgedrungen ist. (Allerdings hörten wir nach dem Vorbeigehen häufig ein halblautes: "Eigentlich eine ganz gute Idee ...") Wer unbedingt braun werden möchte, wird es, das hat die eigene Erfahrung gezeigt, an der See auch unter dem Sonnenschirm. Auch das Melatonin verflüchtigt sich dort, und das Melanom bleibt - hoffentlich - außen vor.

Ruhige See

See-krankheit

Es gibt indes *ein* Leiden im Bereich von Wellen und Meer, dem man sich nicht immer entziehen kann. Glücklicherweise ist die Seekrankheit aber auch viel weniger risikobefrachtet, und mit ein paar Pillen kann man ihr aus dem Weg gehen (in der Apotheke danach fragen). Auf den Inselfähren ist dahingehend aber nichts zu befürchten. Im Wattenmeer baut sich nur ganz selten genug Windsee auf, um die großen Fahrzeuge zu leichtem Schaukeln zu bringen. Durch das Loch zwischen Vlieland und Terschelling - aber nur dort! - rollt manchmal etwas Dünung herein, und die Fähre macht vielleicht ein paar müde Hopser. Die paar Minuten reichen aber gerade aus, um mal seemännisch mitreden zu können. Bevor die böse *mal de mer* eintritt, ist der Spaß auch schon wieder vorbei.

Ebbe und Flut

Ich habe in den letzten Jahren eine erstaunlich große Anzahl von Menschen getroffen, die mit dem Phänomen der ***Gezeiten*** durchaus vertraut waren, jedoch die feste Meinung vertraten, es gäbe diese Erscheinung nur an der Nordsee.

Wahrscheinlich beruft sich diese Lesebuchansicht auf alte Reiseberichte aus römischen Zeiten, die wohl immer noch in manchen Köpfen herumspuken. Die ***Römer,*** vom Mittelmeer her tidenungewohnt, hatten sich zur Zeitenwende nämlich sehr über eine Küste gewundert, die zweimal am Tag trockenlag bzw. von der See überspült wurde.

Besonders paradox ist dieses Mißverständnis insofern, als gerade die Nordsee gar keine "richtigen" Gezeiten aufweist. Daß selbige überwiegend eine Folge der Anziehungskraft des Mondes sind, ist heute wohl allgemein bekannt. Die Nordsee wird wegen ihrer relativ geringen Größe nur schwach vom Mond beeinflußt. Außerdem ist sie zu flach, um ein ausgeprägtes eigenes Gezeitensystem zu entwickeln. Was in ihr Ebbe und Flut bewirkt, sind die ***Gezeiten des Atlantischen Ozeans,*** die als sogenannte Mitschwingtiden durch den Englischen Kanal und an den Orkneys vorbei den zu beobachtenden Pulsschlag hervorrufen, im globalen Maßstab lediglich ein wenig überlaufendes Wasser, das durch enge Rinnen in ein Planschbecken schwappt.

Die Nordseeanrainer sollten Poseidon auf Knien dafür danken, daß er dies so eingerichtet hat. Gäbe es nämlich direkte atlantische Gezeiten im Nordseebereich, sähe die Küstenlinie dort etwas anders aus; der größte Teil der Niederlande zum Beispiel würde gar nicht existieren. Denn der Atlantik hebt und senkt sich im französischen St. Malo um 13 m pro Tide, im englischen Bristol um 14, und im amerikanischen Nordosten um 18 m! Ein einziger dieser Wasserberge würde genügen, um den Lebensraum von Millionen von Menschen innerhalb weniger Stunden zu vernichten ...

Aber wer ins ***Watt*** hinausläuft und dort von der Flut überrascht wird, ertrinkt in drei Metern genauso wie in 18. Ein klein wenig Kenntnis der Abläufe von Ebbe und Flut ist an der Küste deshalb immer von Nutzen. Wichtig ist vor allem zu wissen, daß sich die Abläufe nicht jeden Tag zur gleichen Zeit wiederholen.

Die ***Tiden*** verlaufen ***parallel zum Mondaufgang,*** sind also jeden Tag rund 50 Minuten später. Da es pro Tag je zweimal Flut und Ebbe gibt, bedeutet das, daß die Dauer einer Gezeit (= Tide) 6 Stunden und 13 Minuten beträgt. Jeweils diese Zeitdauer läuft das Wasser auf oder ab, herrschen Flut oder Ebbe. Die respektiven Maxima und Minima heißen Hoch- und Niedrigwasser. Starke bis sehr starke Strömungen begleiten diese Vorgänge, ganz besonders zwischen den Inseln. Mehr dazu weiter unten.

Gezeitentafeln *(getijtafels)* hängen in Strandpavillons, Fährterminals und bei den VVV aus.

Unter bestimmten Bedingungen können die Tiden an der Nordsee auf ein Erhebliches "über Normal" anwachsen, wenn auch glücklicherweise nicht auf 13 Meter und mehr. Während sogenannter ***Springtiden*** gesellt sich etwa alle 14 Tage die Anziehungskraft der Sonne zu der des Mondes, und das Wasser läuft dann besonders hoch auf. Fassen jetzt Sturm und Windsee hinter eine solche Supertide, kann es zu einer ***Sturmflut*** kommen, eine seit Besiedlung des Nordseeraumes gefürchtete, weil oftmals tödliche Konstellation. Die großen Killerfluten der Nordsee, etwa seit der ersten Jahrtausendwende in den Annalen der Region festgehalten, forderten zahllose Opfer. Noch 1951 mußten in Holland 300.000 Menschen vor dem Wasser flüchten, 1.851 kamen ums Leben.

Die Gezeiten auf Niederländisch

Ebbe	*eb*
Flut	*flood*
Gezeit	*getij*
Hochwasser	*hoogwater*
Niedrigwasser	*laagwater*
Strömung	*stroming*

Die Umwelt

Das Brummen eines Flugzeugs war kurz zu hören, und dann quäkte es auch schon aus dem Funkgerät: *"Sie ziehen eine Ölspur nach. Wir haben sie fotografiert. Over and out."* Einen Abzug des Fotos erhielt die Reederei des Frachters, auf dem ich mich befand, kurz darauf. Er war sehr teuer.

Vor Texel war's, in der "Silberrinne", durch die sich der gewaltige Schiffsverkehr der südlichen Nordsee schiebt. Auch ist das schon ein paar Jährchen her. Inzwischen hat sich einiges gebessert. Mit den ihnen eigenen brachialen Methoden haben die Niederländer nämlich dafür gesorgt, die See vor ihren Küsten rein zu halten. An Land schien - scheint immer noch - Holland verloren zu sein: Kein Löwenzahn blüht dort am Ackerrand, denn er ist "Unkraut" und wird mittels Herbizid eradiziert, sowie er seinen Kopf reckt. Nicht dem kleinsten Bäumchen gesteht man inmitten einer erbarmungslos bis auf den letzten Quadratzentimeter bewirtschafteten Agrarsteppe eine bescheidene Existenz zu. Natürlich regt sich weder Lerche noch Schmetterling in der toten Natur. Platt bis an den Horizont dehnen sich die von Herbi-, Pesti- und anderen -ziden umnebelten monotonen Nutzflächen; selbst die Blumen, die man hier und dort auf ihnen zieht, sehen aus wie aus Plastik. Sechs Millionen Motorfahrzeuge pesten auf den knapp 42.000 Quadratkilometern (mit Einschluß von Binnengewässern) des Königreichs täglich ihre Abgase in die Luft, ein riesiges Heer von Nutzviechern fügt eine achtstellige Zahl von Furzen dazu. In Holland, nur dort, konnte das Konzept des "Freizeitparks" ersonnen werden, eine illusionäre *virtual reality* unter Dach und Glas, in dem die wahre, stinkige Welt außen vor bleibt. Denn die Niederlande sind zu großen Teilen selber virtuelle Realität, eine Nation aus der Retorte, eckig und kalt.

Das haben sie durchaus am eigenen Leib erfahren und auch verinnerlicht, die Holländer. Zu lange hat man aus dem vollen geschöpft, nur an den Gewinn gedacht, den man, zugegeben, so gerecht verteilt hat wie in kaum einem anderen Staat auf der Erde. Doch der Dreck wurde gleichzeitig mitverteilt, und jedermann bekam eine ordentliche Portion ab. Die Menschen, die auf eine saubere Umwelt aus Existenzgründen angewiesen waren, konnten sich die zukünftigen Tage der Not ausrechnen. Ein verteerter Strand würde keinen Touristen mehr locken, eine vergiftete Nordsee kam als Nahrungsreservoir nicht mehr in Frage. Deshalb das brummende Flugzeug. Und deshalb auch ***Inselstrände,*** die sich in weltweitem Vergleich heute sehen lassen können. Der Sand entlang der insularen Dünenküsten ist blitzeweiß, das Wasser sauber, die Natur so gut wie's geht intakt. Fast ausgestorben geglaubte Organismen, Austern zum Beispiel, siedeln sich wieder an und sind gut im Kommen, Vogelschwingen verdunkeln die Sonne, Seehunde flecken Sandbänke.

Also alles in bester Ordnung, viel Lärm um nichts? Wie ihre deutschen Nachbarn testen die Holländer alljährlich ihr ***Nordseewasser*** in aufwendigen Untersuchungen und teilen der Öffentlichkeit euphorisch mit: alles picobello. Hier wie dort wird das Hausmeer jedoch nur auf das Vor-

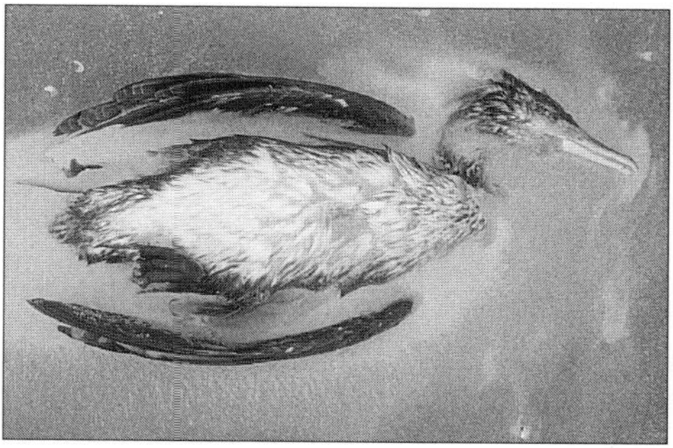

Ölopfer

handensein schädlicher Kolibakterien hin geprüft, und was sich ansonsten in ihm herumtreibt, läßt man diskret unerwähnt. Kommt die Problematik trotzdem zur Sprache, gibt man gern den anderen die Schuld. Entlädt der deutsche Rhein nicht eine gigantische ***Schmutzfracht*** in die Nordsee - von links? Und desgleichen Ems, Weser und Elbe - von rechts? Lassen die über 40 Millionen Automobile des östlichen Nachbarn nicht allein 20.000 Tonnen unverbranntes Öl pro Jahr in die Nordsee abregnen? Und trifft sich diese ganze bunte Mischung, die Öle, Chlorate, Schwermetalle und die vielen -zide aus deutschen Retorten, alles zusammen Zehntausende von Jahrestonnen ausmachend, nicht in der Mitte, wo die Niederlande liegen? Gibt nicht die unferne britische Insel, ganz besonders dickhäutig in bezug auf "Einträge", so der verniedlichende Facheuphemismus für den Mißbrauch des Meeres als Müllkippe, ihren schlimmen Senf in Gestalt von giftigem Klärschlamm hinzu? Betreiben die Dänen nicht eine hemmungslose Überfischungspolitik, die der marinen Nordseefauna schwerer zusetzt als alle Einträge zusammen?

Ja, das stimmt. Aber die Niederländer haben sich all dieser Sünden auch massiv selber schuldig gemacht, und ihre eigenen gigantischen ***Stickstoffeinleitungen*** aus der Landwirtschaft lassen sie am liebsten weiterhin unerwähnt. Daß die Uhr auf fünf vor zwölf steht, hat man erkannt.

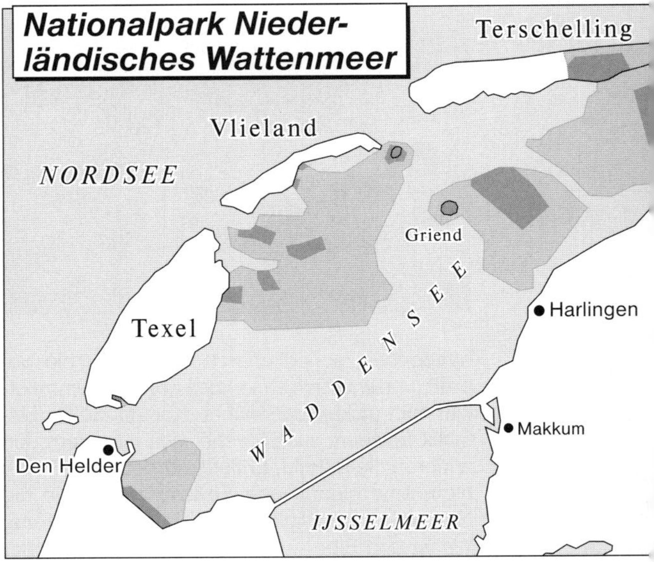

Jetzt ist man am Saubermachen, und mit vorzeigbaren Resultaten. Doch vor allem dort, wo es nicht so augenfällig klebrig ist, läßt man sich Zeit dabei. Binnen 25 Jahren wollen die Anrainerstaaten, so eine Absichtserklärung der Nordseekonferenz im Jahre 1995, die Nichtanwendung von gefährlichen Stoffen wie Pestiziden erreichen, schwer abbaubaren Substanzen, die sich bis zum Menschen hin in der Nahrungskette anreichern. 25 Jahre! Und: "Gefährliche Stoffe", man beachte das Vokabular! Weshalb erst dann, weshalb nicht heute? Nun: Weitere 25 Jahre kann man somit über das Thema diskutieren. Das verheißt Politikern und Funktionären für eine weitere Generation Lohn und Brot, Alimentierung von seiten des Volkes. Was bedeuten dagegen schon ein paar zehntausend Tonnen von Substanzen, die Natur und Mensch krankmachen?

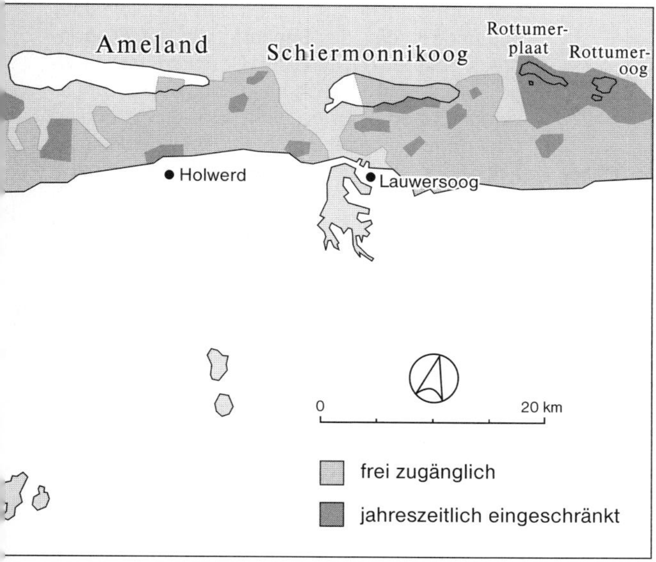

Nationalpark Wattenmeer

Das gesamte europäische Wattenmeer vom niederländischen Den Helder bis zum dänischen Esbjerg bildet seit 1986 einen zusammenhängenden naturgeschützten Komplex - nun, mit diversen ökonomischen Schlupflöchern in der Ökologie.

In den Niederlanden ist das Netz besonders weitmaschig geknüpft: Befahrungs- und Begehungsregeln sind großzügig ausgelegt, und wer im Wattenbereich nach Öl oder Gas bohren möchte, kann sich auf das *Mijnwet* des Jahres 1810 berufen, das nur das Beste für die Allgemeinheit will. Zwar sind lediglich einige wenige ***Bohrinseln*** im Bereich der Watteninseln aktiv. Vor Ameland sieht man ein paar Türme, und im April '95 begannen seismische Untersuchungen nördlich von Terschelling. Doch in den Seegebieten nordwestlich der Niederlande bis hinüber zur britischen Insel erheben sich derart viele

Bohrtürme, im holländischen Bereich allein über einhundert, daß die Seekarte wie mit Fliegendreck gesprenkelt aussieht. Dort wird das klebrige Förderprodukt auch gleich auf Tanker umgeladen. Dabei bleibt es nicht aus, daß das eine oder andere Tönnchen mal danebenkleckert.

Was der niederländische Seebäderkommerz vom Konzept des ***Nationalparks*** hält, läßt sich schon daran ermessen, daß das Wort, geschweige denn eine detaillierte Karte, kaum einmal in einem Inselprospekt oder -reiseführer auftaucht. Doch der Park existiert. Er läßt sich im großen und ganzen mit den Gegebenheiten im nordfriesischen Raum vergleichen. Auch dort sind die Inseln selber nur minimal einbezogen; die Schutzfläche umfaßt vor allem das Watt.

Landschaft im Westteil von Terschelling

Hier wie dort gibt es indes große ***Gebiete,*** die von den Inselverwaltungen oder privaten Organisationen betreut werden und einen nicht minder geschützten Status besitzen als die "offiziellen" Areale. Auf den holländischen Eilanden hat man solche Flächen kurzerhand eingezäunt: *Geen toegang!* Große Dünen- und Feuchtgebiete auf allen Inseln – 75% zum Beispiel auf Terschelling, mehr noch auf Schiermonnikoog – gehören zu diesem Komplex, in dem sich vielerlei Getier tummelt, zuvörderst eine überaus reiche Vogelwelt.

Information: Wer mehr über den niederländischen Nationalpark Wattenmeer erfahren möchte, wende sich an die *Waddenvereniging* (Postbus 90, 8860 AB Harlingen).

Größere Naturschutzgebiete auf den Inseln

Texel
- *De Muy*
- *De Petten*
- *De Schorren*
- *De Slufter*

Vlieland
- *Kroonspolder*
- *Vliehors*

Terschelling
- *Bosplaat*
- *De Grië*
- *De Koegelwieck*
- *Noordsvaarder*

Ameland
- *Lange Duinen*
- *Nieuwlandsrijd*
- *Oerd/Hon*

Schiermonnikoog
- *Oosterkwelder*
- *Westerplas*

(VVV Texel)

Verhalten im Bereich von Naturschutzgebieten

Es ist nicht erforderlich, bei der Beobachtung der wilden Natur auch den wilden Menschen zu spielen. Man zertrampele nicht die Vegetation - mehr zu ihr gleich - und reiße keine Blumen ab, um sie in der Pensionsvase sterben zu lassen. Auch das edelste Motiv - "Ich will doch nur ein Foto machen!" entschuldigt nicht das Eindringen in ein Schutzgebiet. Dröhnende Transistorradios im Freien gehen Holländern genauso auf den Nerv wie Deutschen, von der Tierwelt ganz zu schweigen. Der Hund gehört überall dort an die Leine, wo ihm nicht ausdrücklich Freiheit gewährt wird, und das Auto erst recht. Drachen versetzen Vögel in Panik. Und so weiter. Jeder Inselbesucher sollte sich darauf verstehen, elementare Verhaltensregeln dieser Art einzuhalten, auch ohne von Ge- und Verbotsschildern jedesmal darauf hingewiesen werden zu müssen – denn von denen halten die Holländer nicht viel. Und falls einmal ein Wal auf den Strand geraten sollte ... Nun, darüber werden wir unter "Texel" auch noch etwas nachzulesen haben.

Lebensformen im Watt und an Land

Nahrungskette

Die Nahrungskette im Watt beginnt mit ***Kieselalgen,*** winzigen Einzellern, von denen eine Million auf einen Fingerhut gehen. Kleinkrebse, bis zu 40.000 auf dem Quadratmeter Boden, sind das nächste Glied dieser Kette. Zahlreiche Fischarten, auch die der Hochsee, verbringen ihre Jugend als Larven im Watt. Sie sind, ganz abstrakt gesprochen, als dritte an der Reihe. Und so geht es weiter und fort. Das ungewöhnliche Biotop Watt ist eines der belebtesten und produktivsten Naturgebiete der Welt.

Würmer und Muscheln

Auf den ersten Blick ins trockengefallene Watt erkennt man nicht das Geringste davon. Zu sehen ist eine scheinbar tote Sand- und Schlickmasse, in der zwar Tausende von Vögeln herumstochern, doch am Boden selbst rührt sich nichts. Oder doch? Man muß schon etwas genauer hinsehen: So können die Haufen von dünnen Sandwürsten, die sich überall erheben, eigentlich nur organischen und nicht mechanischen Ursprungs sein. Mit ein wenig Geduld erkennt man auch ab und zu eine Bewegung in ihnen: Da lebt offenbar etwas. Die Haufen sind die Auswürfe des ***Watt- oder Pierwurms,*** der das Watt stellenweise mit bis zu fünfzig Exemplaren pro Quadratmeter durchsetzt und für Fisch (bei Flut) und Vogel (bei Ebbe) gleichermaßen als leckere Beute gilt. (Auch der Mensch schätzt sie, um sie auf seine Angelhaken zu spießen. Das Tier heißt deshalb auch Köderwurm.) Kleinere Gebilde, Löcher und Trichter, sind das Werk von ***Borsten- und Seeringelwürmern,*** von winzigen ***Schlickkrebsen, Herz-, Platt-, Pfeffer-*** und ***Sandklaffmuscheln.*** Eine ruckartige Bewegung im Sand, begleitet von

Pierwurm

Watten-
landschaft

einem Wasserspritzer, verrät eine aufgeschreckte, jäh ihren Saugrüssel zurückziehende Muschel – und dem Säbelschnäbler und Großen Brachvogel, daß es hier, nur dünn verborgen, etwas Nahrhaftes gibt. Bei der Sandklaffmuschel müssen allerdings auch sie passen. Bis zu einem Viertelkilo schwer, haust sie nämlich fußtief im Boden: Nur der Mensch stellt ihr dort noch nach.

An der Oberfläche, vornehmlich dort, wo Steine und Pfahlwerk ein Festhalten erlauben, sitzt ein Schalentier, dem verschlechterte Umweltverhältnisse schon fast den Garaus gemacht hatten: die ***Miesmuschel.*** Jetzt ist sie wieder da und wird immer mehr: Bis zu 12.000 Exemplare zählt man auf dem Quadratmeter. Und mies ist sie überhaupt nicht; das Wort stammt ursprünglich von "Moos", auf den "Bart" der Muschel bezogen. Gerichte aus ihr haben in den Niederlanden fast schon Nationalcharakter und schmecken auch wirklich gut; allerdings nur solange sie nicht in Krokettenteig verpackt serviert werden ...

In riesigen Mengen, mehr auf der See- als auf der Wattseite, treiben die toten Gehäuse der ***Messerscheidenmuschel*** an, kuriose Gebilde, die ihrem Namen sehr gerecht werden. Auch vor ihnen keine Furcht. Sie sind zerbrechlich, zerschneiden die unbewehrte Fußsohle trotz ihres martialischen Namens nicht.

Tange

Tange, grünes und braunes Gummi, finden sich im trockengefallenen Watt und entlang der Hochwasserlinie des Strandes in Gestalt ganzer Teppiche. Kinder mögen schon mal probeweise an dem Zeug herumkauen, vor allem an ***Blasentang,*** der so schön "popp!" macht. Man verkneife sich die Schreckensschreie. Das Zeug ist unschädlich, wahrscheinlich sogar gesund.

Vögel

In diesem ursprünglich so tot erscheinenden, doch in Wahrheit überaus quirligen Biotop finden vor allem Vögel das ganze Jahr über reichlich Nahrung. ***Enten, Gänse, Austernfischer, Rotschenkel, Seeschwalben, Säbelschnäbler, Strandläufer*** und ***Uferschnepfen*** - alle sind sie vertreten, und mitunter in solchen Zahlen, daß das durch die unbedachte jähe Bewegung eines menschlichen Strandläufers ausgelöste Flügelflattern den Himmel verdunkelt. Das Wattenmeer ist nicht nur eine marine Urbrühe, sondern auch Europas größtes Vogelreservat.

Über allem schweben ***Möwen,*** sozusagen das Hauswild der Nordsee. An erster Stelle ist die ***Silbermöwe*** zu nennen, im Wattenraum vertreten mit mehreren zehntausend, streng monogamen Paaren. Eine etwas kleinere Nische wird von den ***Lachmöwen*** eingenommen, denen mit dem schwarzen Kopf (aber nur im Sommer). Es hat in der jüngeren Vergangenheit interessante Verlagerungen des Lebensraums zwischen diesen

beiden Arten gegeben. Während es die Silbermöwe zunehmend von der See zu den reich gedeckten Tafeln binnenländischer Müllkippen zog, ging die Lachmöwe in umgekehrte Richtung auf Reisen und hat sich seit dem Krieg auf den Inseln stark vermehrt. Migrationen dieser Art, sagen Fachleute, finden immer auf Kosten anderer Vogelarten statt. Man sollte der Verbreitung von Möwen, die hier und dort bereits den Status "fliegender Ratten" innehaben, nicht noch weiteren Vorschub leisten, indem man sie füttert.

Seehunde Was sich weiter draußen auf See herumtreibt, läßt sich öfter erahnen als erkennen. Der Tourist möchte als erstes den Seehund sehen - *waar is de zeehond?!*

Man findet ihn, sogar auf Tuchfühlung nahe, bei *EcoMare* auf Texel (siehe dort), oft genug aber schon während der Überfahrt nach den Inseln auf den Sandbänken längs der Fährroute. Mit dem Fernglas läßt er sich häufig vom Wattendeich aus erspähen. Oder man bucht eine Ausflugstour nach den "Robbenbänken", muß sich dann aber mit einer Distanz von minimal 300 m zufrieden geben - näher darf man auf diese Weise (sowieso schon ein erhebliches Zugeständnis) nicht an den Seehund heran. Die Skipper halten sich an dieses Verbot, zwangsläufig - denn manchmal ist unter den Touristen ein verkappter Regierungsinspektor ...

Seehund bei EcoMare

Salzwiesen

Wo immer die See im Takt der Gezeiten ein Stück Marschland erreicht und, wenn auch nicht überschwemmt, so doch durchnäßt, sind auf den Inseln Salzwiesen entstanden. Hier gedeiht eine eigentümliche Vegetation, insbesondere der salzliebende ***Queller*** von fleischigem Grün bis auffälligem Purpurrot, und weiter im Trockenen das Gänsefingerkraut, das Löffelkraut, die Staudenmelde, die Strandaster und der Strandbeifuß, der Strandflieder, das Strandmilchkraut und die Strandnelke. Inmitten dieser urigen Pflanzenwelt lebt eine quirlige Minifauna, die ihrerseits großen Scharen von Stelzfüßlern, Wattvögeln, Enten und Möwen als Nahrungsreservoir dient. Das verfilzte Areal bietet sich auch als idealer Ruhe- und Brutplatz an; in den Salzwiesen herrscht daher immer Leben.

Dünengürtel

Hinter dem Strand, jenseits der Salzwiesen, dehnt sich zumeist, falls nicht ein Streifen Marsch folgt, ein Dünengürtel. Die Dünen, im Durchschnitt bis etwa 20 m hoch, sind fast reiner Sand, auf ihnen gedeiht sehr wenig. Seeseitig wird man lediglich zähe und unscheinbare Gewächse wie Binsenquecke, Helmgras (zumeist von Menschenhand gepflanzt), Meersenf, Salzmiere und Sandhafer vorfinden, doch schon auf der anderen Seite der Sandhügel wird es, weil weniger salzig, bunter. Hier wächst die Besen- und Glockenheide, die Dünenrose, das Herzblatt, der große Klappertopf, das gefleckte, das Triften- und das weiße Knabenkraut (alle drei prächtige Orchideen), der Lungenenzian, die echte Nachtkerze, die Preiselbeere, der Sanddorn, der Sonnentau, die Stranddistel, das Sumpfblutauge und der Sumpfwurz, das Tausendgüldenkraut, der Wiesenhornklee und das große Wintergrün, um nur ein paar der wichtigsten Pflanzen zu nennen. Häufig sind auch Flechten.

In diesem Bereich sind ***Vögel*** wie der Fasan zu Hause, und die Feldlerche hat hier ein erfreuliches Comeback gehabt. Wenn die Flut das Watt überschwemmt, findet sich auch der große

Brachvogel von See her ein. Und selbstverständlich sind Amsel und Drossel ebenfalls vertreten, um sich an den diversen Beeren zu laben, die dort wachsen. Weiter bodenwärtig buddeln diverse Vierfüßler herum, die größten von ihnen Kaninchen, und über allem kreisen Raubvögel, wie die Korn- und Rohrweihe, der Sperber und der Turmfalke, und sorgen für ein ausgewogenes biologisches Gleichgewicht.

Polder

Schließlich finden wir in den insularen Poldern, eingedeichten und von Gräben und Sielen durchzogenen Gras- und Nutzlandflächen, vieles an Fauna und Flora, das auf dem niederländischen Festland so gut wie ausgestorben ist. Die Gräser Damenlolch, Hochschwingel, Honig- und Knaulgras wachsen hier; die Erle ist als primärer Baum vertreten; Hahnenfuß, roter und weißer Klee bilden bunte Teppiche, und die Kuckuckslichtnelke, der Sauerampfer, die Schwanen- und die Sumpfdotterblume sowie die Vogelwicke und das Weidenröschen entzücken den Naturfreund. Die Vogelwelt ist mit Gänsen und Enten vertreten; kleineres Federvieh sind Bachstelzen, Rauchschwalben und Rohrammern. Im Frühsommer ist auch der Kiebitz in ansehnlicher Zahl präsent und unterhält den Wanderer mit allerlei verrückten Possen bis hin zum Totstellen – alles Ablenkmanöver, um Eindringlinge von seinem im Gras verborgenen Gelege wegzuführen …

In einem von der VVV Terschelling herausgegebenen (und auch in Buchgeschäften und Kiosken anderer Inseln erhältlichen) ***Naturführer*** (s. Literaturanhang) kann man alle hier genannten Pflanzen und Tiere auch farbig abgebildet finden.

Dünenküste

Die Flora auf niederländisch

Algen	*zeewier; wiertjes*
Besenheide	*gewone heide*
Binsenquecke	*biestarwegras*
Damenlolch	*engels raaigras*
Dünenrose	*duinroos*
Erle	*zwarte els*
Flechte	*korstmos*
Gänsefingerkraut	*zilverschoon*
Glockenheide	*dopheide*
Hahnenfuß	*boterbloem*
Helmgras	*helm*
Herzblatt	*parnassia*
Hochschwingel	*beemdlangbloem*
Honiggras	*witbol*
Klappertopf, großer	*grote ratelaar*
Klee, roter/weißer	*klaver, rode/witte*
Knabenkraut, geflecktes	*gevlekte orchis*
-, Triften-	*harlekijnorchis*
-, weißes	*welriekende nachtorchis*
Knaulgras	*kropaar*
Kuckuckslichtnelke	*koekoeksbloem*
Löffelkraut	*engels lepelblad*
Lungenenzian	*klokjesgentiaan*
Meersenf	*zeeraket*
Nachtkerze, echte	*zandteunisbloem*
Preiselbeere	*lepeltjeheide; cranberry*
Queller	*kwelder*
Salzmiere	*zeepostelein*
Sanddorn	*duindoorn*
Sandhafer	*zandhaver*
Sauerampfer	*zuring*
Schwanenblume	*zwanebloem*
Sonnentau	*zonnedauw*
Staudenmelde	*zoutmelde*
Strandaster	*zeeaster, zulte*
Strandbeifuß	*zeealsem*
Stranddistel	*blauwe zeedistel*
Strandflieder	*lamsoor*
Strandmilchkraut	*melkkruid*
Strandnelke	*engels gras*
Sumpfblutauge	*wateraardbei*
Sumpfdotterblume	*dotterbloem*
Sumpfwurz	*moeraswespenorchis*
Tausendgüldenkraut	*duizendguldenkruid*
Vogelwicke	*vogelwikke*
Weidenröschen	*wilgeroosje*
Wiesenhornklee	*zolklaver*
Wintergrün, großes	*rondbladig wintergroen*

Die Fauna auf niederländisch

Amsel	*merel*
Austernfischer	*scholekster*
Bachstelze	*witte kwikstaart*
Brachvogel, großer	*wulp*
Drossel	*lijster*
Ente	*eend*
Fasan	*fazant*
Feldlerche	*veldleeuwerik*
Gans	*gans*
Herzmuschel	*hartschelp, kokkel*
Kaninchen	*konijn*
Kiebitz	*kievit*
Kornweihe	*blauwe kiekendief*
Lachmöwe	*kapmeeuw*
Messerscheidenmuschel	*zwaardschede, tafelmesheft*
Miesmuschel	*mossel*
Möwe	*meeuw*
Pfeffermuschel	*peperschelp*
Plattmuschel	*platschelp, nonnetje*
Rauchschwalbe	*boerenzwaluw*
Rohrammer	*rietgors*
Rohrweihe	*bruine kiekendief*
Rotschenkel	*tureluur*
Säbelschnäbler	*kluut*
Sandklaffmuschel	*slijkgaper*
Schlangenstern	*slangster*
Schlickkrebs	*slijkkrabbe*
Seehund	*zeehond*
Seeschwalbe	*visdiefje* ("Fischdiebchen")
Silbermöwe	*zilvermeeuw*
Sperber	*sperwer*
Strandläufer	*strandloper*
Turmfalke	*torenfalk*
Uferschnepfe	*grutto*
Wattwurm	*zeepier*

Säbelschnäbler

Wenn's ans Eingemachte, d. h. ans spezifische Vokabular, geht, unterscheidet sich Niederländisch doch ganz schön vom Deutschen, nicht wahr? Lernwillige sollten wohl am besten mit der Gans beginnen und sich dann allmählich zu Seehund, Strandläufer und Vogelwicke vorarbeiten …

Sicherheit zu jeder Zeit!

Wattwandern

Die im deutschen Nordseeinselbereich so populären Wattwanderungen genießen in den Niederlanden einen geringeren Stellenwert. Der Grund dafür dürfte vor allem in einigen geographischen Absonderlichkeiten zu suchen sein: Die *Waddeneilanden* liegen nämlich, von Ost nach West gesehen, immer weiter von der Küste entfernt und werden zum Teil durch größere Wasserläufe vom Festland getrennt. Wer auf den deutschen Inseln, im Vergleich überwiegend nahe der Küste gelegen, sich schon einmal als Wattläufer vergnügt und Erfahrung gesammelt hatte, sollte in den Niederlanden kurztreten: Die Gegebenheiten sind dort nicht dieselben.

Das soll nicht heißen, daß kein Mensch dort ins Watt ginge. Naturzentren zum Beispiel bieten Lehrprogramme an; nur wandert man dazu eben nicht weiter als nötig hinaus. Wirkliche Langtouren nach und vom Festland werden im Bereich Ameland/Schiermonnikoog/Rottumeroog unternommen, allerdings eher von Vereinigungen als auf kommerzieller Basis. Zwecks Information wende man sich an die jeweilige VVV. Wenn man schon auf eine solche Tour geht, schließe man sich immer nur fachmännisch geführten Unternehmungen an.

Sicheres Baden

Was den Badespaß anbelangt, unterscheiden sich die nordseewärtigen Badestrände der niederländischen Inseln natürlich kaum von den deutschen. Hier wie dort "trekken die Nordseewellen an den Strand" (Friesenhymne), und wenn sie himmelhoch anwachsen, sollte man ihnen lieber fernbleiben. Es gibt relativ wenige "bewachte" Areale auf den holländischen Eilanden; dort flattert dann eine ***rote Flagge,*** sobald das nasse Vergnügen gefährlich zu werden verspricht. (Bei ablaufendem Wasser wird generell auch Rot gehißt.) Da sich die Holländer aber ungern etwas verbieten lassen, badet man auch bei Rot weiter. Auf "eigene Gefahr" eben - auf wessen denn sonst?

Gefährliche Strömung

Wissen sollte man unbedingt, daß vielen Dünenküsten sogenannte Barren vorgelagert sind, Reihen von Sandbänken, zwischen denen ***Strömungsrinnen*** *(zwinnen)* verlaufen und die an manchen Stellen von ***Sogfurchen*** *(muien)* unterbrochen sind, die den Strom mächtig hindurchfetzen lassen. Auch in den ***Seegatten*** zwischen den Inseln nimmt vor allem das ablaufende Wasser wirbelnde Geschwindigkeiten an, die ein Gegenanschwimmen unmöglich machen. Wo ein Schild mit der Aufschrift *Zwemmen verboden* am Strand steht, gibt es stets echte Veranlassung dafür. Dort sollte man sich das Schwimmen auch wirklich verkneifen, wenn einem das Leben lieb ist. Wer auf die offene Nordsee hinausgetragen wird, hat in Badekluft selbst im Hochsommer nur ein paar Stunden Überlebenschancen.

Keine Luftmatratzen! Bei ablandigem Wind segeln sie samt Passagier wie ein Ballon auf die offene See hinaus. Sie sind an niederländischen Stränden ausdrücklich verboten - und diesmal halten sich sogar die Einheimischen daran.

Ein Schwimmer, der stark ***unterkühlt*** wieder das Land gewinnt, sollte sich möglichst in liegender Haltung tragen und umgehend unter eine heiße Dusche packen lassen. Kein "Warmturnen", auf keinen Fall Alkohol in jeglicher Form! (Er trägt, auch heiß, zu weiterer Unterkühlung bei.) Bei ***Wadenkrampf*** im kalten Wasser das Bein ausstrecken und die große Zehe mit der Hand nach oben ziehen.

Gefährliche Tiere

Bei Berührung mit ***Quallen*** (es gibt ein paar bös brennende Arten in der Nordsee): Anhaftende Nesselfadenreste mit spitzem Finger entfernen, *nicht* mit Sand oder Handtuch abreiben! So bald wie möglich Essig aufbringen (steht in den Strandwachstationen bereit). Sogar Urin hilft eingänglich - keine falsche Scham!

Auch hat der *Kleine Pieterman* (***Petermännchen*** = *Echiichtys vipera),* einst dem Aussterben überliefert, in der Nordsee ein unerwartetes Comeback gemacht, selbst in flachen Strandgewässern. Wo Badende herumstapfen, wird sich das Fischchen zwar eilends davonmachen. Wer dennoch, eine weit entfernte Möglichkeit, auf etwas Spitzes tritt, das sich kurz darauf als sehr schmerzhaft entpuppt, hat Kontakt mit K. P. hergestellt. Erste, beste und so ziemlich einzige Hilfe: Das betroffene Glied in sehr heißes (45 °C) Wasser tauchen, um das Gift zu neutralisieren. Solche Maßnahmen sind überall in den Strandpavillons möglich. Ist nichts Heißes vorhanden, gilt es "Augen zu und durch". Sterben wird man am Petermännchen nicht.

Gefährliche Funde

Achtung: Aus der Ladung eines vor einigen Jahren bei Vlieland untergegangenen Frachters treiben mitunter immer noch ***Phosphorstücke*** auf den Stränden an, vornehmlich auf der genannten

Insel. Sie sehen aus wie ein hübsches, glattes, braungelbgrünes Steinchen und gleichen in ungefähr Bernstein. Der Luft ausgesetzt und durch eine Hand oder Hosentasche etwas erwärmt, kann sich der Fund plötzlich entzünden und ernste Brandwunden verursachen. Also liegen lassen, die "Steinchen"!

Manchmal landen auch ***Kriegssouvenirs*** an, wie zum Beispiel im März 1995 eine halbtonnenschwere britische Grundmine auf Terschelling. Die Königliche Marine sprengte das noch sehr lebendige Ungetüm in die Luft, doch tagelang danach existierte eine weitere tödliche Gefahr: Der Sprengkrater hatte sich mit ***Schwemmsand*** gefüllt. Warnungen vor *klap-* oder *drijfzand* sind stets zu beherzigen, sonst verschwindet man darin.

Mini-Tornados

Ein nicht zu vernachlässigendes Gefahrenmoment im Bereich der Watteninseln stellen auch ***Wind- und Wasserhosen*** dar. Sie sind zwar alles andere als häufig, doch jedes Jahr werden im Sommer mehrere vermeldet; auch ich kann von einigen (weit entfernten) berichten. Es handelt sich um Mini-Tornados, klein, aber gemein. Auf Campingplätzen und in Bootshäfen haben sie mitunter (selten) schwere Schäden verursacht; auch Surfer sind durch sie in Bedrängnis geraten. Wenn ein solcher, aus einer dunklen Wolkendecke herabhängender Schlauch ins Blickfeld gerät, beobachte man zunächst die Zugrichtung. Sollte sich das Objekt tatsächlich nähern, zum Beispiel einem Zeltplatz, so raffe man seine Wertsachen an sich und suche in einem Steinhaus Schutz. Dort ist man fast hundertprozentig sicher aufgehoben. Segler und Surfer sollten den Sauger ausmanövrieren. Das ist leichter getan, als es klingt: Sogar an Land kann man mit ein paar Sätzen zur Seite dem unmittelbaren Gefahrenbereich entgehen. Zu nächtlicher Zeit ist von Wind- und Wasserhosen nichts zu befürchten.

Die Inseln

Wie schon bei der Frage "Holland oder Niederlande?" gilt es auch "Hollands Nordseeinseln", Titel dieses Buches, terminologisch genauer zu definieren. Wer sehr penibel ist, mag darauf bestehen, die im Bereich der Rhein-, Waal- und Scheldemündungen liegenden Eilande in diesen Komplex einzubeziehen. Schließlich handelt es sich bei denen ebenfalls um Nordseeanrainer. Doch mit der gleichen Pingeligkeit ließe sich diesem Argument entgegenhalten, daß es sich dort um ***Flußinseln*** handelt; die Niederländer sehen sie in der Tat auch als solche an.

Die fünf in diesem Buch beschriebenen Inseln werden auf holländisch die *Waddeneilanden* genannt, die ***Watteninseln*** also, denn zwischen ihnen und dem Festland erstreckt sich das bei Ebbe großflächig trockenfallende Watt. Von Fall zu Fall vereinheitlicht man alle fünf unter dem alten Begriff ***Westfriesische Inseln,*** auch in Holland, und jedermann weiß, was damit gemeint ist. Sachkenner lassen unter diesem Terminus jedoch nur die vier östlichen Eilande Vlieland, Terschelling, Ameland und Schiermonnikoog laufen, und zwar wegen ihrer Zugehörigkeit zum kulturell und politisch friesischen Bereich. Wenn wir also schon nicht *Waddeneilanden* sagen, sind wir mit der Titelangabe ganz gut bedient.

Außerdem liegen im Umfeld der Watteninseln einige ***Platen und Sände:*** Noorderhaaks (SW von Texel), Richel (O von Vlieland), Griend (halbwegs zwischen Harlingen und Terschelling), Engelsmanplaat (zwischen Ameland und Schiermonnikoog), sowie Simonszand, Rottumerplaat und Rottumeroog (O von Schiermonnikoog). Diese Mini-Eilande, mehr noch zu ihnen am Ende des Buches, sind unbewohnt und stehen zum größten Teil unter Naturschutz: Betreten ist entweder verboten oder jahreszeitlich eingeschränkt.

Anders als sämtliche weiter östlich liegenden Nordseeinseln (einschließlich der deutschen), die für die Schiffahrt nie von großem Belang waren, spielten die drei westlichen Eilande

Inselleben im 19. Jahrhundert (Gemälde im Museum het Hannemahuis, Harlingen)

Texel, Vlieland und Terschelling eine bedeutende ***geschichtliche Rolle.*** An ihnen vorbei nämlich liefen die Seestraßen von und nach den an der ***Zuidersee*** (also nicht an der Nordsee) gelegenen wichtigsten Handelshäfen der Niederlande, zunächst, im 14. Jahrhundert, nach Kampen, später nach Enkhuizen, Hoorn und dem immer mächtiger werdenden und letztlich immens reichen Amsterdam. Sie waren sozusagen die Wächter an den engen Ein- und Ausgangspforten dieser Routen. Vor den Häfen Oudeschild auf Texel, Oost-Vlieland und West-Terschelling gingen die großen Kauffahrer regelmäßig vor Anker, um auf günstigen Wind zu warten oder Schutz vor feindlichen Kriegsschiffen zu suchen. Die meisten der tiefgehenden großen Segler konnten auch gar nicht die flache Zuidersee bis Amsterdam durchfahren, sondern mußten in den genannten Häfen über Leichter beladen oder entlöscht werden. Gleichzeitig wurden auf den Wartestationen Lotsen und Mannschaften aufgenommen, Proviant und Wasser gefaßt und fällige Reparaturen erledigt. Sogenannte *klaarmakers* (Klarierer) nahmen sich dieser Aufgaben an. Zudem entstanden Warenlager, Geschäfte, Werften – und, wie man annehmen darf, jede Menge Wirtshäuser, auf holländisch sehr hübsch *gelagzaal* (Gelagesaal) genannt. (Nur Rotlichtviertel gab es auf den Inseln nicht. Dazu mußten sich die *Sailors* nach Amsterdam weiterbemühen. Dort gab es, gibt es immer noch, um so mehr; "sonst fallen sie über unsere Frauen und Töchter her", so ein Argument der damaligen Bürger.)

Diese Verhältnisse brachten die drei Inseln zeitweilig zu beträchtlichem ***Wohlstand.*** Doch ihre ***strategisch bedeutende Lage*** machte sie auch für Feinde begehrenswert, die regelmäßig vorsprachen: Spanier, Engländer, Franzosen, zuletzt Deutsche. Die heutige Beschaulichkeit der Eilande mit ihrem ruhigen Tagesablauf, den putzigen Häuschen und urigen Klappermühlen läßt wenig darauf schließen, welch reges Leben sich hier früher abwickelte. Zu Hunderten lagen die Ostindienfahrer manchmal auf den Reeden, während sich ein buntes Volk in die Inselstädtchen ergoß. Nur vor Archäologen und Tauchern, mehr zu ihnen später, breitet sich noch mancher Einblick in diese wilden, alten Zeiten aus. Der Normalverbraucher wird, zweitbeste Wahl, mit einem Museumsbesuch vorliebnehmen müssen. Texels *Juttersmuseum,* Vlielands *Tromp's Huys* sowie Terschellings *Behouden Huys* und Wrackmuseum *De Boerderij* sollte man unbedingt besuchen, wenn man schon auf den Inseln weilt.

Maritiem en Jutters Museum (VVV Vlieland)

Texel
– fast schon eine Provinz

Geschichte

Der Name

Tessel sprechen die Holländer den Namen des Eilands aus, obschon das x in ihrem Alphabet durchaus existiert. *Tessels* nennt sich alles, was von der Insel stammt, ein *Tesselaar* ist ein Insulaner.

Über die Herkunft des Namens ist man sich indes uneins. Manche Koryphäen vermuten, es handele sich um ein ähnliches Wort wie "Deckel", auf die Flachheit der Insel anspielend; andere führen an, der Begriff komme aus einer romanischen Sprache. Das ist nicht unwahrscheinlich. In diesem Fall könnte man vielleicht auf *de sel* tippen, also "aus Salz". Die Salzgewinnung auf dem Umweg über den Torfabbau spielte auf Texel nämlich schon im Mittelalter eine wichtige Rolle. Sicher ist lediglich, daß man bis auf weiteres seitens der Holländer mit roten Ohren rechnen kann, wenn man eine diesbezügliche Frage stellt: Genau weiß es keiner.

Vorgeschichte

Lange Teil des kontinentalen Festlandes, war das jetzige Terrain Texels mit Gewißheit schon in der Altsteinzeit vor zehntausend Jahren besiedelt; jedenfalls deuten Ausgrabungen darauf hin. Texel ist keine typische, aus wandernden Dünen entstandene Watteninsel, sondern ein verwittertes Überbleibsel aus eiszeitlichen Geestablagerungen, ein Stück Geschiebemergel in der See. Im Zuge der Zerstückelungen um die ***Jahrtausendwende,*** über die anschließend noch unter Vlieland und Terschelling nachzulesen sein wird, brach auch Texel aus diesem Gefüge als Insel heraus. Doch die eiszeitlichen Ablagerungen bilden heute weiterhin sozusagen das Rückgrat der Insel, nämlich einen "Höhenzug" von Den Hoorn über Den Burg und De Waal nach Oosterend, das *Oude* (Alte) *Land* genannt. Der *Hoge Berg* bei Oudeschild mißt immerhin stolze 15 Meter; er ist ein echtes Relikt aus jener alten Zeit, keine Düne.

Deichbau

An der Nordseeseite hingegen warf sich, beginnend im ***13. Jahrhundert,*** zunehmend eine ***Dünenkette*** auf, die sich bald von De Hors im Süden bis De Koog im heutigen Mittelteil der Insel dahinzog. Unmittelbar darüber schnitt die See durch die Dünen und trennte den nordostwärts weisenden "Zeigefinger" Texels als separate Insel, das *Eijerland,* von der "Hand" ab, die das Hauptland bildete. Der *Eijerlandse Polder,* eine ausgedehnte Niederung, in deren Mitte sich heute der Flugplatz befindet, war noch bis weit ins letzte Jahrhundert hinein ein Stück Wattenmeer.

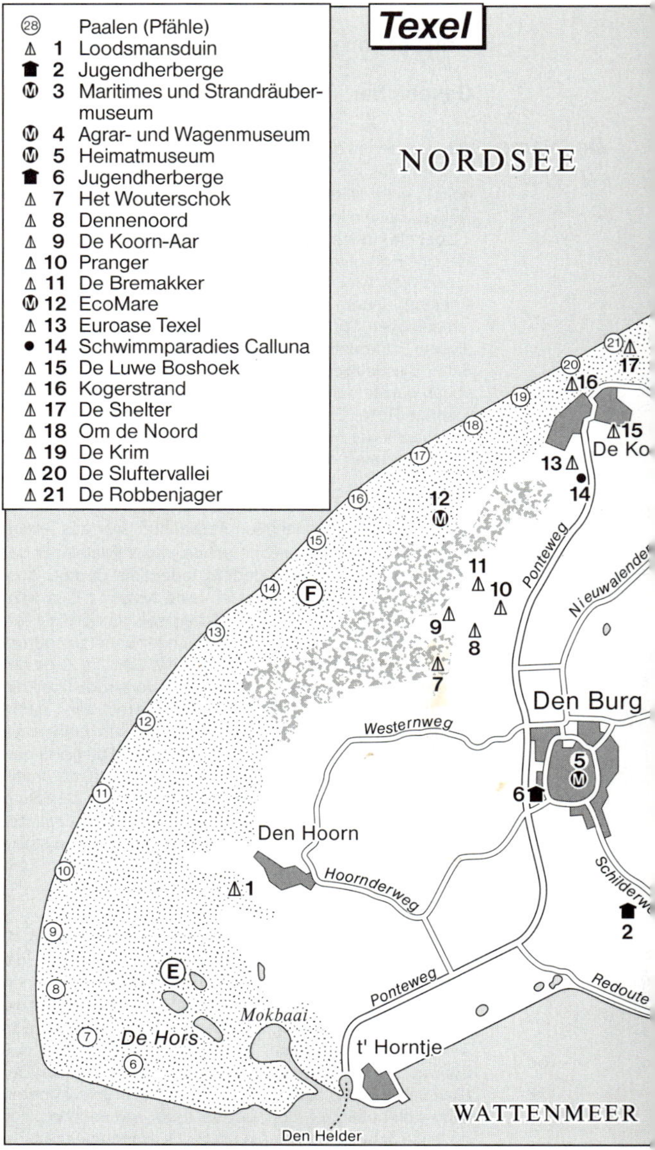
Texel
28 Paalen (Pfähle)
1 Loodsmansduin
2 Jugendherberge
3 Maritimes und Strandräuber-museum
4 Agrar- und Wagenmuseum
5 Heimatmuseum
6 Jugendherberge
7 Het Wouterschok
8 Dennenoord
9 De Koorn-Aar
10 Pranger
11 De Bremakker
12 EcoMare
13 Euroase Texel
14 Schwimmparadies Calluna
15 De Luwe Boshoek
16 Kogerstrand
17 De Shelter
18 Om de Noord
19 De Krim
20 De Sluftervallei
21 De Robbenjager
NORDSEE
Ponteweg
Nieuwalender
Den Burg
Westernweg
Den Hoorn
Hoornderweg
Schilderweg
Ponteweg
Redoute
Mokbaai
De Hors
t' Horntje
WATTENMEER
Den Helder

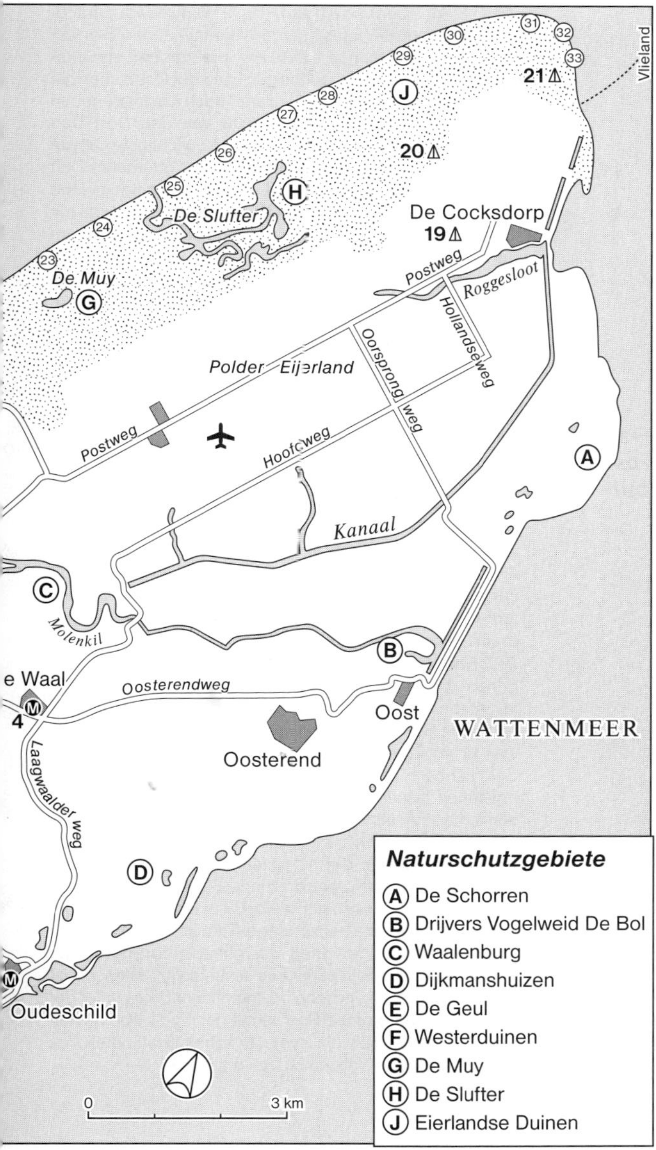
Vlieland
21
20
19
De Cocksdorp
De Slufter
De Muy
Postweg
Roggesloot
Hollandseweg
Oorsprongweg
Polder Eijerland
Hoofdweg
Kanaal
Molenkil
e Waal
Oosterendweg
Oost
4
WATTENMEER
Oosterend
Laagwaalder weg
Oudeschild
0
3 km
23 24 25 26 27 28 29 30 31 32 33
Naturschutzgebiete
A De Schorren
B Drijvers Vogelweid De Bol
C Waalenburg
D Dijkmanshuizen
E De Geul
F Westerduinen
G De Muy
H De Slufter
J Eierlandse Duinen

Das Eindeichen von ***Kögen,*** das Anpflanzen von Strandhafer und anderer befestigender Vegetation, den Bau von Buhnen und Schlengen - alles dies praktizierten die Texelaner bereits, als im benachbarten Land der Deutschen die Nackenschläge des "Blanken Hans" noch als gottgegeben hingenommen wurden. ***Um 1300*** war das Dorf Den Westen, heute nicht mehr existent, der wichtigste Ort auf der Insel; ein halbes Jahrhundert später übernahm Den Burg diese Rolle. Schon ***1414*** erhielt die Inselgemeinde Texel das Stadtrecht. Von ***1629 auf 1630*** gelang es mit allerlei Tricks, das sich auflösende und davonschwimmende Eijerland endgültig mit der Mutterinsel zu vereinen. 1851 kam es hier zu erneuten Durchbrüchen, und zwar bei De Muy und De Slufter (s. u.). Zwar konnte nach jahrelanger Arbeit 1878 den Öffnungen in der Küste ein Riegel vorgeschoben werden. Doch heute ist der Slufter wieder weit offen und wird es aus Gründen des Naturschutzes auch bleiben.

Franzosenzeit

Über Jahrhunderte hinweg muddelten sich die Texelaner ständig durch, ohne auf Obrigkeiten angewiesen zu sein. Man empfand sich zwar als Niederländer, sprach jedoch seinen eigenen Dialekt *(Sèèggies)* und hatte mit den hohen Herren weiter südlich nicht viel im Sinn. Das 17. "goldene" Jahrhundert ging vorbei und hinterließ, siehe weiter unten, einigen Wohlstand, verschonte die Insel aber auch von seinen Schattenseiten, nämlich einer drückenden Massenarmut, verursacht durch Arbeitslosigkeit und gestiegene Preise. Anno ***1795*** zogen die Franzosen unter *Napoleon Bonaparte* als "Befreier" in die Niederlande ein; von wem genau die Besetzten befreit werden sollten, ließen die Invasoren offen. Dem Kaiser gefiel es gut in Holland. Er hatte eine Schwäche für klobige Befestigungsanlagen, und was er im Bereich Den Helder-Texel sah, erfreute sein Soldatenherz. In Den Helder wollte er ein zweites Gibraltar entstehen lassen, und auf Texel verfügte er ***(1811)*** persönlich den Ausbau des ***Forts*** *De Schans* (s. u.), das alsbald zu *Fort Central* frankonisiert wurde. Für die kleinen Nöte der Insulaner, die ihm anfangs einen Jubelempfang bereitet hatten, hatte der Korse indes kein Gehör. Die Quittung kam zwei Jahre später in Gestalt eines ***Aufstands*** der Texelaner gegen die französische Garnison. Die Rebellion verlief allerdings, der Krieg war ohnehin zu Ende, eher dilettantisch und erfreulicherweise unblutig. Tatsache ist nämlich, daß der "feindliche" Kommandant *D'Ison* unter der Inselbevölkerung große Popularität genoß. "Liebe deinen Feind" - sollte dies ein sympathischer Bestandteil des niederländischen Nationalcharakters sein?

Deutsche Besatzung

Den 1940 einmarschierenden Deutschen brachte man weitaus weniger Sympathien entgegen. Bei Kriegsende entlud sich die Wut der Okkupierten in Gestalt des berüchtigten "Aufstands der Georgier" (siehe Exkurs "Texels langer Krieg"), auf deren Seite sich viele Texelaner schlugen. Resultat: ein blutiges Ende für die Mehrzahl der Beteiligten ...

Texels langer Krieg

Der 8. Mai 1945 ist überall in Europa das offizielle Datum des Kriegsendes. Doch auf Texel gingen die Kampfhandlungen noch fast zwei Wochen weiter, und unter schrecklichen Umständen ...

Im Januar 1945 wurden 800 ***Georgier*** auf die seit Juni 1940 von den Deutschen besetzte Insel abkommandiert. Sie waren Gefangene und Überläufer aus der Roten Armee, Waffenbrüder der Besatzer, "Freimüssige" der deutschen Wehrmacht, deren Uniform sie trugen. Auf Texel war es ruhig; das Kriegsgeschehen fand woanders statt. Doch der Untergang des Dritten Reiches zeichnete sich ab, und in der Nacht vom 5. auf den 6. April ***rebellierten*** die georgischen Verbündeten gegen die ahnungslosen Deutschen. 400 Feldgraue wurden in dieser Nacht mit Dolchen und Bajonetten getötet. Es gelang den Rebellen indessen nicht, obwohl der lokale Untergrund ihnen zu Hilfe kam, die gesamte Insel einzunehmen.

Ab halb fünf Uhr morgens schossen die Deutschen, verstärkt und auf Weisung aus dem Berliner Führerbunker – "Alle Georgier sind zu liquidieren!" – massiv zurück. Damit wurde ein zwei Wochen währender, gnadenloser regionaler Guerillakrieg eingeleitet. Am 22. April durchkämmten 2.000 deutsche Soldaten jeden Quadratmeter der Insel; jeder Georgier (und kollaborierende Einheimische) wurde exekutiert, Granaten fielen auf Den Burg, Texel brannte. Besonders der Leuchtturm war erbittert umkämpft. Auch ***nach der deutschen Kapitulation*** in Holland am 5. Mai gaben Wehrmachtsoffiziere auf Texel noch Endsiegparolen aus. Die alliierten Befreier ließen sich auf der Insel nicht blicken, und immer noch ging das Gerangel zwischen Georgiern, Deutschen und Einheimischen weiter. Erst am 20. Mai war alles vorüber. Kanadische Truppen landeten auf der Insel und entwaffneten die Besatzer endgültig. Endabrechnung: 120 Texelaner, über 500 Georgier und 2.347 (holländische Quellen sprechen nur von 800) Deutsche kamen ums Leben.

Der ***Friedhof der Georgier*** (nach deren Anführer auch *Begraafplaats Loladze* genannt) liegt in der Nähe des Hoge Bergs, mittig zwischen Den Burg und Oudeschild. Siehe auch Hinweis im Literaturanhang.

Blicke in die Vergangenheit

Die Insel Texel hat lange, wie schon an früherer Stelle vermerkt, eine führende Position am ***Eingangstor zur Zuidersee*** innegehabt. Im 17. und 18. Jahrhundert war die *Vereinigte Ostindische Compagnie* das größte Handelsunternehmen der Welt, im Jahre 1648 erreichten die Niederlande den globalen ersten Rang unter allen merkantilen Nationen. In diese Periode fällt auch die Blütezeit Texels. Ab 1712 nannte man die Ankerplätze im Marsdiep südöstlich der Insel "Reede der Kaufleute", ein Name, welcher eine Vorstellung von dem regen Handel und Wandel erweckt, der dort damals herrschte. Viele Schiffe überwinterten auch im Schutz der Insel, so nicht weniger als 285 Einheiten von 1765 auf das Folgejahr. Im Jahre 1783 allein nahmen 1.805 Schiffe texelsche Lotsendienste in Anspruch.

Man kann sich ausmalen, welches Chaos bei dieser drangvollen Enge ausbrach, wenn ein schwerer ***Sturm*** die riesige Flotte von Ankerliegern heimsuchte. Jede Menge Kleinholz gab es dann jedesmal. Ein böses Beispiel: In einem Winterorkan am 24. Dezember 1593 rissen sich mehrere Schiffe los, verhakten sich mit anderen, bis sich letztlich ein gewaltiges, wirres Knäuel bildete. Fast 200 (in Worten: zweihundert) Fahrzeuge gingen bei dieser dramatischen Massenhavarie unter.

Die Gesamtzahl der Schiffe, die im Lauf der Jahrhunderte auf Texel-Reede dieserart das Schicksal ereilte, ist deshalb Legion. Viele sanken mit kompletter Ladung, und die meisten wiederum verschwanden binnen kurzem in den Sänden. Da sich die Strömungsverläufe im Wattenmeer jedoch häufig ändern, manchmal von einem Tag auf den nächsten, geschieht es heute immer wieder, daß ein altes Wrack an einer Prielkante plötzlich in Erscheinung tritt – und dann ist die moderne ***Unterwasserarchäologie*** zur Stelle. Im Gegensatz zu Terschelling (siehe dort), wo vornehmlich private Taucher aktiv sind, werden Explorations- und Bergungsarbeiten im Bereich Texel überwiegend von amtlich bestallten Froschmännern vorgenommen.

Strömungen und schlechte Sicht sind der Grund, weshalb das enorme Potential bislang kaum angekratzt ist. Die archäologischen Spezialkarten verzeichnen Eintragungen wie *BZN II* oder *TXS III,* hinter denen sich "das polnische Kanonenwrack auf Burgzand Noord" bzw. *"de Baron Palland van Rozendaal* im Texelstroom" verbergen, romantische Namen, die den Erzählungen eines *Robert Louis Stevenson* entnommen sein könnten. Nicht weniger poetisch ist die Mehrzahl der gesunkenen Schiffe nach ihren jeweiligen Ladungen benannt; da gibt es unter anderem das *Flaschen-, Kupferschüssel-, Pockholz-, Textilien-* und *Wasserfaßwrack*. Von einem *Goldwrack* ist bislang nicht die Rede – aber wer weiß? Allein die privat mitgeführten Schatullen von Kaufleuten und Schiffsoffizieren mögen manchen alten Trümmerhaufen zu einem prospektiven Schatzschiff machen...

Eine Anzahl der geborgenen Objekte ist im ***Schiffahrtsmuseum*** in Oudeschild ausgestellt; siehe weiter unten.

Landschaft am Hoge Berg

Texel heute

Die zuvor erwähnte unabhängige Gesinnung der Texelaner erweist sich noch heute insofern als lebendig, als man (1995) sogar eine ***eigene Inselwährung*** herausgegeben hat. Der *Tesselaar* im Wert von *f* 5 hat zwar keinen amtlichen Charakter, wird auf Texel jedoch fast überall akzeptiert. Keine Sorge also, falls diese exotische Münze einmal im Wechselgeld auftauchen sollte! Nur anderswo in den Niederlanden kann man allerdings (außer auf Filialen der *Rabobanken)* nichts mit ihr anfangen.

Etwa 13.000 Menschen wohnen auf der ca. 16.000 Hektar großen Insel, überwiegend verteilt auf die sieben Dörfer Texels; dazwischen gibt es jede Menge Platz. Selbst die etwa 300.000 Touristen, die Texel alljährlich besuchen, verlaufen sich außer an ausgesprochenen Stoßtagen in der Weite der Insel. Kein häßliches Hochhaus erzürnt das Auge; mit ein paar moderaten Hotelanlagen im Bereich De Koog und einigen Getreidesilos im Flachland kann man sich aussöhnen. Andererseits läßt sich gerade im touristischen Bereich das beobachten, was der Texelaner Maler *Niek Welboren* inspiriert "eine Infektion mit dem Gamma-Virus" nennt – *Gamma* ist ein holländischer Heimwerkerbaumarkt –, nämlich ein Trend zu geschmacklos überladenen Häusern, die nicht in die Landschaft passen. Man fühlt sich da ein wenig an deutsche Verhältnisse erinnert.

Auch das insulare ***Landschaftsbild*** ist sicher einmal ursprünglicher gewesen. Eine Flurbereinigung in den fünfziger Jahren, als Ökologie noch ein Fremdwort war, hat leider viel zu einer diesbezüglichen Sterilmachung beigetragen. Doch eine schöne Insel ist Texel auch weiterhin. Die Ausdehnung des Dünengürtels ist enorm; zwischen Den Hoorn und De Koog zieht sich zudem eindrucksvoller Kiefern- und Mischwald dahin. Ausgedehnte Weideflächen satten Grüns prägen das Gesicht der Polder, Land, über dem einst die See schäumte und aus dem der Großteil Texels besteht. Schilfumsäumte Gräben und Siele durchbändern die Ebene, dann wieder führt ein "Knick" aus Silberahorn, Weiß- oder Schlehdorn zu einer Abwechslung im Gelände. Auf den Weiden grasen Rinder; häufiger sind Schafe, für deren Aufzucht Texel renommiert ist und von denen es eine entsprechende Produktpalette anbietet, vornehmlich teure und kratzige Wolldecken. Hier und da sieht man noch die alten *skiipeboetes* (Schafscheunen) mit der wunderlichen Form eines mittig durchgeschnittenen Bauernhauses, alle unter Denkmalschutz. Schön ist das "Alte Land" mit den Dörfern (s. u.). Bereits im 17. Jahrhundert wurden hier *tuunwoallen* (Gartenwälle) angelegt, um das Gelände zu parzellieren, und Bäume gepflanzt, um die Erosion der Hügel zu unterbinden. Zwar waren auch diese Maßnahmen bereits Eingriffe in natürliche Verhältnisse, doch sie trugen, heute besehen, zur Vielfalt der insularen Vegetation bei. In der Neuzeit hat man sich auch auf die alten Werte besonnen und bemüht sich um deren Erhalt. In der Landwirtschaft muß man, wie immer, allerdings etwas nachhelfen. Aber wozu sind EU-Fördermittel denn da? Es lebt sich ganz gut als Bauer auf Texel und überhaupt in den Niederlanden; für jedes Bäumchen, das nicht umgesägt, für jeden Erdwall, der nicht plattgemacht, jeden Tümpel, der nicht zugeschüttet wird, gibt es Knete aus Brüssel – *honi soit qui mal y pense!*

Natürlich hat die ***Moderne*** auch in die ältesten *huisjes* längst Einzug gehalten, doch man sieht erst als Endverbraucher etwas davon. Wasser (per Pipeline) und Strom kommen vom Festland, letzterer erst seit 1995. Das ist in Einklang mit einem guten, alten niederländischen Prinzip: alles diskret im Boden verschwinden lassen …

Markt in Den Burg (VVV Texel)

Die Dörfer

Den Burg Den Burg, zentral gelegen, ist der mit Abstand größte Ort (6.000 Einwohner), und auch der älteste existierende. Anno 1356 wurde hier ein Burgwall errichtet; eine Siedlung bestand an dieser Stelle jedoch schon lange vor diesem Datum. Heute ist Den Burg Sitz des Gemeinderates von Texel, und auch das Verkehrsamt befindet sich dort. Vom schönen alten Ortskern ging durch den letzten Krieg leider einiges verloren, und weiteres fiel der Bauwut der sechziger Jahre zum Opfer. Dennoch bietet sich Den Burg weiterhin als artiges, pflegeleichtes und, versteht sich, blitzsauberes Provinzstädtchen an. Man durchmißt das alte Zentrum in ein paar Minuten und hat seine Freude daran. Alles was sich außerhalb davon befindet, ist jedoch überwiegend neue, das heißt nach 1945 entstandene Bebauung, reiz- und konturlos und keiner Betrachtung wert.

Den Burg
De Cocksdorp
Kogerweg
Georgieweg
Akenbuurtsweg
De Koog
Manege
Ponteweg
Kogerstraat
Beatrixlaan
Gasthuisstraat
Kin
Gasthuisstraat
Keesomlaan
Beatrixlaan
Ponteweg
VVV (Touristenbüro)
0
300 m
't Horntje
Den Hoo

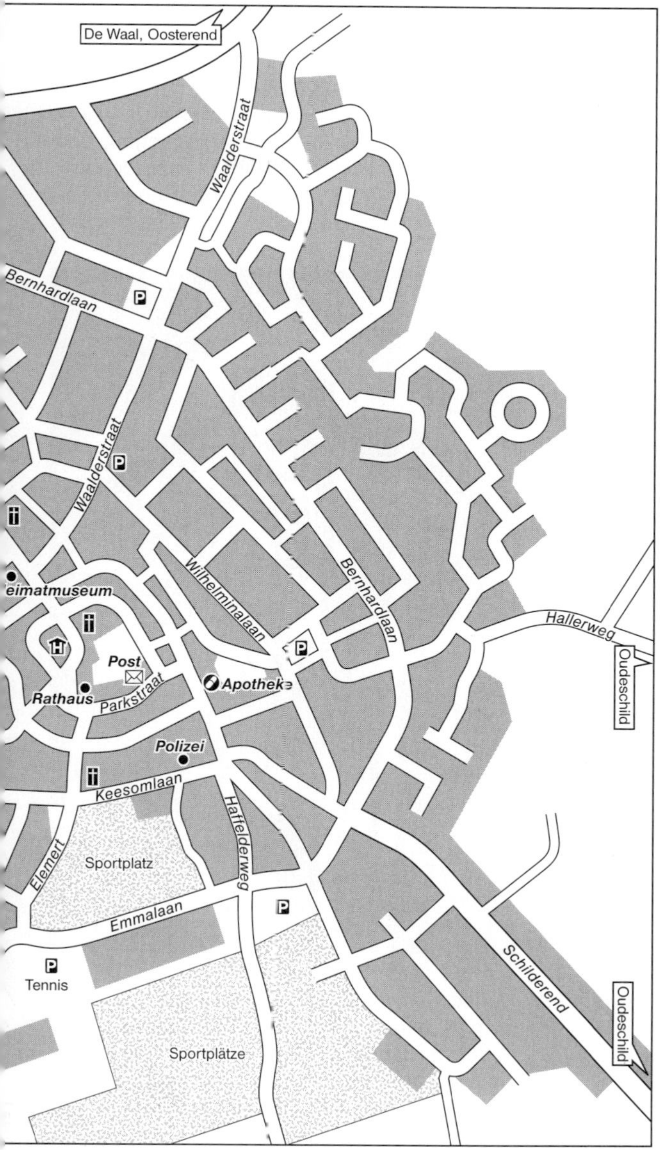
De Waal, Oosterend
Waalderstraat
Bernhardlaan
Waalderstraat
Wilhelminalaan
Bernhardlaan
Hallerweg
Oudeschild
eimatmuseum
Post
Rathaus
Parkstraat
Apotheke
Polizei
Keesomlaan
Haffelderweg
Elemert
Sportplatz
Emmalaan
Tennis
Sportplätze
Schilderend
Oudeschild

De Waal Der Ort liegt ein Stückchen nordöstlich von Den Burg und ist mit 250 Bürgern Texels kleinstes Dorf. Früher, d. h. vor 1436, war De Waal, auf einer natürlichen Erdanhäufung gelegen, gänzlich von Wasser umgeben, eine "Hallig" sozusagen. Dann begann man mit Trockenlegungen, und heute grüßt das Örtchen, hübsch anzuschauen, mitten im grünen Land von seinem Hügel auf eine überwiegend bäuerliche Umgebung hinab.

Alter Speicher in Oudeschild

Oudeschild Oudeschild, eine Gehstunde östlich von Den Burg, ist bereits in bezug auf den Seeverkehr erwähnt worden. Der Hafen spielt auch weiterhin die wichtigste Rolle im ansonsten recht drögen, großenteils hinter dem mächtigen Deich versteckten Ort mit etwas über 1.000 Einwohnern.

Doch es ist eine andere als früher. Schon um die Mitte des 19. Jahrhunderts, nachdem Amsterdam per Kanal mit der Nordsee verbunden worden war, bestand kein Bedarf an Lotsendiensten mehr; das uralte Gewerbe starb aus. Man versuchte sich mit wechselnder Fortüne in der Austern-, Muschel- und Seegrasfischerei, und dann begann nach dem 2. Weltkrieg der Tourismus auf Texel zu boomen. Oudeschild wurde betriebsamer Fährterminal. Doch bereits zu Beginn der sechziger Jahre war es auch damit wieder vorbei. Der Hafen genügte den Ansprüchen nicht mehr, und der Anleger wurde nach 't Horntje verlegt. Erneut besann man sich auf die Fischerei. Heute ist Oudeschild Heimathafen für etwa 40 Fischkutter, die gesamte Fangflotte Texels, und in diesem Ort gibt es deshalb die frischesten Garnelen und den besten Fisch zu kaufen. Hübsch ist das alte *Pakhuus* am Kai, jetzt ein Restaurant mit angegliederten Appartements. Im Hafen vertreten sind ebenfalls Schiffe der "Braunen Flotte", schicke Oldtimer, die zu Exkursionen laden (siehe Touren). Nicht versäumen sollte man einen Besuch im Schiffahrtsmuseum (s. u.).

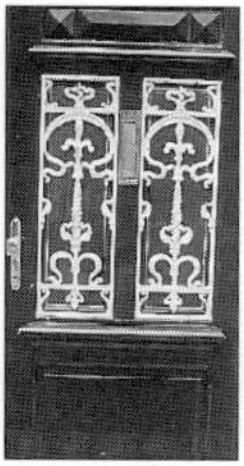

Den Hoorn Texels südlichstes Dorf mit heute 450 Bewohnern entstand im 14. Jahrhundert und war, damals noch am Wasser gelegen, lange Zeit Lotsenstation. Dann wurde das Vorland nach und nach "eingepoldert", und Den Hoorn wanderte sozusagen inland. Heute lebt man dort vor allem von der Landwirtschaft und Blumenzwiebelzucht; natürlich kommt auch der Tourismus nicht zu kurz. Auf die alte Kirche etwas außerhalb des Ortes mit ihrem auffälligen schlanken Turm, von dem nachts ein Leuchtfeuer blitzt, ist man sehr stolz. Erstens weil ihre Glocke über ein halbes Jahrtausend alt ist. Und zweitens weil eben diese Glocke, zusammen mit 200 anderen Läutwerken im Krieg von deutschen Soldaten zwecks Einschmelze geraubt, heute wieder an Ort und Stelle hängt. Der holländische Kapitän des Glockentransporters ließ seinen Kahn nämlich in

Narzissenfeld bei De Hoorn (VVV Texel)

der Zuidersee auf Grund laufen, worauf die gesamte Fracht verschütt ging. Nach dem Krieg wurde sie von Tauchern geborgen. Geführte Besichtigungen der Kirche im Sommer und Herbst jeweils Di und Do 14-16 Uhr.

De Koog Genau mittig an der Westküste gelegen, galt De Koog schon anno 1930 als beliebtester Badeort nicht nur Texels, sondern aller Watteninseln. Lange, seit mindestens dem 14. Jahrhundert, wurde die Fischerei von diesem Dorf aus betrieben, dem jedoch schon aufgrund seiner exponierten Lage an einer Luvküste keine Zukunft verheißen war. Folgerichtig besiegelten schwere Sturmfluten bereits im 17. Jahrhundert das Schicksal der kleinen Siedlung; im Jahre 1921 standen in De Koog ganze elf Häuser und eine Kirche! Doch dann kamen die Touristen ... Mit weniger als 1.000 ständigen Einwohnern ist De Koog zwar immer noch keine Metropole, aber heute brummt der Betrieb, reihen sich die touristischen Etablissements; De Koog ist Texels Badezimmer. Ein bißchen zu kommerziell, zu neuzeitlich, einen Touch zu glatt vielleicht ist der Ort trotz – oder gerade wegen – seines "subtropischen Schwimmparadieses" und der Tennis- und Squashhalle heute gediehen. Die Fischer fehlen, und man vermißt die traditionelle Bebauung der anderen Dörfer; daran mag es liegen.

Oosterend mit alter Kirche (VVV Texel)

Oosterend Ursprünglich war der knapp über 1.000 Einwohner zählende Ort ein Fischerdorf; auch zum Walfang wurde von dort ausgefahren. Doch schon 1859 erwies sich die Landwirtschaft als einträglicher, und der Hafen wurde aufgegeben. Texels älteste Kirche, im 12. Jahrhundert erbaut und dem Heiligen Martin gewidmet, erhebt sich über dem pittoresken Ortskern. Das Dorf wuchs nämlich nach und nach um das wuchtige Gemäuer und behielt bis heute eine entsprechende Struktur mit engen Gassen und kunstsinnig restaurierten alten Giebelhäusern bei. Auch bei der Erneuerung des Kircheninnern ist man stilvoll zu Werke gegangen, indem man das 17. Jahrhundert als Renovierungsstandard setzte. Oosterend ist sehr ruhig (zum Teil autofrei), grün und kuschelig. Nur – hinüber zum Nordseestrand sind es ein paar Kilometer.

De Cocksdorp Texels jüngstes Dorf, 400 Seelen stark, entstand erst 1835. Nieuwdorp hieß der winzige Ort am Eierlandschen Seegatt zunächst, doch die Umtaufe erfolgte noch im Gründungsjahr. Auf dem Plan erschien nämlich ein gewisser Herr *de Cock*, ein Reeder aus Antwerpen, der sein Land während der dortigen Unruhen (1830-39, in Verbindung mit der Trennung Belgiens von den Niederlanden) verlassen mußte. Die Geldkatze hatte er anscheinend retten können. Zusammen mit einigen anderen finanzstarken Gesellschaftern erwarb der energische Mann vom niederländischen Staat die Konzession für die Eindeichung des Buitenveld-Geländes, eines weiten See- und Wattgebietes, das sich auf alten Karten Texels wie die Kehlung zwischen Daumen (Altes Land) und Zeigefinger (Halbinsel Eierland) ausmacht. Private Unternehmungen dieser Art waren seinerzeit in Holland gang und gäbe. In schönster frühkapitalistischer Manier wurden ganze Scharen namenloser Habenichtse zu diesem Zweck angeheuert und mit Gallonen von Genever (niederländischem Wacholderbranntwein) für die Fron in den schlammigen Einöden konditioniert. (Im 17. und 18. Jahrhundert besaßen die Niederlande eine riesige Zahl von Lumpenproletariern, Folge einer stürmischen Merkantilisierung. Auch Tausende von Deutschen suchten damals dort nach Arbeit).

Nach getaner Arbeit jagte man die Knechte dann zum Teufel und brachte das gewonnene Land mit sattem Profit an den Mann. Der Belgier muß gut mit Genever versehen gewesen sein. 1.500 Tagelöhner klotzten für ihn ran. Innerhalb von lächerlichen zwanzig Wochen war ein elf Kilometer langer Deich gebaut und der *Eijerland-Polder* geschaffen, wodurch der Insel ihre heutige kompakte Form gegeben wurde. Auf dem

Priel an der Nordküste

trockengelegten Ackerboden siedelten sich Bauern aus allen Teilen der Niederlande und sogar aus dem Ausland an, die ihren Gehöften die Namen ihrer Herkunft gaben. Da findet man heute Rotterdam, Bern, Madura, Padang und Rio Grande, und sogar der Baustil mutet manchmal ausgesprochen untexelsch an.

Das Dorf selbst zieht sich weitgehend an der Molenlaan, einer prächtigen Allee, und der quirligen Kikkertstraat parallel zum Deich entlang und hat außer dem unfern gelegenen Leuchtturm und einer etwas deplazierten Kirchenkanzel aus dem 17. Jahrhundert nichts Spektakuläres zu bieten.

Strand und Natur

Als im Jahre 1864 der Leuchtturm von Texel errichtet wurde, befand sich das Gemäuer noch drei Kilometer von der See entfernt. Heute steht der Turm hart an der Kante, und der gesamte Klumpatsch ist, nicht gerade hübsch anzuschauen, mit Steinen und Asphalt befestigt, damit er nicht ins Meer kollert.

Hier, im Norden von Texel, manifestiert sich der ***Landabbruch,*** unter dem die Insel wie jede andere in der Nordsee leidet, besonders dramatisch. Die flache Wattenküste ist mit einem 7,5 Meter hohen Deich gesichert, da kann bis auf weiteres wenig passieren. Doch entlang des Dünengürtels werden bei schweren Stürmen immer wieder ganze Abschnitte von der See entführt – wenn auch nicht auf Nimmerwiedersehen. Wie auch auf den anderen vier Eilanden ist bei Texel eine Neigung zur ***Ostwanderung*** erkennbar. Der meiste Sand fließt vom texelschen Eierland, wo der Leuchtturm steht, nach Vlieland hinüber und trägt dort zur weiteren Vergrößerung der ohnehin schon eindrucksvollen "holländischen Sahara" bei. Im Südwesten Texels, am *Hors,* findet indessen ein ständiger Anbau andernorts weggeschwemmten Sandes statt, womöglich eine Folge der Nord-Süd-Ausrichtung der Inselachse. Dort werden sich eines unfernen Tages

vielleicht "saharische" Verhältnisse ergeben, die denen Vlielands in nichts nachstehen. Hinzu kommt, daß sich die große Sandfläche Noorderhaaks, auch *De Razende Bol* (die tobende Bank) genannt, von westlich des Hors immer näher an Texel heranschiebt und wahrscheinlich bald mit der Insel verwächst. Dies ist eine für alle Nordseeinseln charakteristische Entwicklung: Das Meer nimmt, gibt aber auch wieder zurück.

Die Normalität präsentiert sich als kaum einmal unterbrochene ***Dünenkette*** und glatter ***Strand*** von einem Inselende zum anderen. Bewachte Strände gibt es bei Paal 10, 12/13, 15, 17, 19, 20, 21 und 28. Nackend (und unbewacht) darf man bei Paal 9 und 27 die See genießen. Im Bereich der Nordspitze ist das Baden wegen lebensgefährlicher Strömungen verboten, man verzichte auf einen Versuch.

Naturschutzgebiete

Kein Stück des Texellandes ist Teil des Nationalparks Wattenmeer. Nur am ***Schorren (A),*** eine knappe Gehstunde südlich von De Cocksdorp, stößt die Schutzzone bis an den Deich vor – mit spektakulärem Resultat. Eine enorme Vielzahl von Federvieh macht sich auf den vorgelagerten Schlickbänken breit; weiter draußen auf den Sänden erkennt man bei Niedrigwasser die langgestreckten Formen ruhender Seehunde. Etwas südlich vom Schorren existiert auf einer Mini-Halbinsel zwischen zwei Prielen ein weiteres Vogelschutzgebiet, ***De Bol (B),*** klein, aber groß an Artenreichtum.

Am Slufter

An der gegenüberliegenden Küste bietet sich ein ähnlich belebtes, ansonsten aber ganz anderes Bild. Hier, an den Dünendurchbrüchen ***De Muy (C)*** und ***De Slufter (D),*** letzterer zur See hin offen, gibt es Feuchtgebiete, die zahlreichen Vogelarten einen idealen Lebensraum bieten. Das erstgenannte Areal, etwas nördlich von De Koog gelegen, ist schon seit 1851 weitgehend verlandet doch die See bricht bei Sturmfluten mitunter wieder durch. Ein sumpfiger Dünensee existiert deshalb noch, Heim für Fischreiher, Löffler und viele Zugvögel, die dort im Sommer und Herbst Station machen. Der Slufter dagegen ist eine ausgedehnte Lagune, die bei Hochwasser und Sturm zur Gänze weit ins Land überflutet wird und über der das Gekreisch und Gezanke von Nordseevögeln und temporären Besuchern ganzjährig nicht abreißt. Allerdings ist der Blick in diese Lagune auch wieder nicht so atemraubend, wie die Prospekte einen glauben machen wollen. Man sieht ein Stück nasses und plattes Land, platter noch als der Rest, und wenn die Vögel nicht wären, würde man wohl auf dem Absatz kehrt machen. Der südliche Teil des Areals ist jedoch landschaftlich sehr ansprechend und auch ständig frei begehbar, der nördliche unterliegt mehreren Einschränkungen.

Die Buchstaben in Klammern beziehen sich auf die Karte "Texel".

Zwischen Slufter und Leuchtturm bilden die ***Eijerlandsen Duinen (E)*** ein weiteres, streng geschütztes Naturreservat. Besonders Eulen sind hier zu Hause und gehen auf die Jagd nach den zahllosen Kaninchen, und in den Wäldchen machen Singvögel Musik. Die Schutzbestimmungen gelten wohl nicht nur der Vogelwelt, sondern der gesamten Dünenlandschaft. Wird sie zertrampelt und zerstört, bricht eines Tages vielleicht die ganze Nordspitze Texels weg.

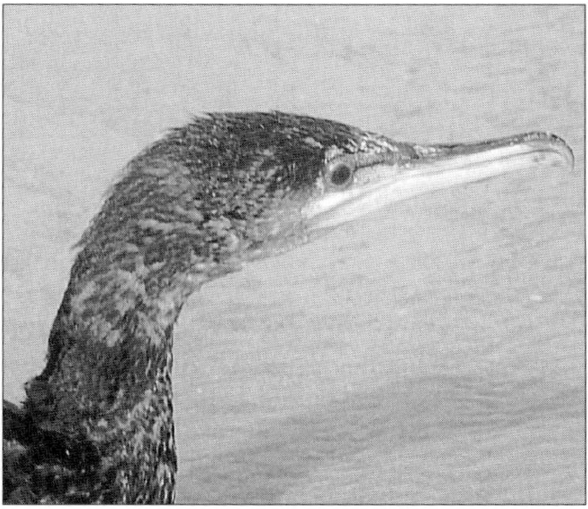

Kormoran

Weitere kleine Schutzgebiete befinden sich im Polder ***Waal en Burg (F)*** genau im Zentrum der Insel, in den ***Westerduinen (G)*** westlich von Den Burg, in ***Dijkmanshuizen (H)*** nördlich von Oudeschild und am ***Geul (I),*** einem verlandeten kleinen See im Horspolder, an dem das ganze Jahr über äußerst reger Flatterverkehr herrscht.

Die genannten Gebiete sind im Besitz des Texelaner Vereins *Natuurmonumenten* und sind für die Öffentlichkeit außer im Rahmen von Führungen ***nicht zugänglich.*** Nur so, scheint es, ist effektiver Naturschutz machbar. Weitere Areale im Dünenbereich wurden bei Drucklegung dieses Buches für einen ähnlichen Status avisiert.

Nützlich für ***Birdwatcher*** ist die kleine Broschüre *Vögel beobachten auf Texel*, herausgegeben von VVV und *EcoMare.*

Sehenswertes

Aussichtspunkt

Westlich von Den Hoorn liegt die ***Loodsmansduin,*** eine hohe Düne, von der die Lotsen früher nach Schiffen Ausschau hielten. Die Holländer bauten bei der Mobilmachung 1939 dort einen monströsen Bunker als Kommandoposten, den die Deutschen im Jahr darauf dankbar übernahmen. Heute ist das Bauwerk verfallen und hat Schlagseite, doch aus schwindelnden 24 Metern Höhe hat man einen schönen Rundblick.

Mehrere andere Aussichtswarten sind über die Insel verteilt, doch keine kann sich mit dem Betonbrocken messen.

Blumenfelder

Um die Jahrhundertwende entdeckte man, daß die Böden der Insel Texel sich gut für die Blumenzwiebelzucht eigneten. Die Knollen von vornehmlich Tulpen und Narzissen aus Texel sind heute für hohe Qualität bekannt. Etwa 500 Hektar Blumenfelder gibt es auf der Insel, die meisten bei Den Hoorn, wo sich im Frühjahr eine herrliche Farbenpracht entfaltet: *Tausend rote, tausend gelbe, alle sagen sie dasselbe ...*

Brauerei

Etwa auf halbem Weg zwischen Oudeschild und Den Burg ist die *Tesselse Bierbrouwerij* zu besichtigen. Genauer gesagt aber eigentlich nur deren Ausschank. Das Bier mag ganz gut sein, ich habe es nicht probiert. Ein ganz profaner Sixpack aus 33-cl-Flaschen kostet nämlich *ƒ* 12,50; das war mir rein vom Prinzip her zu teuer.

EcoMare Früher war dieser große Komplex mit Adresse Ruyslaan 92 etwas außerhalb von De Koog einmal ein Heimatmuseum. Heute ist er die niederländische Informationszentrale schlechthin zu den Themen ***Nord- und Wattensee, Ökologie und Naturerhaltung.***

Kernstück von *EcoMare* ist das sogenannte ***Seehundeauffangzentrum,*** zwei Freiluftbecken, in denen die possierlichen Meeressäuger eine vorübergehende Heimat finden. Es handelt sich in der Regel um krank oder geschwächt aufgefundene Tiere, teils auch um "Heuler", elternlose Welpen, die hier liebevoll aufgepäppelt und nach erfolgter Gesundung wieder im Watt ausgesetzt werden. Überaus populär bei Besuchern ist die tägliche Fütterung der Tiere um 11 und 15 Uhr, vor allem auch die "Umschulung" der Kleinen von Milch auf Fisch – Futtern ohne Muttern will gelernt sein! Auch Vögel, vornehmlich durch Öl geschädigte, werden im *EcoMare* "rehabilitiert".

Jede Menge guter Wille und kein Mangel an Engagement. Man kann sich indes nicht dem Eindruck entziehen, daß das hier nur ein Tropfen auf den heißen Stein ist. 25 *zeehonden* haben im EcoMare eine zeitweilige Bleibe; ungefähr 1.360 ihrer Art wurden (1994) im Wattenmeer gezählt, das, so die Hochrechnungen, bei völliger Gesundung leicht 14.000 Exemplare beherbergen könnte. Die Anzahl der lebenden Vögel in der Ruyslaan 92 hält sich mit den ausgestopften Exponaten in den Ausstellungsräumen in etwa die Waage. Demgegenüber kommen etwa eine Viertelmillion Besucher pro Jahr, und an die zehntausendmal pro Jahr kleckert allein im niederländischen Nordseeraum großflächig Öl ins Meer. Das sind ganz schön divergierende Ziffern, die nachdenklich machen sollten. *EcoMare* gibt insofern einen Anstoß. Wenn man das Zentrum besucht, ist nicht nur passives Betrachten angesagt, sondern auch ein wenig aktive Arithmetik. Dann wird man verstehen, warum immer mehr Niederländer grün wählen, geradezu ein "grünes Fieber" *(Le Monde,* 1989) ausgebrochen ist: Holland ist in der Tat in Not.

Dem Komplex ist eine ***Sternwarte*** *(De Jager)* angeschlossen. Do abends kann man mal mit durchs Rohr schauen. Anmeldung bitte: Tel. 14747 oder 14259.

Öffnungszeiten: täglich (außer So vom 1.11.-1.4.) 9-17 Uhr; ***Eintritt:*** Erw. *f* 8, Kinder *f* 4.

Fort De Schans

Die vielen Schiffe, die sich einst vor Texel scharten und von denen eingangs die Rede gewesen war, zogen natürlich auch Feinde auf den Plan und bedurften landseitiger Sicherung. Aus diesem Grund wurde schon 1572 mit dem Bau einer mächtigen ***Befestigungsanlage*** südlich von Oudeschild begonnen, von der aus das Fahrwasser mit Kanonenfeuer bestrichen werden konnte. Viel hatte *de Schans* ("die Schanze") zunächst nicht zu tun und, genau besehen, eigentlich überhaupt niemals ...

Schon die erste historische Erwähnung ist eher unrühmlicher Natur. 1665 war bei einem Seegefecht gegen die Engländer vor der britischen Küste der holländische Oberbefehlshaber *Jacob van Wassenaar* mit seinem Schiff in die Luft geflogen. Die Flotte der Niederländer geriet dadurch in Panik; einige Schiffe ergriffen das Hasenpanier, der Rest unter Vizeadmiral *Tromp* mußte sich ergeben. Selbiger, *Tromp,* kehrte voll Wut und Haß nach Hause zurück, um in der Schans über die geflüchteten Kapitäne Gericht zu halten. Dabei wurden drei Todesurteile gefällt und je drei Verbannungen und unehrenhafte Entlassungen ausgesprochen.

Zur Zeit des amerikanischen Sezessionskrieges (1775-83) diente das Fort als Lager für englische Kriegsgefangene. Kurz darauf rückten die Franzosen ein und erweiterten die Anlagen; nach ihrem Abzug dienten sie eine Zeitlang als Armenquartier. Im deutsch-französischen Krieg (1870-71) findet das Fort kaum mehr als flüchtige Erwähnung. Wenn die Kanonen einmal einen Schuß abgaben, dann als Warnsignal für verirrte Schiffe. Typisch auch die Zerstörung der Kasernengebäude im Jahre 1882 - durch eine Windhose. In den zwanziger Jahren wurde der größte Teil der Anlagen in Verbindung mit Deichbefestigungen geschleift und abgegraben.

Seit 1992 wird das Fort, das nie ein Fort war, restauriert. Man kann sich Tourprogrammen des Schiffahrtsmuseums anschließen oder auch selbst hinauspilgern und einen Fünfer sparen. Zu sehen gibt es nicht allzuviel, doch wenn man die Geschichte noch einmal Revue passieren läßt, sind selbst die platten Relikte interessant.

(VVVTexel)

Heimatmuseum

In örtlichen Prospekten ist dieses Museum in der Koogerstraat 1 in Den Burg nur als *Oudheidkamer* ("Altertumszimmer") verzeichnet, denn diese gute Stube bildet das Kernstück des aus dem 16. Jahrhundert stammenden Gebäudes, eines der ältesten auf Texel. Kein unbedingtes Muß auf einer Inselreise, zumal die fliesenfreudige Wohnkultur der damaligen Zeit heute eher an ein möbliertes Badezimmer erinnert. Aber immerhin gibt es eine ganze Menge Kunst (alte Stiche), Trachten und Folklore zu sehen.

Öffnungszeiten: 1.4.-1.11. sowie in den Weihnachtsferien Mo-Fr 10-12.30 und 13.30-16 Uhr; ***Eintritt:*** Erw. *f* 3, Kinder und Senioren *f* 2.

(VVV Texel)

Landwirtschaftsmuseum

Das *Agrarisch en Wagenmuseum* befindet sich am Hoogereind 6 in De Waal. Alte Bauernwagen und Gebrauchsgegenstände aus der Landwirtschaft gibt es dort zu sehen und auch eine Schmiedewerkstatt aus dem letzten Jahrhundert, in der zwei richtige Schmiede Di und Do zwischen 14.30 und 16.30 Uhr auf heißes Eisen einhämmern.

Öffnungszeiten: Ostern bis zum Ende der Herbstferien, Mo 13-17, Di-Fr 10-17, Sa 10-16 und So 14-16 Uhr; ***Eintritt:*** Erw. *f* 3,50, Kinder *f* 2,50. Siehe auch "Touren".

Leuchtturm

Den Leuchtturm von Texel, der sich an der Nordspitze der Insel erhebt, muß man gesehen haben, sonst ist man nicht auf Texel gewesen. Zwar handelt es sich an und für sich um ein recht triviales Bauwerk, eine nüchterne Navigationshilfe eben, auf der sich unablässig eine Radarantenne dreht. Zudem wurde der Turm bei den weiter oben beschriebenen Endkämpfen zwischen Deutschen und Georgiern im 2. Weltkrieg so stark beschädigt, daß das ursprünglich kegelförmige Gemäuer mit einer zylindrischen Verschalung ummantelt werden mußte, wobei man nicht gerade stilvoll zu Werke gegangen ist. Doch zusammen mit dem Turm geben die roten Farbtupfer der hübschen alten Häuschen im Umkreis ein überaus harmonisches Gesamtbild ab, das bei schönem Wetter unweigerlich die Kamera auf den Plan ruft. Fern im Osten, über das Eierlandsche Gatt hinweg, erkennt man als schmalen Streifen die unter Vlieland beschriebene "Holländische Sahara". Dieses unendliche Sandareal ist Übungsgebiet für Natoflieger. Von der erhöhten Warte der Leuchtturmwurt aus kann man dort Tomcats und Tornados im Tiefstflug dahinpreschen und mitunter ein Ei abwerfen sehen; für manchen sicherlich ein faszinierendes Schauspiel. Der Fluglärm erreicht Texel übrigens nur dünn. In De Cocksdorp, wo ich eine Woche verbrachte, empfand ich ihn nie als störend.

"Mohai"-Steinbild

Was haben Texel und Rapa Nui, die polynesische Osterinsel im fernen Pazifik, (außer ihrem insularen Status) gemeinsam? Das letztere Eiland mit seinen berühmten, riesigen Steinstatuen *(Mohai)* wurde zu Ostern 1722 der Weltkarte zugefügt, und zwar durch den Holländer *Jacob Roggeveen,* der seine damalige Entdeckungsreise von Texel aus unternommen hatte.

Im Eierland-Polder etwas außerhalb von De Cocksdorp gibt es eine ***Kunstgalerie*** mit Atelier, *De Scholerie* deren Eigentümer, der Maler *Niek Welboren,* die 1972 etablierten Freundschaftsbande zwischen den beiden Inseln neu belebt hat. Dafür lud er u. a. einen Bildhauer von dort ein, um auf Texel einen Mohai-Steinmann zu meißeln. Da steht er jetzt, mit Adresse Postweg 72 und gar fremdartig anzuschauen inmitten einer so gar nicht polynesischen Umgebung. Man kann ihn zum Nulltarif bestaunen; das zumindest hat er mit Rapa Nui gemeinsam. Außerdem ist die Galerie, eine von zahlreichen anderen auf Texel, Mi, Do, Sa und So 10-18 Uhr geöffnet.

(VVV Texel)

“Niederländische Meister”

In keiner Nation der Welt, Japan ausgenommen, hat die Malerei jemals einen derart hohen Rang besessen wie in den Niederlanden. Mit Staunen berichtet ein britischer Hollandbesucher im Jahre 1640, daß prächtige Gemälde selbst die Behausungen der schlichtesten Bürger zierten - Gegenstücke vielleicht zum schmucklosen niederländischen, insbesondere nüchtern-calvinistischen Alltag? Schon zu einem frühen Zeitpunkt versuchten die Holländer, die Produkte ihrer Maler international zu vermarkten. Und zwar vor allem dort, wo damals, im 17. und 18. Jahrhundert, das große Geld zu finden war: an den Fürstenhöfen Persiens, Indiens, Chinas und Japans. Doch man stieß überwiegend auf Ablehnung. In den Zentren des orientalischen Ästhetismus hatte man damals keinen Sinn für die Werke eines *Frans Hals, Jan Vermeer, Rembrandt Harmensz van Rijn* (wie er mit vollem Namen hieß) oder *Pieter Paul Rubens.*

Heute hat man sich in Japan auf Versäumtes besonnen und findet kein Gebot für den Erwerb eines niederländischen Klassikers zu hoch. Den unbedarfteren Liebhabern des Genre fehlt allerdings das nötige Kleingeld, generell im achtstelligen Guldenbereich, um da mitzuhalten. Notgedrungen wird man sich, kaufwillig, einen moderneren Meister zulegen müssen.

In den meisten Inselorten gibt es massenhaft Gemäldegalerien, die ihre Werke anbieten. Gäbe es ein schöneres Urlaubssouvenir als einen “echten Holländer” von dort mit nach Hause zu bringen? Und was in ungefähr sollte man für diese Investition anlegen?

Die *New York Times* beantwortet diese Fragen wie folgt: “Bedenkt man die jahrhundertelange Verbundenheit Hollands mit der Malerei, dann müßte man sich eigentlich wundern, daß die Regierung des Landes sich entschlossen hat, immerhin 215.000 Kunstwerke zu ***verschenken*** (meine Hervorhebung). In vier Jahrzehnten hat sie mit Käufen im Gesamtwert von mehr als zweieinhalb Milliarden Gulden den Lebensunterhalt vieler Künstler gesichert. Im Jahre 1986 wurde der Ankauf dann jedoch eingestellt, weil die Zahl der unterstützten zahlreichen Künstler und der von ihnen produzierten Kunstwerke überhandnahmen.

‘In den letzten Jahren kamen die Sachen schon containerweise herein’, sagt die Kunsthistorikerin Heleen Buijs, die Leiterin der Schenkungsaktion, mit der sich das Kultusministerium hohe Lagerspesen sparen will. ‘Unter den Aufkäufern waren auch Sozialarbeiter, die oft statt nach der Qualität der Kunstwerke mehr danach gegangen sind, ob die Künstler das Geld brauchten.’

Kein Wunder, daß viele dieser ‘niederländischen Meister’ keine Abnehmer finden.”

Mühle Die alte Mühle aus dem Jahre 1878 steht im Polder Het Noorden bei Oosterend und kann besichtigt werden, wenn ein blauer Wimpel auf ihr flattert. Früher pumpte sie den Polder leer; seit 1963 haben elektrische Anlagen diese Funktion übernommen, und die Mühle ist außer Betrieb.

Schafsbauernhof *Pas auf im März und April! Wenn die gelbe Flagge weht ist ein Schaf am lammen!* Dieses und andere verlockende Erlebnisse bietet der Ökohof *De Noordkroon* ein Stückchen außerhalb von Den Burg. Auch kann man Schafskäse probieren: *Die eigene Produkte sind von biologischer Kwalität und sind direkt verbunden mit dem Hof.* ***Öffnungszeiten:*** Vom 1.5. bis 1.11. täglich (außer So) von 14 bis 18 Uhr; ***Eintritt:*** Erw. *f* 5, Kinder *f* 4, einschließlich Käseprobe.

Schifffahrtsmuseum Die *Jutterij* hat an den niederländischen Küsten Tradition. Mit dem englischen *beachcombing,* dem Abkämmen des Strandes, ist das Wort treffend in eine andere Sprache übersetzt; "Strandraub" im Deutschen gibt eher schon eine nachfolgende Phase, einen legalistischen Überbegriff wieder. Wie auch immer die Definition lauten mag: Es geht um strandangetriebene Objekte, die vom *Jutter* aufgepickt werden.

An den holländischen Watteninseln zog jahrhundertelang ein nie abreißender Strom von Schiffen vorbei, und immer wieder endete eines als Wrack auf einem insularen Strand. Oder zumindest ein Teil der Ladung oder sonst etwas Brauchbares landete an. Für die Insulaner war es – ist es immer noch, siehe Terschelling – ganz selbstverständlich, dieses Strandgut einfach einzukassieren; ein Großteil der Inselbevölkerungen lebte von nichts anderem.

Zwar war man ärgerlicherweise gesetzlich angehalten, der Obrigkeit den Löwenanteil des Gefundenen abzuliefern. Aber man bemühte sich – bis in die Gegenwart –, dieser immer eine Nasenlänge voraus zu sein, zumeist mit gutem Erfolg.

Das *Maritiem en Jutters Museum* in Oudeschild (Barentszstraat 21, hinter dem Deich am Hafen) hat den "Strandläufern" sozusagen ein Denkmal gesetzt, indem es einen Überblick über die Flut von Objekten vermittelt, die im Lauf der Jahrhunderte auf den Stränden Texels antrieben. Da gibt es Abbildungen der gewaltigen Wale, die dort strandeten - ein Ereignis, das sich übrigens täglich wiederholen kann, denn die großen Meeressäuger haben offenbar eine ganz besondere Vorliebe für die niederländischen Küsten, um ihrem Leben ein Ende zu setzen. Da hängen Dutzende von Rettungsringen von Schiffen aller seefahrenden Nationen; manche von ihnen hätten bestimmt ein tragisches Garn zu erzählen. Klobige Bojen und komplette Rettungsboote - alles was treibt, ist dabei. Eine moderne - und eher lustige - Variante unter den Jutter-Exponaten bildet eine endlose Kette von Baseballkappen, die der launenhafte Nordwind in die Nordsee entführte. Und vieles andere mehr.

Dieser Bereich des Schiffahrtsmuseums ist eine typisch holländische *kijkdoos* ("Guckdose"), von denen es viele andere im Land gibt: Er erweckt nicht den Eindruck, systematisch angelegt zu sein, sondern man hat ihn offenbar wahllos vollgestopft mit allem, was den Betreibern sehens- und sammelnswert erschien. Kinder, die ein Museumsbesuch normalerweise tödlich langweilt, wird dieses unaufgeräumte Halbchaos mit Sicherheit faszinieren.

Der Museumskomplex setzt sich aus mehreren, von einer großen Windmühle überragten Einzelgebäuden zusammen, in denen Ausstellungen zu verschiedenen Themen untergebracht sind: Die bewußte "Jutterei", texelsche Geschichte, Fischerei- und Rettungswesen, Meeresforschung, Walfang und maritime Archäologie. Viele Bergungsobjekte aus vor Texel gesunkenen alten Schiffen haben ihren Weg in das Museum gefunden: Anker, Kanonen, schwere Schiffsbeschläge. Aber auch profanere Fundsachen wie Tonnen mit Hunderten von Messern,

Fäßchen voll Butter, Talg und - ausgerechnet - Eßkastanien. Töpferwaren und dergleichen hat man ausgestellt, alles in allem eine faszinierende Vielfalt.

Öffnungszeiten: ganzjährig täglich (außer So) 9-17 Uhr; ***Eintritt:*** Erw. *f* 6,50, Kinder und Gruppen *f* 5. Siehe auch Touren.

Die hier genannten vier Museen (einschl. *Eco-Mare*) können mit einer preisgünstigen ***Sammelkarte*** besichtigt werden. Erhältlich bei der VVV.

Maritiem en Jutters Museum

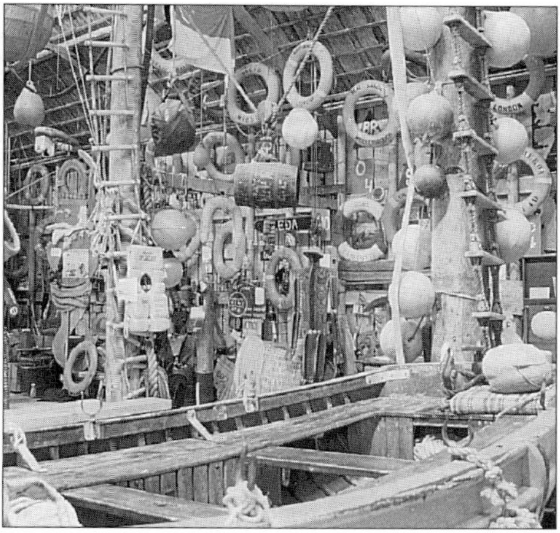

Seemannskirche 1650 wurde sie in Oudeschild erbaut und 1740 erweitert. Ihr Turm ist immer noch ein zuverlässiger Wegweiser. Drei prächtige Kronleuchter vor allem sind in ihrem Innern zu bewundern, und alle drei haben Geschichte. Der erste ist eine Gabe von *Cornelis Tromp,* der zweite, weit größer, von *Michiel de Ruyter.* Ein berühmter Admiral wollte somit anscheinend den anderen übertrompen. Für ausgleichende Gerechtigkeit sorgt ein dritter Leuchter, der der Witwe *Tromps* zugeschrieben wird. ***Besichtigungen:*** Ab 15.5. jeden Fr von 14 bis 17 Uhr.

Sternwarte Siehe EcoMare.

Warum stranden Wale?

Bereits *Aristoteles* machte sich in seiner *Historia Animalium* Gedanken darüber. "Es ist nicht bekannt," schrieb er, "weshalb sie auf das trockene Land gehen; man sagt jedenfalls, daß sie dies mitunter tun, und aus keinem ersichtlichen Grund." Heute, 2300 Jahre später, wissen wir immer noch nicht genau, "weshalb sie auf das trockene Land gehen", die Wale. Auch in Holland und Belgien, wo seit Menschengedenken immer wieder lebende Wale - manchmal ganze Rudel - an den Stränden anlandeten, kann man sich keinen rechten Reim darauf machen. Man überlegte, ob sie sich vielleicht in der flachen Nordsee verirrt hätten und bei der verzweifelten Suche nach einem Ausweg auf den Sänden geendet wären. Auch aus anderen Ländern, vornehmlich den Vereinigten Staaten, hört man des öfteren solche Nachrichten und von den aufwendigen Aktionen, die unweigerlich in Gang gesetzt werden, um ein gestrandetes Tier zu retten, indem man es wieder in tiefes Wasser befördert.

Im Jahre 1977 trat in den USA ein Symposium von hochkarätigen Wissenschaftlern zusammen, um Licht auf die Frage zu werfen: Warum stranden Wale? Werden sie Opfer der Gezeiten? Nein, so simpel ist die Erklärung wirklich nicht, denn sie stranden auch in gezeitenarmen Gewässern, wie der alte Grieche bereits im Mittelmeer beobachtet hatte. Unter den Theorien fanden sich Spekulationen über gestörte Navigationssysteme, Flucht vor Verfolgern und tödlichen Übereifer bei der Nahrungssuche bis hin zu gewagteren Mutmaßungen wie jener, daß Wale, da sie ja von terrestrischen Lebewesen abstammen, sich auf die archaischen Landrouten ihrer Ahnen zu begeben suchen. Das Symposium kam zu keiner rechten Schlußfolgerung außer derjenigen, daß sich die Frage bis auf weiteres nicht streng wissenschaftlich, sondern eben nur spekulativ beantworten ließe.

Heißohrige Tierschützer warten mit weitaus abenteuerlicheren Thesen auf. Mittels Selbstmord protestierten die klugen Wale gegen das jahrhundertelange Abschlachten ihrer Gattung, behaupten manche allen Ernstes. Andere, die von Aristoteles wohl noch nicht gehört haben, sehen ein symbolisches Aufbäumen gegen die heutige Verschmutzung der Meere. Doch es gibt auch nüchternere Überlegungen. Nach sorgfältigem Abwägen aller Argumente und Hinzuziehung zahlreicher Quellen kommt der amerikanische Forscher

Richard Ellis zu einleuchtenden Schlüssen. Weshalb sollten Wale mit defektem Sonarsystem immer nur an Stränden landen und nicht an anderen Küsten, fragt er. Daran kann es also nicht liegen. Sie können auch nicht auf den Strand "gejagt" worden sein, denn häufig sind es die Jäger selbst, Mörderwale zum Beispiel, die auf dem Trockenen enden. Er gelangt letztlich zu der Folgerung, daß strandende Wale nur kranke Tiere sein können, die, zu schwach zum Schwimmen und somit dem Ertrinken nahe, ihrem Leben hier ein relativ leichtes Ende zu setzen suchen. Die häufigen Massenstrandungen - 835 Tiere bei Mar del Plata (Argentinien) im Jahre 1946! - erklären sich nach seinen Recherchen aus dem Herdenverhalten der Wale, die den Notsignalen eines sterbenden Artgenossen bis in den eigenen Tod folgen.

In der Tat waren die vielbeachteten Bemühungen, gestrandete Wale mit großem Aufwand wieder ins Freie zu bugsieren, nur in den seltensten Fällen von Erfolg gekrönt. Gelang es einmal, einen vieltonnenschweren Koloß "abzubergen", so rannte das Tier entweder erneut gegen den Strand an, oder aber es verschwand, wahrscheinlich gleichbedeutend mit Ertrinken. *Ellis* verdammt die so "selbstlosen" Großaktionen deshalb als unbotmäßige Eingriffe in natürliche Abläufe und fordert, man solle gestrandete Wale in Frieden sterben lassen, denn nach nichts anderem stünde ihnen der Sinn. Vielleicht sollte man sich, falls auf einem holländischen Inselstrand wieder einmal ein Wal auf dem Trockenen liegt, diese Überlegung zu eigen machen, statt etwa untätig dabeistehende Küstenwächter und andere Amtspersonen in Grund und Boden zu verdammen.

"Wadden-winkel" Das Orientierungszentrum des Wattenvereins in der Wilhelminalaan 30 in Den Burg bietet Einsicht in ein großes ***Aquarium*** sowie Ausstellungen. Außerdem gibt es Veranstaltungen für Kinder (*f* 2,50) und Diavorträge. ***Öffnungszeiten:*** im Sommer und in den Ferien Mo-Sa 10-17 Uhr, in der sonstigen Zeit 13.30-17.00 Uhr, Di geschl.

Insel-Info

Vorwahl: 0222-3 (ganze Insel)

Auskunft

- ***VVV Texel,*** Emmalaan 66, 1791 AV Den Burg. Tel. 14741 und 12847, Fax 10054 und 14129 (Reservierungen). Offen ganzjährig Mo-Sa während normaler Bürostunden, im Juli und August auch So 11-13 Uhr. Lage: am südlichen Ortseingang von Den Burg.
- Die ***Quartierliste*** (auf deutsch erhältlich) von Texel kostet *f* 4,50.

Fortbewegung

Straßennetz Die insularen Nachbarn lästern, daß Texel viel zu viele und zum Teil auch viel zu breite Straßen habe. Das ist nicht ganz unwahr. Auf der Hauptarterie vom Horntje nach Den Burg und De Koog wälzt sich ganz schön Verkehr, und es gibt sogar ein paar richtige Ampeln, die einzigen auf den Inseln. Texel ist eben kein lauschiges Mini-Eiland, sondern von Paal 1 am südlichen *Hors* bis Paal 33 beim Leuchtturm eben diese Zahl von Kilometern lang - fast schon eine kleine Provinz.

Allerdings besteht das auf manchen Karten zunächst erschreckend enggewirkt erscheinende Straßennetz außerhalb der Hauptverbindungslinien hauptsächlich aus befestigten Wirtschaftswegen, auf denen außer ein paar Traktoren kaum etwas rollt. Zudem macht ein großzügig angelegtes Bussystem den eigenen fahrbaren Untersatz weitgehend entbehrlich.

Bus Tagsüber fahren Busse im Stundentakt eine Route zwischen dem Süden und Norden der Insel hin und her, die eine verzweigte Acht bildet; Knotenpunkt ist Den Burg. Ab Fährhafen geht es zu jeder vollen Stunde, und 10 Minuten davor kommt jeweils ein Bus dort an. So gegen 21 Uhr wird es allerdings eng. Unbedingt besorgen (bei der VVV): Die preisgünstige *strippenkaart* oder (im Bus) das einen Tag lang inselweit gültige *Texel-Ticket* (*f* 6). Wegen der erheblichen Distanzen wird der Normaltarif sonst recht teuer.

Rad

Das **Radwegenetz** Texels ist etwa 120 km lang, und man kommt kaum mit Verkehr in Berührung. Ich will keine Radtouren vorkauen; der Leser folge da seinen eigenen Vorstellungen. Elementar lediglich: Im Osten Texels geht es ständig am oder auf dem Deich entlang, im Westen durch die Dünen. Dazwischen liegen überall Querwege durch das platte Land - jede Menge Abwechslung also. Fahrradverleihe gibt es massenweise; selbst in völliger Inselwildnis stößt man plötzlich auf einen.

Zu Fuß

Zu Fuß ist Texel schon ein ganz schöner Brocken. Überall, wo man radeln darf, kann man auch wandern, doch Touren entlang der Strandküste sind zweifellos die attraktivsten. Texels offizieller **Wanderführer** (erhältlich bei der VVV) zählt 24 Einzelrouten auf, von denen die meisten dieses Kriterium erfüllen. Aber es kommt halt auch immer auf den Standort an und auf die persönliche Präferenz. Der eine schlägt einen kommoden Kreis um Strand und Dünen, der andere macht eine Gewalttour am Brandungssaum und setzt sich dann in den Bus - alles möglich. Auch die 33 km entlang des Strandes legen manche Brechmänner (und -frauen) gern in einem Stück zurück. Da gibt es allerdings im Norden ein lästiges Hindernis. Der **Slufterkreek** ist ein Priel, der den vorgenannten *Slufter* mit der See verbindet. Bei Niedrigwasser soll es laut Schautafel eine Furt geben was ich nicht bestätigen kann. Tief, kalt und schwarz stand das Wasser dort, und als ich bis zur Brust drinsaß, gab ich (wegen einiger Kameras im Schlepp) auf. Den Slufter muß man halt landseitig umgehen; dann kommen zu den 33 noch ein paar Kilometer hinzu.

Und wem das dann immer noch nicht reicht, kann zu Anfang April jeden Jahres am **Marathonlauf** rund um Texel teilnehmen: 60 km.

Unterkunft

Hotels/ Pensionen

Rund dreißig Bleiben dieser Kategorie mit insgesamt etwa 2.800 Betten gibt es auf Texel, kuschelige kleine wie das *De Weal* in De Waal bis zum Klotzbau *Opduin* mit vier Sternen. Die Quartierliste teilt Hotels und Pensionen in 3 Preisklassen ein: A (unter *f* 50), B (*f* 50-75) und C (über *f* 75), jeweils ÜF pro Person. Obwohl man dieserart erst bei Nachfrage die kommagenauen Tarife erfährt, nimmt man erfreut zur Kenntnis, daß A deutlich vorherrscht und sich nur zwei einsame C in der Liste befinden *(Greenside* und *Opduin,* beide in De Koog). Allemal empfehlenswert ist eine Pauschalbuchung *(Arrangement)* über die VVV. Minimalbelegungen starten nach diesem Muster mit 3 Übernachtungen, und Preise (pro Person im DZ) bewegen sich dann je nach Saison und Ausstattung von etwa *f* 138 *(Be-*

atrix, Tel. 17207; *De Branding,* Tel. 17233; *Het Gouden Boltje,* Tel. 17755; *'t Koogerend,* Tel. 13301, alle in De Koog), jeweils 3 ÜF, schnell bis in höhere Sphären, wie *f* 444 im genannten *Opduin* (Tel. 17445), allerdings im Sommer und in der teuersten Kategorie ("Seeblick").

Zimmer

Hier kommt man, wie immer, mehr als Gast denn als Tourist mit den Einheimischen zusammen und logiert in "richtigen" holländischen Häusern. In jedem Inseldorf gibt es mehrere solcher Einheiten. Ab etwa *f* 30 pro Person im DZ ist man dabei.

Bungalows Fewos Appartements

Ein spezieller *Bungalowführer Texel* begleitet die Quartierliste der VVV. In ihm sind auf 33 Seiten jede Menge Kleinbleiben aufgezählt und abgebildet. Nicht ein einziges diesem Katalog entnehmbares Domizil erfüllt indes das Kriterium eines *gezelligen* Holländerhäuschens. In denen wohnen die Einheimischen, so scheint es, lieber selbst. Der größte Teil der Unterkünfte befindet sich im Bereich des sogenannten Kiefernwaldes, westlich von Den Burg strandnah gelegen; zahlreiche weitere in und um De Koog, und der Rest auf die anderen Dörfer verstreut. Nur ein einziges Häuschen fand ich ganz hübsch: den Bungalow Nr. 52363 (laut offizieller Liste, Tel.: VVV), der zudem einen ganz akzeptablen Preis hat, und ein einziges Appartementgebäude, nämlich das recht stilvoll auf Alt zurechtgemachte *Pakhuus* (Tel. 15248) im Hafen von Oudeschild.

Praktischerweise hat man für jede Wohneinheit das ganze Jahr in Wochentranchen zerlegt und diesen ***Preiskategorien*** zugeordnet. Somit braucht man nicht ständig mühsam zu kalkulieren, ob man sich gerade in der HS oder in den Ferien befindet. Die entsprechenden preislichen Differenzen variieren über das Jahr hinweg um weit mehr als das Doppelte; von einem Minimum von etwa *f* 300 pro Woche (und bis zu 6 Personen) im Januar bis zu durchschnittlich *f* 1.000 im Hochsommer - alles in allem in der Gruppe immer noch ein guter Schnitt.

Der sogenannte ***Wechseltag*** (an dem ein Wochenaufenthalt angetreten oder beendet wird) ist generell Fr oder Sa.

Gruppenunterkünfte

In etwa "Heime"; ideal für Jugendgruppen und Schulklassen, nichts für Einzelreisende.

- *Bloem en Bos:* Gerritslanderdijkje 2, 1791 NB Den Burg, Tel. 12216. Zwei Einheiten, davon eine für Selbstversorger, mit 34 bzw. 16 Betten. Ganzjährig offen.
- *De Ruyterplaats:* Waalderweg 104, 1791 MA Den Burg, Tel. 12415. Bauernhof, 70 Betten. Ganzjährig offen.
- *De Stolp:* Stolpweg 35, 1797 AW Den Hoorn, Tel. 19372. Bauernhof, 120 Betten. Ganzjährig offen.

- *Immetjeshoeve:* Postweg 140, 1795 JS De Cocksdorp, Tel. 11262. Bauernhof, 30 Betten.
- *Jonkersbergen:* Hemmerweg 21, 1797 RC Den Hoorn, Tel. 19371. 70 Betten. Offen 15.3.-15.11.
- *Nieuw Leven:* Kadijksweg 8, 1791 LT Den Burg, Tel. 13038. Bauernhof, 50 Betten.
- *Nieuw Vredestein:* Oude Dijkje 16a, 1796 ME De Koog, Tel. 17469. Gehöft, 40 Betten. Ganzjährig offen.
- *Princenhage:* Slufterweg 200, 1795 KM De Cocksdorp, Tel. 11201. Bauernhof, 50 Betten. Ganzjährig offen.
- *Zwaluwhof:* Mienterglop 39, 1796 MR De Koog, Tel. 17519. Bauernhof, 50 Betten. Ganzjährig offen.

Jugendherbergen

Es gibt mehrere ***Jugendherbergen*** auf Texel, darunter sogenannte ***Jugendhotels.***

- *Jeugdhotel De Kievit:* Hoofdweg 80, 1795 JE De Cocksdorp, Tel. 11466. 80 Betten. Offen 1.3.-30.9.
- *Jeugdhotel De Zilvermeeuw:* Randweg 3, 1796 MV De Koog, Tel. 17339. 40 Betten. Offen 26.3.-1.11.
- *NJHC De Eiercoogh:* Pontweg 106, 1791 LB Den Burg, Tel. 12907. 104 Betten. Offen 18.7.-1.10.
- *NJHC Panorama:* Schansweg 7-9, 1791 LK Den Burg, Tel. 15441. Umgebauter alter Bauernhof in prächtiger Lage nahe des Hoge Bergs. 139 Betten. Ganzjährig offen.

Camping

Campeggio? A Texel, naturalmente!! Dieserart lädt der amtliche Führer selbst die Italiener ein, und die lassen sich auch nicht lange bitten. Ein stattliches Kontingent aus Italien ist jeden Sommer auf der Insel vertreten.

Vierzehn große Campingplätze gibt es auf Texel (siehe Inselkarte) und ein paar kleinere. Weil die Insel unter Campern sehr beliebt ist, sind viele Stellplätze das ganze Jahr oder zumindest die HS über belegt. Wer auf Texel kampieren möchte, wende sich daher rechtzeitig (d. h. bereits im Vorjahr) direkt an die Betreiber - die VVV hat mit diesem Beherbergungskomplex nichts zu tun.

Beigefügt ist jeweils ein Richtpreis für eine Übernachtung, bezogen auf eine 4köpfige Familie mit Auto und Zelt oder Wohnwagen, einschl. Kurtaxe.

- *De Robbenjager* (*f* 35,50): Vuurtorenweg 146, 1795 LN De Cocksdorp, Tel. 16258. 200 Stellplätze. Offen 25.3. bis 22.10.
- *De Sluftervallei* (*f* 42): Krimweg 102, 1795 LS De Cocksdorp, Tel. 16214, Fax 16488. 700 Stellplätze. Offen 17.3. bis 2.11.
- *De Krim* (*f* 44,90): Roggeslootweg 6, 1795 JV De Cocksdorp, Tel. 16275, Fax 16549. 2.500 Stellplätze. Ganzjährig offen.
- *Om de Noord* (1994, *f* 32,40): Boodtlaan 80, 1796 BG De Koog, Tel. 17377. 400 Stellplätze. Offen 15.3. bis 22.10.

●*De Shelter* (*f* 38,65): Boodtlaan 43, 1796 BD De Koog, Tel. und Fax 17475. 200 Stellplätze. Offen 23.3.-22.10.
●*Kogerstrand* (1994 *f* 39): Badweg 33, 1796 AA De Koog, Tel. 17208. 4.200 Stellplätze. Offen 1.4.-1.10.
●*De Luwe Boshoek* (*f* 37): Kamperfoelieweg 3, 1796 MT De Koog, Tel. 17390. 200 Stellplätze. Offen 1.3.-15.11.
●*Euroase Texel* (*f* 44,80): Bosrandweg 395, 1796 ND De Koog, Tel. 17290, Fax 17194. 700 Stellplätze. Offen 1.4.-30.10.
●*De Bremakker* (*f* 36,40): Tempelierweg 40, 1791 NS Den Burg, Tel. 12863, Fax 13778. 400 Stellplätze. Offen 15.3.-1.11.
●*Pranger* (*f* 33): Gerritslanderdijkje 47, 1791 NA Den Burg, Tel. 12589. 100 Stellplätze. Offen 15.3.-1.10.
●*De Koorn-Aar* (*f* 32,80): Grensweg 388, 1791 NP Den Burg, Tel. 12931, Fax 22208. 200 Stellplätze. Ganzjährig offen.
●*Dennenoord* (*f* 38,80): Grensweg 106, 1790 AA Den Burg, Tel. 12423, Fax 15599. 150 Stellplätze. Offen 15.3.-1.11.
●*Het Woutershok* (*f* 33,30): Rozendijk 38, 1791 PE Den Burg, Tel. 13080, Fax 10159. 441 Stellplätze. Offen Ostern bis Herbst.
●*Loodsmansduin* (1994 *f* 33,95): Rommelpot 19, 1797 RN Den Hoorn, Tel. 19203. 2.400 Stellplätze. Offen 23.3.-22.10.

Camping auf Bauernhöfen

Die nachstehenden rustikalen Zeltplätze sind jeweils vom 15.3. bis 31.10. geöffnet. Die ***Tarife*** sind in etwa die gleichen wie diejenigen der Campingplätze.
●*Bakker:* Limietweg 1, 1795 JH De Cocksdorp, Tel. 18477.
●*Bakker:* Ruigendijk 16a, 1796 MP De Koog, Tel. 17626.
●*Dekker:* Hoofdweg 30, 1795 JD De Cocksdorp, Tel. 11411.
●*De Lugt:* Hoofdweg 1, 1795 JA De Cocksdorp, Tel. 11293.
●*Dijkshoorn:* Stuifweg 70, 1794 HC Oosterend, Tel. 18409.
●*Dros:* Hoofdweg 66, 1795 JE De Cocksdorp, Tel. 11251.
●*Keijser-Dros:* Hallerweg 33, 1791 LR Den Burg, Tel. 12703.
●*Reuvers:* Ruigendijk 22, 1796 MP De Koog, Tel. 27124.
●*Roeper-Goenga:* Zaandammerdijk 2, 1793 EN De Waal, Tel. 18373.
●*Terpstra-Brouwer:* v.d. Sterrweg 11, 1797 SV Den Hoorn, Tel. 19527.
●*Van Heerwaarden:* Vuurtorenweg 61, 1795 LK De Cocksdorp, Tel. 16385.
●*Wuis:* Schorrenweg 21, 1794 HD Oosterend, Tel. 18885.
●*Zoetelief:* Westerboersweg 8, 1793 ER De Waal, Tel. 17303.

Die alte Poldermühle (VVV Texel)

Mobilheime

Statt seinen eigenen Wohnwagen mitzuschleppen, mietet man dort einen. Sie werden massenweise angeboten; Info über die VVV. Nach Nebenkosten fragen!

Kinder

- Es gibt ein paar sogenannte ***Kinderbauernhöfe*** auf Texel, die man zusammen mit den Zwergen besuchen kann. Zu nennen wäre jener der *Krim,* einer "Ferienanlage" bei De Cocksdorp und, dem Konzept vielleicht etwas näher, der Hof *De Mient* in Den Hoorn (Rommelpot 11, offen von April bis Oktober). Dort kann man sich auch mal ansehen, was ein Ballenbad (kein Druckfehler) ist.
- Ebenfalls in Den Hoorn (Witteweg 15) befindet sich *De Parel van Tessel,* ein ganzwöchig geöffneter ***Minizoo.*** Bei Verzehr, eine Kantine ist angeschossen, ist der Eintritt frei.
- ***Babysitter*** kann man sich ggf. durch die VVV besorgen lassen.

Gastronomie

Die Texelaner Wirte haben einen recht originellen ***Restaurantführer*** (in niederländischer Sprache: *Uitgaan op Texel)* herausgebracht, den man zum Preis von *f* 4,95 in Buchläden erstehen kann und dessen Erwerb ich Texel-Besuchern empfehlen möchte. Über die Hälfte der darin aufgeführten neunzig Etablissements bietet Gästen ein *Geschenkje* an. Das brauche ich hoffentlich nicht zu übersetzen, aber das Wort *korting* sollte man sich vielleicht merken: Es bedeutet "Rabatt". Außerdem gibt es hier und da einen Kaffee oder ein Glas Wein gratis oder ein Eis fürs Kind. Das ist keine echte Einsparung, aber der Gedanke zählt. Ein Stempel im Guide annulliert die Gabe nach deren Genuß dann sowieso. Es soll Leute geben, die diese Stempel sozusagen "sammeln", bis das Büchlein voll ist - eine ganz charmante Idee.

Soll ich die weit über 100 Speisestätten Texels hier über die nächsten fünfzig Seiten hinweg einzeln beschreiben? Nein, das kann und will ich nicht. In jedem Inselort gibt es zahlreiche Restaurants; der Reisende möge dort aus eigener Initiative auf kulinarische Entdeckungs- und Abenteuertour gehen. ***Lustig*** sind die zwei im Guide zuletzt genannten Lokale. *Klif 12* in Den Hoorn ist ein "Theater-Restaurant" oder "Diner-Kabarett", bei dem das Küchenpersonal in vollem Wichs plötzlich zu Klavierbegleitung auf der Bühne erscheint. (Glücklicherweise singen sie nicht; habe ich anderswo schon erlebt.) Und *De Mient,* ebenfalls in Den Hoorn, wo man offenbar besonders humorig veranlagt ist, läßt sogar Kamele antanzen – etwas für die Kleinen.

Wie immer und überall sind die ***chinesischen*** Familienbetriebe mit den besten Preisen vertreten, so im *Azie* (Groeneplaats 12 in Den Burg) und *Peking* bzw. D*e Lange Muur* (Nikadel 1 bzw. 18 in De Koog), wo es ein "Touristenlunch" schon für *f* 12 gibt.

Bei der holländischen Konkurrenz geht es dann stramm aufwärts; unter *f* 30 ist nicht gerade viel zu erwarten. Mal die ***Imbisse*** versuchen, die inselweit, zum Teil ambulant, bestimmt noch zu einem weiteren Hunderter beitragen und im Bereich der Häfen (Oudeschild vor allem) den einen oder anderen Stern verdienen. Aber immer die Warnungen im Vorspann beherzigen: Es geht auch ohne Gummibrot.

Ein Gläschen Kees Boontje?

Die Angewohnheit, gerade bei alkoholischen Getränken die verharmlosende Verkleinerungsform – "Schnäpschen" – einzusetzen, teilen die Holländer, die in ihrem kleinen Ländle für diese Form ohnehin eine Vorliebe haben, voll und ganz mit uns. *Kees Boon,* so die Story, war ein *Strandjutter* aus Den Hoorn. Und es begab sich, daß er, irgendwann vor dem Krieg soll es gewesen sein, einen halb ertrunkenen schwedischen Seemann aus der Brandung fischte. *Kees* pflegte den Schiffbrüchigen gesund und dieser, wieder erstarkt, schenkte seinem Retter eine Buddel mit Köhm, wie sie bekanntlich jeder Seemann stets bei sich trägt und auch kurz vorm Ertrinkungstod noch eisern festhält. Und nicht nur das. Der dankbare Schwede überließ dem guten *Kees,* dem der Stoff sehr gemundet hatte, auch das geheime Rezept für den Kräuterbitter (denn um einen solchen handelte es sich). Und selbigen, zu Ehren des wackeren Jutters *Kees Boontje* genannt, kann man heute auf Texel käuflich erstehen. Na, dann man prost!

Sport

Angeln

- Angeln kann man überall außerhalb der Badestrände und der Schutzgebiete im Wattenmeer (Schorren).
- Oder per ***Charterschiff*** ab Oudeschild: *De Rival* geht täglich um 10 Uhr auf 6stündige Tour in die *Waddenzee*, im Sommer bei ausreichender Belegung zusätzlich Mi von 19 bis 1 Uhr. ***Preise:*** Angler (einschl. Ausrüstung) *ƒ* 27,50, Nichtangler 12,50. Gruppenübernachtungen an Bord möglich. ***Info:*** *Tuitman*, Tel. 13410.
- ***Angelboote mit Außenborder*** für 2-3 Personen vermietet von April bis Mitte Oktober *J. Duinker* in Oosterend (Tel. 18402). Köderwürmer gibts dort auch.

(VVV Texel)

Fallschirmspringen

Texel hat einen guten Ruf, was diesen Sport angeht, auch bei deutschen Springern. Grund: Das Flugfeld liegt inmitten einer weiten und flachen Pfanne, dem kaum von Baulichkeiten unterbrochenen Eierland-Polder. Woher der Wind auch weht: Eine weiche Landung auf der Wiese ist so gut wie garantiert. Wenn man mal ganz ins Abseits treibt, plumpst man allenfalls schmerzlos in die Dünen.

Von Ende März bis Ende Oktober wird gesprungen. Die gesamte Palette ist drin: Grundkursus mit Theorie und Praxis (8 Sprünge) ab *ƒ* 695 bis hin zum Gleitschirmdiplom mit Einschluß von 6 komfortablen Hotelübernachtungen (*ƒ* 1350). Auch ein Tandemsprung, huckepack mit dem Instruktor, läßt sich (für *ƒ* 285, Juli/Aug. *ƒ* 315) jederzeit arrangieren. Mindestalter für alle Springer: 16 Jahre. Erforderlich ist zudem eine ärztliche Unbedenklichkeitsbescheinigung.

- ***Info:*** *Paracentrum,* Tel. 11464.

Fliegen

•Über das Paracentrum ist auch der Flugscheinerwerb möglich.

Golf

•Dem Ferienzentrum *De Krim* bei De Cocksdorp ist ein im Sommer täglich 10-20 Uhr geöffneter ***Golfplatz*** angegliedert. Info: *Golfschule Texel,* Tel. 16805.

Reiten

Das Glück der Erde findet man bei:
•*Manege Elzenhof* (Bosrandweg, De Koog, Tel. 17469). Nicht im Winter.
•*Manege Kikkert* (Bosrandweg, De Koog, Tel. 17516). Ganzjährig.
•*Manege Zoetelief* (Bosrandweg, De Koog, Tel. 17335). Ganzjährig.
•*Ruitercentrum Bornrif* (Mienterglop 25, De Koog, Tel. 17289). Ganzjährig.
•*Ruitercentrum De Krim* (Roggeslootweg 6, De Cocksdorp, Tel. 16509).
•*Stiftung Manege Texel* (Akenbuurt, Den Burg, Tel. 14490).
•Mit einigen Variationen bieten die Betriebe an: Pferdevermietung, Unterricht, Ausritte und Ausfahrten.
•Am Nordseestrand entlangtraben darf man vom 1.5. bis 1.10. nur vor 10 und nach 19 Uhr, und auch nur zwischen Paal 9 und 17 bzw. 26 und 33. In der übrigen Zeit ist ***Strandreiten*** innerhalb der genannten Bereiche ganztägig erlaubt.

Schwimmen

•Das *Subtropische Schwimmparadies Calluna* (Schumakersweg 3, De Koog) bietet nasse Erlebnisse unter dem etwas rätselhaften Slogan "Ohne Badehose ... kein Schwimmparadies, auch im Winter" an. Im Sommer ab 10 Uhr geöffnet, sonst ab 14 Uhr. Und noch ein Slogan: "Sollte Ihr Gastgeber eine Aktie des Schwimmbades besitzen, bezahlen Sie weniger." Also den mal fragen.
•Auch das *Hotel Opduin* in De Koog (Ruyslaan 22) verfügt über ein beheiztes Innenbad. Offen 8-23 Uhr.
•*Bos en Duin,* ebenfalls ein Hotel in De Koog (Bakkenweg 16), bietet dasselbe 9-20 Uhr an.
•Das *Eierlandsche Huis* in De Cocksdorp (Klimpstraat 33) ist von morgens bis 22 Uhr geöffnet. Auch hier mal den Hauswirt auf Aktienbesitz abklopfen; womöglich gibt's sogar Gratisbillets.
•***Eintritt*** für die genannten Bäder um *f* 7,50.
•Außerdem gibt es ein ***Freibad*** *(Molenkoog)* in Den Burg, welches, versteht sich, nur im Sommer in Betrieb ist.

Seekajakfahren

•Mit dem Kajak in die Brandung geht's von April bis Oktober am Strand bei De Koog und am Hors. Ein 3tägiger Kursus kostet *f* 160; mit Zeltunterbringung im Ferienzentrum De Krim *f* 200. Auf eine Woche ausgedehnt kostet dieser

Kursus *f* 525 bzw. 630. ***Info:*** *Zeekanocentrum Texel,* Lijnbaan 37, Den Burg, Tel. 15066 und 16699.

- Auch in Den Hoorn existiert ein solches Zentrum, Tel. 19393.

Segeln

Mit dem Hobiecat durch die Nordsee fetzen ist eine echt texelsche Spezialität. Jeden Juni findet die Weltmeisterschaft in dieser Disziplin dort statt.

- Aktions- und Schulungszentrum ist die Segelschule *De Eilander* bei Paal 33 nahe des Leuchtturms. Angeboten werden: Schnupperkursus (5 Std., *f* 150), 10-Stunden-Lehrgang (*f* 295), Wochenlehrgang (*f* 475), Wochenendkursus (Fr-So, mit Schlafsaalübernachtung, VP, *f* 230), ganze Woche (So-Sa, Schlafsaal, HP, *f* 740). Lockere, freundschaftliche Atmosphäre. ***Info:*** *Zeilschool De Eilander,* Tel. 16500.
- Eine weitere Kat-Schule existiert am Westerslag-Strand (Paal 15), De Koog. In Betrieb von Mitte Mai bis Mitte September. ***Info:*** Tel. 15004 oder 12013.
- ***Strandseitig*** ist Kat-Segeln nur bei Paal 12, 15, 17 und 33 erlaubt.

Tauchen

- Man kann beim ***örtlichen Taucherclub*** mitmachen (und auch Luft fassen), sofern man zumindest den A-Schein besitzt. ***Info:*** *Toon van Beek,* Tel. 13844.

Tennis

Die Plätze sind durchweg täglich geöffnet. Durchschnittliche Gebühr: *f* 15-20 pro Bahn und Stunde.

- *Calluna:* Schumakersweg 1, De Koog.
- *De Krim:* Roggeslootweg 6, De Cocksdorp.
- *Dennenoord:* Grensweg 106, Den Burg.
- *Deuce:* Emmalaan 51, Den Burg.
- *Het Eierlandsche Huis:* Klimpstraat 33, De Cocksdorp.
- *Hotel New Breda:* Postweg 134, De Cocksdorp.
- *Hotel Opduin:* Ruyslaan 22, De Koog.

- *Hotel Rebecca:* Hogereind 39, De Waal.
- *Loodsmansduin:* Rommelpot 19, Den Hoorn.
- *Tennisver:* Kerkstraat 3, Oosterend.
- *'t Stappeland:* Stappeland 2, De Koog.

Wind-surfen

- Außerhalb der bewachten Strände und rund um den Leuchtturm (Paal 31-33, dort Sonderbedingungen) ist Surfen an der ***Nordseeseite*** von Texel überall erlaubt. Außerdem darf man's bei Dijkmanshuizen (zwischen Oudeschild und Oosterend) auf der ***Wattenmeerseite***. Dort gibt es sogar einen speziellen ***Surfstrand*** und eine Kantine für die Sportler. Instruktion wird jedoch nirgendwo erteilt.
- Jedes Jahr im Sommer (verschiedene Termine, s. u.) findet das ***Wettrennen*** *Ronde om Texel* statt - einmal um die Insel, an dem jedermann teilnehmen kann. Anfänger seien jedoch gewarnt: Es handelt sich um eine 100-km-Tour!

Unterhaltung

Discos

Fünf Diskotheken sind auf Texel vertreten:

- *De Metro,* Dorpsstraat 5, De Koog.
- *De Toekomst,* Dorpsstraat 8, De Koog.
- *Jelleboog,* Kantoorstraat 11, Den Burg.
- *Question,* Zwaanstraat 5, Den Burg.
- *Het Eierlandsche Huis,* Klimpstraat 33, De Cocksdorp.
- Außerdem jede Menge Cafés, Pubs, Billardhallen und dergleichen.

Feste, Veranstaltungen

- ***Meierblis:*** Inselfest am 30. April.
- ***Back to the Sixties:*** Zweitägiges Musikfestival in De Koog, jeweils in der 3. Maiwoche.
- ***Jazz Festival:*** Mindestens 1wöchige Sause in Den Burg. Findet in der 2. Juniwoche statt als Auftakt zum großen ***Rondje Texel.***

●***Rondje Texel:*** Alljährliches Katamaran-Wettrennen gegen Mitte Juni – 100 km rund um die Insel. Viel knallharter Sport, aber auch jede Menge Slapstick, wenn die Cats Bauchlandungen im Wattenmatsch machen.
●***Europäische Windsurfmeisterschaften:*** Jeweils Ende Juni. Mitte September findet außerdem noch das Ronde om Texel Race (rund um die Insel) statt.
●***Texel International Airshow:*** Vornehmlich Oldtimertreffen. Alle 3 Jahre (letztes Mal 1995) Ende Juli.
●***Tropical Sea Festival:*** Musikwochenende (letztes im August) in De Koog mit heißen Rhythmen; ein bißchen fehlbenamt vielleicht.
●***"Tag des Schafes":*** Viehmarkt in Den Burg, 1. Septemberwoche. "Ist nicht mehr, was es mal war", sagen holländische Publikationen.
●***Blues Festival:*** Mitte Oktober 3 Tage lang in Den Burg.
●***Ouwe Sunderklaas:*** Nikolausfest am 12. Dezember. Wird in allen Gemeinden mit erheblichem Aufwand begangen.
●Außerdem finden im Sommer in allen Orten an vielen Tagen ***Wochenmärkte*** und ***kirmesartige Veranstaltungen*** statt.

Zeitungen und Programmübersichten

●*Kabelkrant Texel:* Touristen-Info auf Kabel-TV; niederl., zum Teil deutsch.
●*Radio Texel:* UKW 106,1 MHz, aktuelle Meldungen über Texel, Wetter; niederl.
●*Texelse Courant:* 2x wöchentlich; niederl., zum Teil deutsch.
●*Texel Toerist Magazine:* Jährlich; niederl., englisch, deutsch.
●*Vakantiekrant:* Juli und August; niederl. *Krant,* das Wort kommt im Buch wiederholt vor, heißt übrigens "Zeitung".

Touren

Exkursion nach Vlieland

●Vom 1. Mai bis Mitte September tuckert die Schaluppe *De Vriendschap* täglich, in der "Vor- und Nachsaison" zweimal wöchentlich von einem herrlich klapprigen Anleger bei Paal 33 (nahe De Cocksdorp, 1 km südlich des Leuchtturms) zu einem nicht minder wackligen im Niemandsland der "Sahara des Nordens" auf Vlieland hinüber (weiterer Ablauf: siehe dort). Ich empfand diese Tour als vielleicht interessanteste und spannendste im gesamten Nordseeinselbereich.

Es gilt indes, einige Einschränkungen zu machen. "Die Freundschaft" wirft ihre Leinen nur los, wenn nach Ansicht des Skippers genügend Teilnehmer beisammen sind. Und

De Vriendschap schippert nach Vlieland

wenn es mit über Windstärke 7 weht, läuft überhaupt nichts mehr. Also erst einmal anrufen, am besten mindestens einen Tag zuvor: Tel. 16340.

Stimmt alles, kommt folgender ***Fahrplan*** zum Tragen:

Ab Texel	Zurück ab Vlieland
09.30	16.00
11.00	17.30
16.00	09.30 am nächsten Tag
17.30	11.00 am nächsten Tag

Tarife: Der Rundtrip kostet *f* 22,50 für Erwachsene, 15 für das Kind über 4 Jahre und sogar noch 2,50 für den Zwerg darunter. Die einfache Fahrt setzt *f* 15, 10 und 2,50 für dieselben Kategorien an. Der Hund ist pro Tour mit *f* 4 dabei, das Rad mit *f* 6. Auch der freundlich dargebotene Kaffee bzw. Schnaps schlägt extra zu Buche.

Flüge Ameland

●Jeden Mi und Do; *f* 150 pro Person (hin und zurück), *f* 95 eine Tour. ***Info:*** *Tessel Air*, Tel. 11464.

Garnelenfischen

●Zentrum für die Garnelenfischerei ist Oudeschild. Über einen großen Teil des Jahres hinweg laufen die Kutter *TX10* und *TX27* je zweimal täglich (außer So) um 10.30 und 14 Uhr für einen 2stündigen Törn ins Wattenmeer aus. Die Garnelen werden noch an Bord gekocht, und es gibt Kostproben. Nebenbei geht auch Fisch ins Netz. *"Aber fragen Sie bloss nicht, ob der Fisch, der an Deck liegt, in Ihre Tasche darf, dann sind wir ganz schön sauer!"* So heißt es, eine perfekt gelungene Darstellung nationaler Krämermentalität, im Prospekt der *TX27*. Vielleicht wird man auch da mal eines Tages holländisch-tolerant. Preise: Erw. *f* 11, Kinder bis zehn *f* 9.

●Auf der *Ame-Kok* können die Passagiere sogar selber mit Netzen fischen. Ab acht Personen, ***Info:*** VVV.

Natur-führungen

●*EcoMare* (s. o.) organisiert jeden Mi lehrreiche Ausflüge (5 Std.) zu den Themen "Meer, Strand und Dünen", "Vögel" sowie "Watt und Wattenmeer", auch unter deutschsprachiger Leitung. Preise: Erw. *ƒ* 25, Kinder (bis 14) *ƒ* 10. ***Info:*** Tel. 17741.

Plan-wagen-fahrten

●Fahrten durch Alt-Texel organisiert das ***Landwirtschaftsmuseum*** in De Waal (s. o.) im Sommer. Preis pro Rundfahrt: Erw. *ƒ* 12, Kinder *ƒ* 8. Reservierung ist erwünscht: Tel. 12951.

Rundflüge

●15 Minuten über Texel (*ƒ* 40) bis hin zu 60 Minuten über die Küste (*ƒ* 115) mit der *Tessel Air* sind aus dem Stegreif arrangierbar. Preis jeweils pro Person. ***Info:*** *Paracentrum,* Tel. 11464.

Schiffs-touren

●***Rundfahrten*** mit der *Zeester* Fr-So 14-16 Uhr, Preise: Erw. *ƒ* 11, Kinder *ƒ* 9. Zu den Robbenbänken (3 Std., gezeitenabhängige Abfahrten), Preise: Erw. *ƒ* 15, Kinder *ƒ* 12,50. ***Info:*** *Hutjes,* Tel. 13545.

Segeln

●Mit dem Oldtimer *Grote Jager* 2 Std. ins Wattenmeer. Im Juli und August täglich (außer So) um 13 Uhr ab Oudeschild. Mindestens 5 Teilnehmer erforderlich. Arrangements über das ***Schiffahrtsmuseum*** (s. o.). Preis: *ƒ* 20 pro Person.

●***Tagestour*** um Texel im Catamaran ab Oudeschild: Tel. 17058 anrufen.

Verschiedenes

Behinderten-fürsorge

●*Stichting Vakantiezorg Texel,* Mo-Fr 12-14 Uhr, Tel. 16687. Spezielle Unterkünfte: *De Bult,* Den Burg, Tel. 12825 und *Tesselhuus,* De Koog, Tel. 18567; beide ganzjährig offen.

Hunde-pension Tierasyl

●*Huysman*, Slufterweg 216, Eierland (De Cocksdorp), Tel. 11477.

Planwagen-fahrt

Texel

Fährverbindungen

Abfahrtshafen

Abfahrtshafen auf dem Festland ist ***Den Helder,*** Ankunftshafen ist ***'t Horntje,*** kein Dorf, sondern lediglich eine Pieranlage mit Parkplätzen.

Den Helder liegt am "Nordkap" Nordhollands. Im wesentlichen handelt es sich um eine Garnisonsstadt mit entsprechend langweiligem, leergefegtem Flair, sehr niederländisch. Andererseits kann einem, nichts besonderes, schon mal ein Admiral in vollem Wichs entgegenradeln und einen herabgeklappten Kiefer bewirken. Der Hafen wiederum liegt voller Marine, auch dort, wie anders, alles wohlgeordnet grau in grau.

Der ***Bahnhof*** befindet sich ein ganzes Stück inland, unmittelbar davor das ***Buszentrum***. Für 3 Gulden geht's zum *Veerdam;* dort pendeln die Fähren dann in schnellem Turnus nach Texel hinüber. Am Anleger ist auch jede Menge Platz zum Parken.

Fährzeiten und Preise

Zwei klotzige Autofähren pendeln von 6.35 bis 21.35 Uhr (jeweils ab Den Helder) im Stundentakt; die Fahrzeit beträgt 20 Minuten. Eine vorherige Anmeldung von ***Motorfahrzeugen*** ist nicht erforderlich.

●Weitere ***Auskünfte*** durch die *N.V. Texels Eigen Stoomboot Onderneming (TESO)* in Den Hoorn. Tel. 69690-2, Fax 69659.

●***Tarife:*** Es gibt Sommer- und Wintertarife, jeweils 1.4.-30.9. bzw. 1.10.-31.3. Alle Fährpreise (*f*) gelten für hin und zurück; eine einfache Fahrt wird nicht angeboten.

	Sommer	Winter
Erwachsene	11,25	9,25
Kinder und Senioren	5,75	4,75
Fahrrad	5,75	4,75
Motorrad	11,75	9,75
Kraftwagen (bis 549 cm)	50,25	42,00
Wohnwagen min. (bis 249 cm)	29,00	24,00
Wohnwagen max. (über 650 cm)	107,50	89,75

Anreise mit dem eigenen Boot

●Texels ***Yachthafen*** ist ***Oudeschild,*** wo ein geräumiges Becken im Nordteil 200 Gastliegern Platz bietet. Dicht am Kai befinden sich Duschen, Toiletten und ein Waschsalon, gleich daneben ist das Büro des ***Hafenmeisters*** mit Telefon 13608. Ruf: UKW-Kanal 9.

●Unmittelbar beim Fährterminal *'t Horntje* gibt es noch einen winzigen Bootshafen, den ***Dünensee De Mok,*** der jedoch nur für Fahrzeuge mit sehr geringem Tiefgang zugänglich ist.

Vlieland

– von der Sahara bis Blankenese

Geschichte

Name und Entstehung

Fragt man einen Vieländer nach dem Ursprung des Namens seiner Insel, so erntet man Schulterzucken: keine Ahnung. Das dürfte wohl an mangelnden geschichtlichen Aufzeichnungen liegen.

Bis zur Zeit der ersten Jahrtausendwende ist von Vlieland jedenfalls noch nichts zu vernehmen. Die Insel war, wie an früherer Stelle vermerkt, mit großer Wahrscheinlichkeit überhaupt noch keine solche, sondern Teil des nordholländischen Festlandes. Erst gegen den Beginn des 13. Jahrhunderts gibt es die ersten dürren Informationen. Sie bekräftigen die Mutmaßung, daß sich der *Flevo,* Überbleibsel eines Rheinarms, östlich an dem ausladenden Landfinger vorbeischob, der damals noch bis zum heutigen Terschelling reichte. Und damit haben wir auch schon den Namensgeber. Verfolgt man dessen Ursprünge weiter zurück, so dürfte man erneut bei "Fluß" und "fließen" angelangen. "Land des Flevo", "Land am Vlie", "fließendes Land", wäre deshalb die Bedeutung des Inselnamens, der sich ja auch durch die tatsächlichen Verhältnisse bestätigt.

Vlieland

Mönche und Kanäle

Was als nächstes kommt, klingt vorab recht kraus. Von Mönchen ist da die Rede, die im ***13. Jahrhundert*** einen Abkürzungskanal zwischen dem Festland und dem Westende der Insel gegraben haben sollen. Wenn man sich die heutige Küstenkarte vor die Nase nimmt, ergibt das nicht den geringsten Sinn. Das nächste Festland beginnt beim Fährterminal Harlingen, eine Unendlichkeit entfernt. Man mache sich jedoch ans Überlegen: Damals war Vlieland ja ein Glied in der Dünenkette der nordholländischen Halbinsel, durch welche die See immer häufiger brach und sie in Inseln zerlegte. Das nächste Festland lag im Südwesten, nicht im Osten. Durchaus möglich, daß irgendwo eine besonders enge Stelle in diesem Gürtel entstand, die den Mönchen für einen Durchstich geeignet erschien, der den Weg zur offenen See um Tage verkürzt hätte.

Doch dann kam die große ***Flut,*** wahrscheinlich die Lucia von ***1287,*** das Wasser füllte begierig den neuen Kanal, und schon gab's Landunter, und Vlieland war endgültig Insel. Mit Sicherheit wäre solch ein Szenario später ohnehin eingetreten. Doch den Mönchen und ihrem Kanal wurde in der Geschichtsschreibung der schwarze Peter zugeschoben. Auf die Katholiken hatte man, wie der weitere Gang der Dinge bewies, in der Niederlanden schon zu einem sehr frühen Datum einen Rochus.

Goldene Zeiten

Erst zu ***Ausgang des 16. Jahrhunderts*** kann man Konkreteres über die Insel nachlesen, nämlich über ein rühriges Dorf namens West-Vlieland, am Eierlandschen Gat gelegen, dessen namensgebende Insel, einst Teil von Vlieland, schon längst in der Nordsee verschwunden bzw. Teil von Texel geworden war. Urplötzlich ging es steil bergauf mit dem bislang fast unbekannten Eiland. Ein großer Teil des Schiffsverkehrs in die Zuidersee zog an Vlieland vorbei, weitaus mehr noch als an Texel, denn das dortige Marsdiep war damals voller gefährlicher, ständig wandernder Sandbänke.

Vlieländer Schiffe trieben intensiven ***Handel*** mit der Hanse in Nord- und Ostsee; der Kapitän *Willem de Flamingh* trat sowohl auf Nowa Semlja als auch in Australien in Erscheinung. Aufgrund dieser - und vieler anderer - ***Entdeckungsfahrten*** bescherte das nächste Jahrhundert den Niederländern großen Reichtum; man nannte es deshalb, wie bereits wiederholt vermerkt, das "goldene". Diese Ära brachte natürlich auch Vlieland zu weiterem Wohlstand. Jetzt war es vor allem der ***Walfang,*** der die Kassen klingeln ließ. Siebzig Kommandeure, wie man die Kapitäne der Fängerflotte titulierte, waren allein auf Vlie-

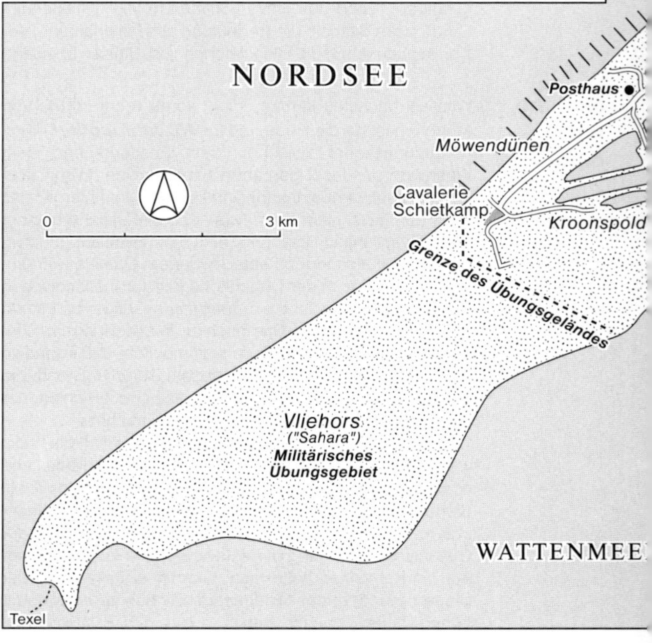

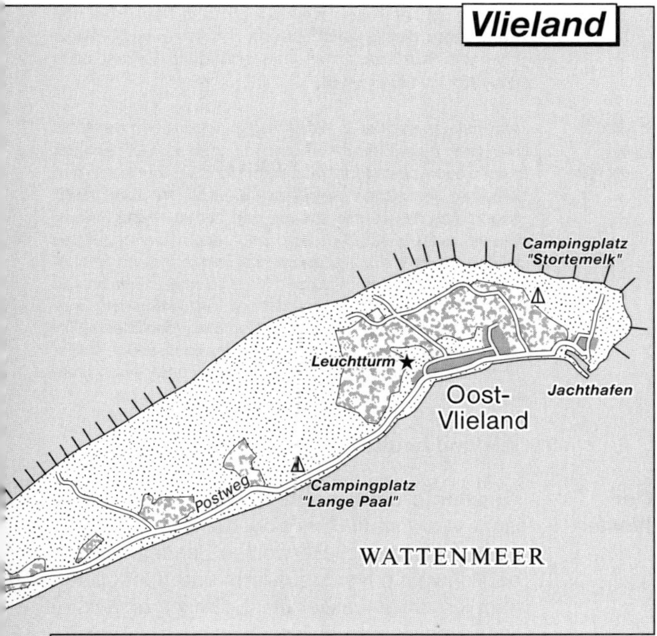

land zu Hause. Die meisten bauten sich prächtige sogenannte Commandeurshäuser, die im Ort Oost-Vlieland, der etwa gleichzeitig mit seinem westlichen Pendant entstand, noch heute die bauliche Substanz ausmachen und dem Städtchen solch ein anheimelndes Gepräge geben.

West-Vlieland ereilte das Schicksal der meisten Westdörfer: Es versank bei der ***Weihnachtsflut von 1717*** großenteils in der See und war zehn Jahre später endgültig von den Karten getilgt. Heute dehnt sich dort der *Vliehors* (s. u.), jetzt eine heulende Wüstenei, aber damals offenbar noch ein Wald (*Vlie-Horst).*

Das Ostdorf prosperierte dieserart schon kurz nach seiner Entstehung. Über Oost-Vlieland lief unverändert viel Seeverkehr der mächtigen Handelsstadt Amsterdam, die ja erst im Zeitalter des Dampfschiffs durch einen Kanal direkte Nordseeanbindung erhielt (Fertigstellung 1824). Als die Segel sanken, erstarb diese Einnahmequelle indes endgültig. Die Vlieländer machten weiter als Fischer und Seeleute, aber es war ein ziemlicher Krampf. Vorübergehend wurde sogar erwogen, das Eiland der See zu überlassen, die es ohne menschliche Gegenwehr wahrscheinlich in Kürze zerrissen hätte. Doch dann begann in den Zwanzigern dieses Jahrhunderts das erste zarte Pflänzchen des ***Tourismus*** zu keimen und brachte Vlieland nach und nach zu neuer Blüte.

2. Weltkrieg

Auf Vlieland ging der ***2. Weltkrieg*** übrigens noch weiter als auf Texel. Zu größeren Kampfhandlungen kam es nach der Kapitulation zwar nicht mehr. Aber die Insel wurde von den Alliierten sozusagen vergessen. Erst am ***4. Juni 1945*** zogen sich die Deutschen von dort zurück - nicht ohne, wie ein zeitgenössisches Foto zeigt, die Insulaner auf den letzten Drücker noch schnöde um Fahrräder und Schubkarren zu erleichtern. Präzise 13.293 Beute-*Fietsen* hakten kanadische Befreier - landesweit - den Moffen dann wieder ab. Dem Deutschen, scheint es, darf man alles außer der Vorfahrt nehmen, dem Holländer alles außer seiner *Fiets*. Kein Wunder, daß sich die beiden immer noch gram sind ...

Vlieland heute

Der Westen

Annähernd die gesamte westliche Hälfte Vlielands wird vom *Vliehors* eingenommen, einer gewaltigen Fläche zuckerweißen Sandes, die nur bei schwerem Nordweststurm und Springfluten gänzlich unter Wasser steht. Dieses eigentümliche Areal nennt sich landläufig auch *Sahara des Nordens* oder *Vlieländische* bzw. *Niederländische Sahara* und ist ***militärisches Übungsgebiet.*** Wie bereits unter Texel erwähnt, proben (bei Leeuwarden auf dem Festland stationierte) Kampfjets hier den Ernstfall, und außerhalb der Periode vom 1. Mai bis 1. September ballern auch Panzer herum. Es ist ein unwirkliches, an

Panzerwrack in der "Sahara"

den Golfkrieg gemahnendes Bild, in der endlosen Sandwüste zerschossene Panzerwracks liegen zu sehen, während die Luft vom Lärm der Nachbrenner dröhnt. Doch auf den Sandbänken vor der "Sahara" sonnen sich Seehunde, die das ganze kriegerische Gehabe scheinbar nicht beeindruckt. Vielleicht wissen sie, daß große Teile des Vliehors trotz der Ballerei Naturschutzgebiet sind (allerdings nicht Teil des Nationalparks).

An Wochenenden und Feiertagen ruhen die Kampfhandlungen, und das Gelände kann dann betreten werden. (Vorsicht: Es gibt Stellen mit ***Treibsand.*** Wenn der Fuß tief einsinkt, sofort den Rückwärtsgang einlegen). Auch warnen an strategischen Punkten Schilder vor Gefahren: *Onontploofde munitie!* – Munition, die noch nicht "ploof!" gemacht hat.

Im Südwesten des Geländes befindet sich ein kleiner ***Anleger;*** dort kommt das Ausflugsboot von Texel an (siehe dort, *Touren),* und ein mächtiger, halb offener MAN-Geländewagen, ein alter Kämpe, rollt vor den Landesteg, bei Flut in mindestens einem Meter Wasser, und sammelt die Passagiere auf. (Das Programm findet auch an Wochentagen statt; die Jets machen dann eine Pause). Die gut halbstündige Fahrt durch den *Vliehors* ist faszinierend; eine richtiggehende Safari, die man einmal miterlebt haben muß. Zum Schluß quält sich der Truck eine steile Sandrampe hinauf – Schafft er's? Er schafft's! – und liefert die Gäste beim sogenannten Posthaus ab.

Ausbooten am "Sahara"-Ufer

Dort kann man Fahrräder mieten oder auch zu Fuß die annähernd autofreien 7 Kilometer nach Oost-Vlieland wandern, dem einzigen Ort auf der Insel und nahe deren Ostende gelegen.

Der Osten Vlieland unterscheidet sich, seiner Sahara einmal ungeachtet, von den anderen Inseln dadurch, daß es zum größten Teil aus sandiger Geest besteht. Es findet sich kaum Marschenboden; das Eiland spielte daher auch nie eine Rolle in der Landwirtschaft, die Insulaner waren stets Fischer, Walfänger und Seefahrer. Auf Vlieland gibt es richtige Hügel; auf die 40 Meter hohe ***Leuchtturmdüne,*** die sich nahe am Ort erhebt, ist man als "höchste Erhebung der Watteninseln" mächtig stolz. Die eigenwillige Topographie Vlielands hat auch zur Ansiedlung ansehnlicher ***Laubwaldbestände*** geführt, Ergebnis intensiver Neuaufforstungen in den zwanziger Jahren. Gleich östlich vom Posthaus verschwindet die Straße in solch einem "Dschungel" und läßt im Wanderer das insulare Bewußtsein schwinden. Blickt er später etwa vom ***Yachthafen*** Oost-Vlielands aus in Richtung Westen, ergibt sich eine Perspektive, die dem hohen Elbufer bei Blankenese ähnelt. Im Nordosten wiederum dehnen sich weite Kiefernhaine. Vlieland, klein wie es ist, hat mit einer facettenreichen Landschaft aufzuwarten.

Geest-landschaft

Hafen von Oost-Vlieland

Der Ort ***Oost-Vlieland*** selber zieht sich, im wesentlichen aus zwei Hauptstraßen, der Dorpsstraat und dem Willem de Vlaminghweg bestehend, von West nach Ost ausgerichtet, am Wattenmeer entlang. Hübsch vor allem ist die katzenbucklig gepflasterte und von alten Bäumen beschattete Dorpsstraat, in der sich ein schönes Haus aus vergangenen Jahrhunderten an das andere reiht. Wenn die lauten Reklameschilder und schrillen Souvenirshops nicht wären, könnte man sich ins Zeitalter der großen Kauffahrteischiffe zurückversetzt fühlen – aber das ist halt die Kehrseite der Touristerei, von der die rund 1.100 Insulaner fast ausnahmslos leben.

Strand und Natur

Viel ist zu einem Strand eigentlich nicht mehr zu sagen, der schon zu fünfzig Prozent von der Sahara eingenommen wird ... Östlich vom *Vliehors* setzt sich die ***Dünenküste*** in üblicher Manier fort: nichts als Sand.

Allerdings erstrecken sich bis dicht vor die monotonen *Zomerhuis*-Kolonien an der Nordostküste lauter igelige Vorsprünge in die See: Buhnen. Eine reiht sich an die andere; gut drei Dutzend mögen es sein. Sie sollen das hauchdünne Rückgrat der Insel erhalten, und sie verrichten ihre Aufgabe bestimmt auch ganz verläßlich. Und sie tun noch einen anderen Dienst. Zwischen ihnen bildet die See relativ geschützte Pools, wiederum an die drei Dutzend davon, die zum Bade laden. Deshalb ist ***Schwimmen und Baden,*** auch im Adams- und Evaskostüm, auf ganzer Länge des Vlielander Strandes erlaubt, nackt allerdings, so

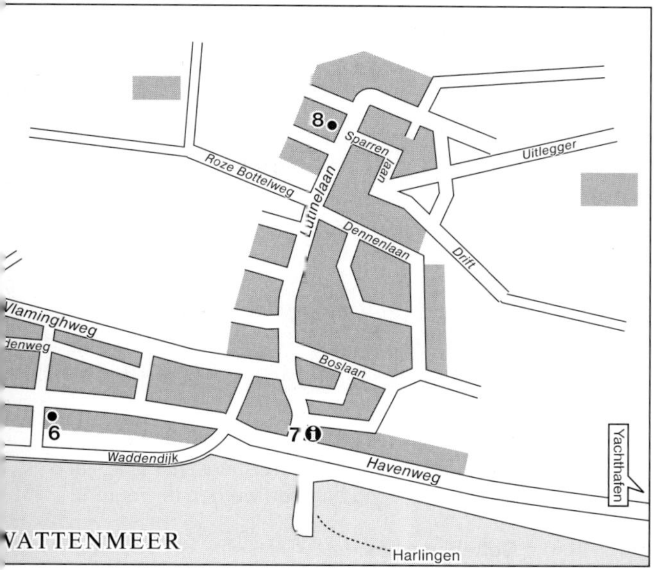

die Einschränkung, "nicht in Ballungsgebieten". Ein solches in Gestalt eines bewachten Areals gibt es aber wohl nur vor dem Strandhotel *Seeduyn.*

Vermeiden sollte man ein Hinausschwimmen bis an die Buhnenköpfe, denn dort rotieren erhebliche Strömungen. Auch an der Osthuk der Insel fetzen die Wasser manchmal mit eindrucksvoller Geschwindigkeit vorbei.

Dort, wo Vlieland ganz schmal wird, nämlich unmittelbar östlich vom Vliehors, hatte man schon früh in diesem Jahrhundert einem drohenden Meeresdurchbruch per Eindeichung zuvorkommen wollen. Das Projekt, der ***Kroonspolder,*** war zwar insofern von Erfolg gekrönt, als eine Zweiteilung der Insel unterbunden werden konnte. Doch mit dem gewonnenen Terrain ließ sich nie etwas anfangen; heute ist es zur Gänze ***Naturschutzgebiet.*** Auch die ***Möwendüne,*** unmittelbar nördlich darüber gelegen, genießt geschütz-

Lebendige Natur

ten Status. Diese Areale dürfen während der Vogelbrutzeit von März bis August nur unter fachkundiger Leitung betreten werden (s. Touren).

Sehenswertes

Besucherzentrum

Das *Bezoekerscentrum* (Dorpsstraat 150) existiert erst seit 1984. Kürzlich (1995) wurde es in *De Noordwester* umgetauft, bleibt aber seinem alten Namen weiterhin verpflichtet. In ihm sind Exponate zur Entstehungsgeschichte der Insel, ihrer Fauna und Flora sowie ihrer Bewohner zu bewundern. Diashows, Videofilme und häufig wechselnde Sonderausstellungen runden das Angebot ab. ***Öffnungszeiten:*** Mi und Sa (Nov. bis März) sowie Mo-Sa (Okt. und April) 14-17; Mo-Sa 10-12.00 und 14-17 Uhr (Sa nur nachmittags) von Mai bis September; ***Eintritt:*** Erw. *ƒ* 3; Kinder, Gruppen und Senioren *ƒ* 2. Über das Besucherzentrum werden auch Ausflüge arrangiert: Siehe Touren.

Leuchtturm

Der Rundblick vom *vuurtoren* bietet ein prächtiges Panorama über Vlieland und die umgebenden Seegebiete. Man muß kraxeln – exakt 218 Stufen. ***Öffnungszeiten:*** Mo-Fr 15-17 und Sa 10.30-12 Uhr. ***Eintritt:*** Erw. *ƒ* 1,50; Kinder und Senioren *ƒ* 1.

Museum Tromp's Huys Unter den hübschen alten Häusern, welche die Dorpsstraat säumen, hebt sich eines, die Nr. 99, besonders hervor. Es ist das älteste auf der Insel. Zwei behäbige Kanonen bewachen den Eingang, dahinter wird man zur Kasse gebeten. In diesem anno 1575 errichteten Gebäude residierten einst die Kommissare, die den Ostindienverkehr kontrollierten. Eine Zeitlang hielt sich dort auch *Cornelis Tromp* auf, einer der berühmtesten Admiräle der Niederlande, die in vier erbitterten Seekriegen mit England um die Vorherrschaft auf den Meeren fochten (und letztlich unterlagen).

Das *Tromp's Huys* ist das Museum Vlielands. Es beherbergt Ausstellungen zur ***Inselgeschichte,*** zum Lotsenwesen und der Ära des Walfangs, läßt auch die beiden Weltkriege nicht unbeachtet und glänzt mit einer prächtigen Kollektion alten Silbers und antiker Uhren. ***Öffnungszeiten*** und ***Eintrittspreise:*** wie das Besucherzentrum.

Insel-Info

Vorwahl: 05624-5 (ganze Insel).

Auskunft ●***VVV Vlieland,*** Havenweg 10, 8899 BB Vlieland. Tel. 1111, Fax 1361. Ganzjährig offen, Mo-Fr zu normalen Bürozeiten, an Wochenenden 11-12 und 16-17 Uhr; zusätzlich bei außerfahrplanmäßiger Ankunft der Fähre. Lage: Unmittelbar gegenüber der Anlegestelle.

●Die ***Quartierliste*** von Vlieland kostet *f* 4,50.

Fortbewegung

Vlieland ist weitgehend ***autofrei,*** nur Einheimische dürfen ihre Fahrzeuge benutzen. In "Oost" erscheint einem das für die kleine Insel schon fast zuviel. ***Busse*** verkehren zwischen dem Hafen via die Bungalowdörfer und dem Posthaus als Endstation in etwa zweistündlichem Takt, Tagesticket *f* 3. ***Leihfahrräder*** gibt es jede Menge. Bewegung ***zu Fuß*** wird empfohlen; die Entfernungen sind moderat.

"*Rondje Vlieland* – einmal rundherum" (26 km) per pedes findet, organisiert durch das o.g. Besucherzentrum, wiederholt im Sommer statt.

Unterkunft

Hotels/ Pensionen Knapp ein Dutzend Unterkünfte dieser Art gibt es auf Vlieland. In der Mehrzahl sind sie recht klein und schnuckelig; Ausnahme ist der wuchtige, viersternige Komplex des *Strandhotels Seeduyn* (Tel. 1560, Fax 1115), auf der Nordseeseite gelegen und eine Welt für sich. Für den Luxus muß man allerdings auch ein bißchen mehr hinblättern: Die Preise für ÜF beginnen (in der NS) bei *f* 102. Wenn man genauer hinschaut, bietet das *Seeduyn* jedoch recht günstige Familienpauschalen, z. B. ab *f* 125 pro Ü für bis zu 4 Personen und 3 Tage Minimumbelegung. Vorsicht aber vor hohen "Endreinigungskosten", die dazugejubelt werden, und einen stattlichen Happen des endgültigen Gesamtpreises ausmachen!

Die Vlieländer Hotels und Pensionen sind überhaupt Oasen des ***Kleingedruckten;*** man muß da aufpassen und möglichst auch etwas Nederlands beherrschen. Nicht daß dicke Schiebungen stattfinden. Einen EZ-Zuschlag gibt's überall im Hotelgewerbe, und auch ein Plus von *f* 10-20 für eine Einzelübernachtung wird man vielleicht akzeptabel finden. Doch dann kommt hier und da noch ein Fünfer für die HS dazu, oder die Bettwäsche wird in Rechnung gestellt, der Hund sowieso; das läppert sich.

Keine solchen Mätzchen leistet sich die Pension *Hotelletje de Veerman* (Tel. 1378), die mit *f* 40 ÜF gleichzeitig die preiswerteste Herberge dieser Kategorie ist; deshalb hier eine lobende Hervorhebung. Ansonsten liegen die ÜF-Preise der kleineren Hotels um *f* 70.

Bungalows Fewos Appartements

Bei diesem Komplex machen die Vlieländer kurzen Prozeß mit dem umständlichen saisonalen Hickhack und schlüsseln die Preise für jede Unterkunft nach einer monatlich gestaffelten Liste auf. Das System ist dem texelschen nicht unähnlich, aber weitaus übersichtlicher. In jedem Monat weiß man klipp und klar, welches Preisgefüge einen erwartet. Anders als auf Texel sind in der Vlieländer Liste auch zahlreiche schöne alte Holländerhäuser (alle im Ort Oost) enthalten, die gar nicht mal mehr kosten als moderne "Wohnanlagen". Preise beginnen bei etwa *ƒ* 300 pro Einheit/Woche im Winter und erreichen durchgängig mindestens etwa das Doppelte im Sommer (Belegung 2-6 Personen).

Zusätzlich zu diesen Herbergen gibt es auf Vlieland die sogenannten *Zomerhuizen in de Duinen.* Diese gemütlichen ***Sommerhäuser*** sind ganzjährig, also auch im Winter, beziehbar und nehmen, etwa 150 an der Zahl und viele aus Holz, die Dünenterrains *Ankerplaats, Duinkersoord* und *Vliepark* zwischen dem Ort und der Nordsee ein. Sie kosten im Minimum pro Woche mindestens einen Hunderter mehr als die anderen Einheiten und erreichen in der HS schon mal einen Tausender.

Auch in diesen Kolumnen ist auf ***Nebenkosten***, vor allem *eindschoonmaak,* zu achten.

Zimmer

Ein großer Teil der oben genannten Unterkünfte steht von Fall zu Fall auch für diese Kategorie zur Verfügung. Im Klartext: Was nicht gerade wöchentlich belegt ist, nimmt auch Tagesgäste auf. Ab ca. *ƒ* 30 ÜF.

Gruppenunterkünfte

Diese "Heime" heißen auf Vlieland *kamppensions,* und es gibt ihrer vier auf der Insel:

- *De Vliehorst:* Rozenbottelweg 2, Tel. 1389. Für Gruppen ab mindestens 20 Personen; 50 Betten. VP ab *ƒ* 35 pro Kopf, Selbstversorgung möglich.
- *Het Doniahuis:* Badweg 2, Tel. 1386. 45 Betten; VP ab *ƒ* 32,75, Selbstversorgung *ƒ* 16-20.
- *Torenzicht.* Dorpsstraat 182, Tel. 1428. 25 Betten; VP ab *ƒ* 32, Selbstversorgung möglich.
- *Twest Endt:* Dorpsstraat 181, Tel. 1397. Für Gruppen ab mindestens 25 Personen, doch ein Minimum von 4 wird ggf. akzeptiert. 48 Betten. Ü *ƒ* 16,50-25.

Camping

Auf Vlieland kann nur gezeltet werden; diese Einschränkung macht das Kampieren dort ausgesprochen gemütlich. Es gibt zwei Zeltplätze:

- *De Lange Paal:* Postweg 1a, 8899 BZ Vlieland, Tel. 1632. 3 km westlich von Oost-Vlieland liegt dieses Zeltdorf, dessen 2 Hektar großer Grund und Boden der staatlichen Forstverwaltung gehört, etwas inland der Wattenseeküste.

Dünen und Wald gibt's dort, aber es sind noch fast 2 *kilometertjes* zur Nordsee rüber. Großzelte *(tenthuisjes)* für Gruppen im Verleih. Offen 1.4.-1.11.
●*Stortemelk:* Kampweg 1, 8899 BX Vlieland, Tel. 1225. Großes Terrain, schon sehr kommerziell, zwischen Ort und Nordsee. 6 Großzelte zu vermieten. Offen 1.4.-1.10.

Gastronomie

Am besten, man läßt sich mit hungrigem Magen einfach mal Oost-Vlielands urige ***Dorpsstraat*** entlangtreiben. Was da angeboten wird, reicht für den gesamten Urlaub.
●Nr. 4-6: Im *Lickebaert* gibt es *pannekoeken, poffertjes, koffie, thee, gebak, ijs* - Übersetzung gefällig?
●Nr. 61: *Auberge Steakhouse:* Außer Steaks ein täglich wechselndes "Wattenmenü". Offen ab 10 Uhr. Angeschlossen ist das Café *De Zeevaert,* wo der Betrieb um 17 Uhr beginnt.
●Nr. 86-90: Großgastronomie über fünf Hausnummern hinweg, alles im Zeichen des Namens *Bruin:* Café, Croissanterie, Hotel-Restaurant mit 3 Sternen.
●Nr. 98: *Freerk Westers* preist sich als *"Uw warme bakker* - Ihr warmer Bäcker" an. Außerdem "Brote und Pasteten".
●Nr. 146: *De Richel* offeriert preiswerte Snacks, u.a. indonesische Lumpias. *Speciale lunch*: *f* 10.
●***Außerhalb des Ortes*** ist das *Posthaus* zu nennen, in dem das ganze Jahr über ein emsiger Cafébetrieb läuft.
●Auch im *Seeduyn* läßt sich natürlich exzellent unter vier Sternen speisen. Im Bereich dieses Hotels an der "Badeküste" Vlielands gibt es mehrere weitere Oasen, zum Teil ambulant.

Sport

Angeln

●Im Sommer des öfteren 3,5 stündige Ausfahrten mit dem Kutter *Petra.* Abfahrt vom Yachthafen. Info und Karten: VVV.

Reiten

●*Edda,* Fortweg (beim Yachthafen) und *De Seeruyter* (Strandhotel Seeduyn) bieten ganzjährig Spaß auf dem Rücken der *paardjes* an.

Schwimmen

●Das beheizte ***Hallenbad*** *Flidunen* liegt am Waldrand (Uitlegger 2) und ist normalerweise ab 9 Uhr offen. Eintritt: *f* 4,15, Senioren 3,10. *Bad en uurtje huren?* Zu deutsch: (Das ganze) Bad für ein Stündchen mieten? Für *f* 106,75 ist auch das möglich.

Segeln

●In der Segelschule *Wave Hunter* (Ende Badweg, Tel. 1171) kann man's lernen, einen Cat mieten oder aufs Surfbrett steigen.

Tennis

- *Eureka,* Badweg 4; *ƒ* 15 per Bahn und Stunde.
- *Tennisclub Vlieland,* c/o Schnapsladen *Dijkstra* (Dorpsstraat 58), *ƒ* 20
- *Strandhotel Seeduyn* (Badweg 3), *ƒ* 20. Die Plätze sind durchweg ab 9 Uhr geöffnet.
- Im *Flidunen* (s. o.) kann man auch die ganze Sporthalle für *ƒ* 46 pro Stunde mieten.

Unterhaltung

Treffpunkte

- *De Bolder:* Im *Kampierterrain Stortemelk* liegt dieses urige ***Multifunktions- und Unterhaltungszentrum,*** in dem immer irgend etwas los ist: Combos treten auf, Vlieländer Volkstänze sind zu sehen, Filmvorführungen finden statt, und sogar für die Kleinen ist öfters etwas dabei. Sa um 21 Uhr dröhnt öfter mal eine Disco los, allerdings nicht an jedem Wochenende. Eintritt je nach Programm zwischen null und fünf Gulden.
- *De Zeeman:* Dorpsstraat 84. Eher beschaulich: Bar, Café und Billard.
- *Disco De Stoep:* Dorpsstraat 81. Angegliedert sind ein Café und ein Pub.
- *Besucherzentrum:* siehe oben, Sehenswertes.

Veranstaltungen

- ***Pierepauwen:*** Laternenfest, am 2. November.
- ***Sinterklaasfeest:*** Nikolaustag, am 5. Dezember.

Zeitungen Programme

- *Toerist-TV:* Kabelkanal 7.
- *De Vlieronde:* 6-8mal pro Jahr; niederl., manchmal deutsche Beilage.
- *Vlieland Magazine:* Vierteljährlich; niederl.

Vlieland

Touren

Exkursionen Richtung Vliehors/ Texel

●Man kann an der unter Texel beschriebenen "Sahara-Tour" in umgekehrter Richtung teilnehmen; Einzelheiten siehe dort. Der *Vliehors-Expres* (Tel. 1971 und 1462) besorgt die An- und Abfahrten und unternimmt auch separate Expeditionen in Vlielands westliche Sandwüste, an Sommerabenden bestimmt nicht ohne Romantik. Eine Mitfahrt kostet *f* 12,50 für Erw. und *f* 7,50 für Kinder. Der Hund darf umsonst mit, es ist nämlich immer ein vierbeiniger Reiseleiter dabei, der sich über Gesellschaft freut.

Fähre

●Siehe unten

Vogelbeobachtung

●Die staatliche Forstverwaltung unternimmt mit Basis Posthaus von April bis September täglich Ausflüge in den Kroonspolder. Buchungen: *Staatsbosbeheer,* Dennenlaan 4, oder Besucherzentrum.

Wattwanderungen

●Täglich außer So finden von Juni bis September 2stündige Touren ins Watt statt, arrangiert durch das obengenannte *Besucherzentrum.* Zweimal pro Woche geht's im Sommer auch lehrreich in den Wald und auf die Heide. Die genannten Touren kosten *f* 3 für Erw. und *f* 2 für Kinder und Senioren.

Fährverbindungen

Informationen

Informationen erteilt die Reederei *Doeksen* (Willem Barentszkade 21, 8880 AA Terschelling West) während normaler Bürostunden unter den folgenden Telefonnummern (alle Vorwahlen: 05624-4):
●***Allgemeine Auskünfte:*** Tel. 2141.
●***Anmeldung Autobeförderung:*** Tel. 6111.
●Außerdem Info zum ***Fahrplan*** (Band, rund um die Uhr): Tel. 2770 und 3220 (Schnelldienst).

Abfahrtshafen

Abfahrtshafen auf dem Festland ist ***Harlingen,*** eine der schönsten alten Städte der Niederlande. Der ganze Grachten- und Kanalbereich ist ein einziger Augenschmaus. Der ***Bahnhof*** liegt einen knappen Kilometer vom Fährterminal weg; wenn man aus ihm heraustritt, nach links wenden und dann immer geradeaus. Schon bald erreicht man dann das Hafengelände. ***Busse*** von und nach Groningen und Leeuwarden fahren bis an den Anleger.

Teil des ***Fährterminals*** ist ein rund um die Uhr bewachter ***Parkplatz,*** im Sommer offen von der Ankunft der ersten Fähre bis 20 Uhr, ansonsten jeweils eine Stunde vor und

nach Einlaufen der Schiffe. Preis pro Tag für einen PKW: *ƒ* 5,25. Außerdem gibt es zwei ***Parkhäuser:*** *Autostalling de Boer,* Droogstraat 15 (*ƒ* 7), und *Autostalling Harlingen,* Zuiderhaven 8 (*ƒ* 8).

Autofähre

- ***Fahrzeit*** ca. 1 Std. 45 Min.

- ***Personentarife***

	(*ƒ*)
Einfache Fahrt (Erw.)	26,30
Kind	13,70
Hin und zurück (Erw.)	39,90
Kind	20,50

- ***Weitere Tarife,*** jeweils hin und zurück

	(*ƒ*)
Fahrrad, Hund	16,40
Moped, Rollstuhl, Fahrradanhänger, Surfbrett	32,80
Motorrad	49,20
Autos u. Wohnmobile pro 0,5 m	
unter 1,90 m Höhe	20,70
über 1,90 m Höhe	25,05

- Achtung, die genannten ***Preise für Motorfahrzeuge*** gelten nur für Terschelling, nach Vlieland dürfen nur Vlieländer Motorfahrzeuge mitnehmen!

- ***Sommerfahrplan*** vom 1.5. bis 30.9.

Abfahrt	Harlingen	Vlieland
täglich	09.20	07.00
täglich	14.20	11.45
täglich	19.05	16.45

- ***Winterfahrplan*** vom 1.10. bis 30.4.

Abfahrt	Harlingen	Vlieland
Mo-Sa u. einige So; nicht am 1.1.	09.20	07.00
täglich	14.20	11.45
Di, Fr, So, 1.1.; nicht 31.12.	19.05	16.45

Katamaran (Schnelldienst)

● ***Nur Passagiere, Fahrzeit*** ca. 45 Minuten

● ***Tarife:*** Der Zuschlag für den Schnelldienst beträgt ƒ 7,50 bzw. 10,00 (1. Kl.) auf den Autofährtarif (jeweils einfache Fahrt). Zudem häufige Sonderfahrten beider Fähren in den Ferien und an Feiertagen.

● ***Sommerfahrplan*** vom 1.5. bis 30.9.

Harlingen	Vlieland
08.00 Mo	
09.10 Di-So	10.50 täglich
18.10 täglich (via Terschelling)	

● ***Winterfahrplan*** vom 6.11. bis 30.4.

Harlingen	Vlieland
08.00 Mo	11.00 Mo und So
18.10 Mo, Mi, Do, Sa	

Schnelldienst Vlieland-Terschelling

● ***Fahrzeit*** ca. 15 Minuten

● ***Sommerfahrplan*** vom 1.5. bis 30.9.

Vlieland	Terschelling
08.50 Mo	
10.00 Di-So	10.35 täglich
19.15 täglich	19.00 täglich

● ***Winterfahrplan*** vom 6.11. bis 30.4.

08.50 Mo	10.45 Mo und So
18.50	Mo

● ***Tarife***: ƒ 9,75 einfache Fahrt, ƒ 18,40 hin und zurück; 1. Kl. ƒ 12,25 bzw. ƒ 20,90.

Anreise mit dem eigenen Boot

● Der gut geschützte, schön gelegene und über eine enge Durchfahrt zugängliche ***Yachthafen*** liegt unweit östlich des Ortes. Obwohl großzügig ausgelegt (mindestens 250 Plätze), wird es im Sommer immer brechend voll, und dann ist der Verbleib auf maximal 3 Tage beschränkt. Wasser, Duschen, WCs, alles kein Problem; Sprit gibt es 150 m weiter. ***Hafenmeister:*** Tel. 1729; UKW-Kanal 9.

Terschelling

– wo das Abenteuer Bestand hat

Geschichte

Der Name

Schylge wurde die Insel ursprünglich genannt, ein friesisches Wort, das am Leben geblieben ist und vor allem bei traditionellen Anlässen häufig wieder in Erscheinung tritt – die Insulaner nennen sich immer noch gerne *Schylger.* Später wurde aus Schylge *Schelling*; das *ter* davor übersetzt sich ganz einfach als "zu der". So etwas wie "Abgeschiedenheit" verbirgt sich hinter dem Stammwort, und damit ist die Lage der Insel zu früheren Zeiten auch präzise beschrieben: *Terschelling* = "zu der Abgeschiedenen".

Entstehung/ Besiedlung

Um etwa ***900 n. Chr.*** war das Eiland nur ein Klacks Sand. Im Westen zog sich ein tiefes Seegatt, das *Vlie,* an ihm vorbei, das zuvor schon zur Sprache kam, im Osten das *Boorne,* nicht minder dräuend. Doch durch stetige Verlagerung der Sände gewann die Insel bereits um die erste ***Jahrtausendwende*** eine der jetzigen länglichen Form ähnelnde Kontur; Dünen warfen sich auf, und Vegetation siedelte sich an: Die Sandbank wurde zu festem Land. Die ersten Insulaner lebten womöglich zu diesem Zeitpunkt im Bereich der auf -um (mit der Bedeutung -heim) endenden Friesendörfer Formerum und Landerum; in Midsland, schon dem Namen nach Inselzentrum, entstand ein Kapellchen. Wenig später, etwa ***1030*** mag es gewesen sein, errichtete das (im heutigen Luxemburg gelegene) Kloster Echternach auf Wexalia (oder Wuxalia, von diesen Namen ist nichts übriggeblieben) eine solide Kirche, und zu ***Beginn des 13. Jahrhunderts*** begann sich ein ziemlich reges Leben auf dem gar nicht mehr so abgeschiedenen Eiland zu entfalten.

Viel-umkämpft

Lange war Terschelling sozusagen ethnisch dreigeteilt. In "West", Midsland und Oosterend wuchsen drei separate "Stämme" heran, die sich in herzlicher Abneigung verbunden waren, ein auf der ganzen Welt nicht unbekanntes Phänomen, das in notwendiger Folge auch hier zu Inzucht und kultureller Rückständigkeit führte. Doch nachdem von draußen her immer wieder Feinde die Insel bedrohten, machte man letztlich gemeinsame Sache – Selbsterhalt ging vor kleinliche Lokalrivalität. Keineswegs aber waren diese Feinde immer ferne Fremde. Fast vom Zeitpunkt seiner ersten Besiedlung an wurde Terschelling zwischen Holländern und Friesen, auf deren ungefährer "Grenzlinie" es lag, ständig hin- und hergezerrt. Bereits ***1374*** machten die beiden zerstrittenen Parteien die Insel erstmalig zur Gänze platt. Zwischen ***1569*** und ***1583*** gab es öfters mal Besuch von den ***Wassergeusen*** (von franz. *gueux,* "Bett-

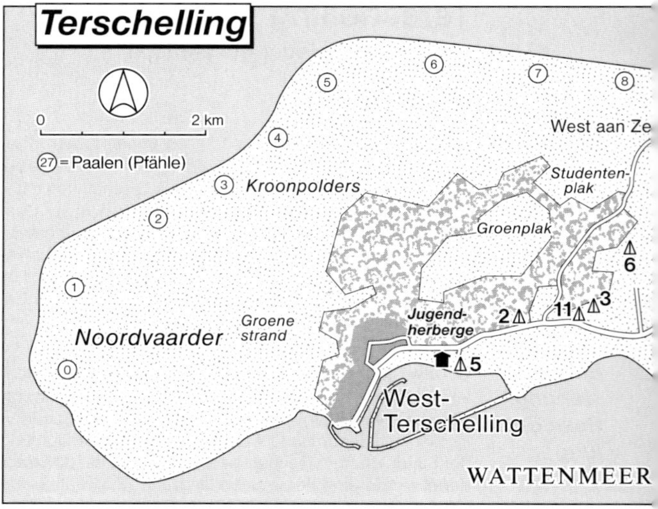

Camping

1 Appelhof
2 Cnossen
3 Cupido
4 De Duinkant
5 Dellewal
6 De Kooi
7 Dennedune
8 De Riesen
9 Haantjes
10 Hekkeland
11 Landzicht
12 Mast
13 Nieuw Formerum
14 Suudduunt
15 Terpstra
16 Tjermelân
17 't Wantij

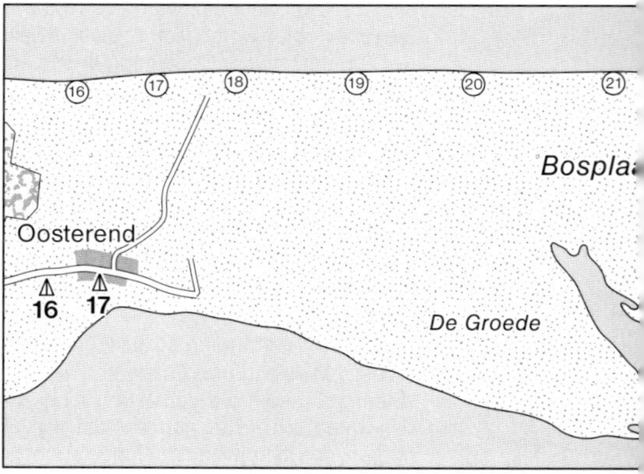

ler"), fanatischen Antipapisten, die den kleinsten Verdacht auf mangelnde Loyalität gern zum Anlaß für ein paar fröhliche Plündereien nahmen. Die wechselnden Bündnisse ließen Terschelling auch zum Spielball in Hollands vier bösen Kriegen mit England werden, mit dem man sich eigentlich ganz gut vertragen und sogar einen Freundschaftspakt geschlossen hatte. Im ***August 1666*** fiel ein englisches Geschwader über eine Flotte von 170 auf der Reede liegenden, reichbeladenen Kauffahrteischiffen her,

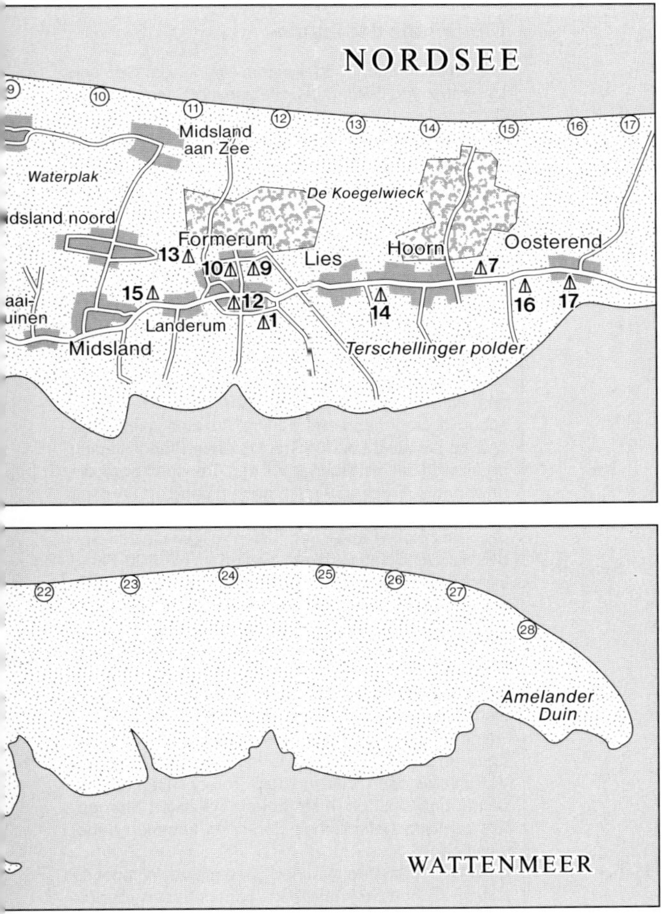

versenkte diese fast ohne Ausnahme und steckte die Stadt in Brand. Die Niederländer übten kurz darauf spektakuläre Rache: Ihr Seeheld *Michiel de Ruyter* segelte keck die Themse hinauf, schoß Teile von London und ein feindliches Geschwader in Trümmer und zog mit einem gekaperten englischen Kriegsschiff im Schlepp wieder ab. Den Engländern verschlug es die Sprache. Doch den Terschellingern nützte dieses Husarenstück nicht viel: Sie mußten, einmal wieder, von vorne anfangen.

Der Schatz der Lutine

Man erwähne gegenüber einem Kenner der See und Liebhaber von Gold- und Schatzgeschichten das Wort Terschelling, und der Name der *Lutine* wird als nächstes fallen. Es handelt sich um eines der berühmtesten und legendärsten ***Schatzschiffe*** aller Zeiten.

Im Jahre 1785 wurde *La Lutine* – "der Quälgeist" – in Toulon erbaut und dort acht Jahre später von französischen Royalisten an die Engländer übergeben, damit sie nicht in die Hände der aufständischen Jakobiner fiel. Ab Sommer 1799 war das Schiff in Yarmouth stationiert.

In diesem Jahr flammt über Europa die Fackel des Krieges, die napoleonische Geißel peitscht den Kontinent. Britische Kaufleute in der reichen Hansestadt Hamburg geraten durch die französische Blockade an den Rand des Konkurses, ein dringender Geldnachschub ist umgehend erforderlich. Auf eine vereinbarte Anleihe hin stellt London 1,5 Millionen Pfund Sterling bereitwillig zur Verfügung; für den Transport wird die bewaffnete Fregatte *Lutine* abkommandiert. Anfang Oktober 1799 werden 1.900 Gold- und Silberbarren, dazu zahlreiche Fässer und Kisten voll gemünzten Goldes auf das Schiff verladen, weiterhin 147.000 Pfund Besoldung für englische und russische Truppen auf Texel. Der deutsch-englische Kaufmann *John Wienholt* nimmt die Gunst der Stunde wahr, um 40.000 Pfund in Goldbarren mit auf die Reise zu schicken; der Prinz von Oranien steuert ein Kontingent Brillanten bei. Über die Assekuranzgesellschaft *Lloyds* schwer versichert, läuft die *Lutine* am frühen Morgen des 9. Oktober 1799 aus.

Noch am gleichen Abend um 22 Uhr ist die Reise zu Ende. In einem heulenden Orkan gerät die *Lutine* im Vliegat zwischen Vlieland und Terschelling auf die Sände und sinkt um halb drei am nächsten Morgen. Alle an Bord befindlichen Personen kommen dabei ums Leben.

Lloyds erstattet den Verlust, ohne mit der Wimper zu zucken. Schon zwölf Tage nach dem Untergang der *Lu-*

Im ***2. Weltkrieg*** wurde Terschelling von den Deutschen zu einer feuerspeienden ***Seefestung*** ausgebaut, die vor allem die unendlichen Bomberströme der Alliierten unter Beschuß nahm. Mit tödlicher Wirksamkeit in vielen Fällen – noch heute liegen in der See rund um Terschelling zahllose Flugzeugwracks verstreut: Amerikaner, Deutsche, Engländer. Daß die Insel selber im Verlauf der Dinge auch Senge erhielt, bedarf wohl keiner Erwähnung. Doch die *tine* geht eine Ersatzladung ab und kommt auch glücklich an. Und jetzt beginnt die Jagd nach dem gewaltigen Schatz ... Da sich die Niederlande einmal wieder zu diesem Zeitpunkt mit England im Kriegszustand befinden, wird sofort von Amts wegen Anspruch auf die Beute erhoben. Ein paar Fischern gelingt es, eine kleine Anzahl von Goldbarren zu bergen, dann versinkt das Schiff im Mahlsand. Zwischen 1800 und 1801 heben Berger 58 Gold- und 99 Silberbarren sowie 41.697 spanische Silbermünzen aus dem Wrack. Anno 1814 beginnt der Bürgermeister von Terschelling eine kostspielige Suchaktion. Amtlich bekanntgegebenes Resultat: 17 Münzen. 1838 gehen britische Taucher zu Werke; Erfolge werden keine vermeldet, obwohl Sachkenner vermuten, daß gerade in diesem Fall mit gezinkten Karten gespielt wurde. Zudem ist man ein paar

Taucharbeiten im 19. Jahrhundert

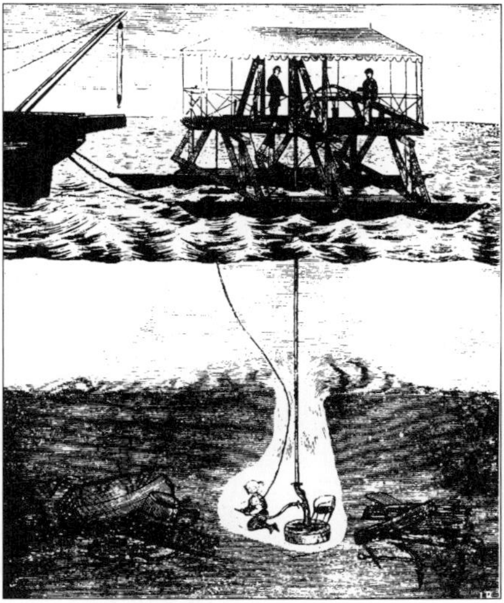

historische Stadt bekam nichts ab, und auch die Dörfer blieben weitgehend heil. Deshalb konnte schon gleich ***nach dem Krieg*** die ***Tourismusindustrie*** mit Macht Fuß fassen. 1908 kamen 250 Besucher auf die Insel, 1953 waren es 58.000, heute über 300.000. Etwa 1,3 Mio. Übernachtungen im Jahr zählen die 4.600 Insulaner - ein ganz schöner Schnitt.

Jahre später auf den Inseln erstaunlich liquide; neue Häuser werden gebaut. Offizielle Erklärung: keine. Im Sommer 1857 legt eine günstige Strömung das Wrack plötzlich wieder annähernd frei. Sofort beginnen erneute Unterwasserarbeiten. Die Taucher bergen einige Kanonen der *Lutine,* dann 44 Gold- und 64 Silberbarren sowie 15.028 spanische Münzen. Auch erscheinen ganze Horden von Fischern auf dem Plan. Was sie an Land ziehen, ist nicht verbucht. Zwei Jahre später bringen Taucher die Glocke der *Lutine* an die Oberfläche, die seither bei dem gebeutelten Unternehmen *Lloyds* jeden neuen Schiffsverlust einläutet. Im Jahr darauf wird das Ruder geborgen. Aus ihm läßt *Lloyds* einen kunstvoll verarbeiteten Tisch und einen Sessel fertigen.

Bis zum Herbst 1886 finden zahlreiche neue Bergungsversuche statt, bei denen unter anderem ein Muschelsauger eingesetzt wird. Die Bilanz ist dürftig: ein Gegenwert von insgesamt 11.216 Gulden. Bis 1925 werden als nächstes, nur kurz von Kriegsnöten unterbrochen, immer aufwendigere Unternehmungen angestellt, alle scheinbar erfolglos. Im Schicksalsjahr 1933 versenkt man eine über 100 Tonnen schwere Taucherglocke über dem Wrack, findet nichts und wiederholt das Experiment zwei Jahre später. Ein Taucher kommt dabei ums Leben, und jetzt ist erst einmal Schluß.

Zerstörte Taucherglocke ('t Behouden Huys)

Die Karimata wird vor Ort geschleppt

Im April 1938 wird die *Karimata,* der größte Zinnbagger der Welt, über der Wrackstätte der *Lutine* verankert. Die gewaltigen Eimer beginnen zu arbeiten. Ergebnis bis zum Herbst desselben Jahres: 1 Goldbarren, eine Handvoll Münzen, 3 Kanonen, 1 Anker, ein paar Kleinteile. Dann muß die *Karimata* nach Indonesien weiter.

Nach dem Krieg setzte sich das Spiel fort; zuletzt war zu Beginn der neunziger Jahre eine neuseeländische Gruppe im Vliegat aktiv. Ergebnis: null. Die Wrackreste der *Lutine*, von den Tiden verschoben, von Sprengstoffen zerbombt und von Baggern zerschaufelt, befinden sich manchmal unter bis zu 20 Metern Sand. Dann, einer Laune der Nordsee folgend, mögen sie plötzlich wieder hervortreten. Aber sind es dann auch die Trümmer dieses Schiffes und nicht eines anderen? *Hille van Dieren,* Leiter des Explorationsteams *Ecuador* (so genannt nach einem 1956 gesunkenen Frachter) in "West", ist da skeptisch: "Ich glaube, die *Lutine* ist schon völlig ausgeräumt", befindet er. "Und wenn schon", fügt er wegwerfend hinzu: "Es gibt ja noch tausend andere Wracks ..."

Zwei aus der *Lutine* geborgene Kanonen stehen am Ostende des Hafens, gegenüber vom Bojenhof. Im Stadtmuseum (s. u.) sind diverse Exponate zum Thema ausgestellt, darunter auch ein Modellschiff und ein Goldbarrenimitat.

Terschelling

Die Wracks von Terschelling

Mehr noch als vor Vlieland und Texel ist der Meeresboden um Terschelling mit ***Wracks*** geradezu bepflastert. Als ich die Insel im August/September 1995 besuchte, wurde just wieder ein Paar Kanonen, eine davon in prägefrischer Erhaltung, an der Pier von "West" angelandet. Ursprung: spanisch. Prägedatum: 1613. Um sich an nackten Zahlen zu orientieren, denke man nur an die von den Engländern 1666 auf Terschelling-Reede *(De Plaat)* versenkten Schiffe: 168 waren es präzise. Aufschlußreich ist auch, daß die Holzgerüste ***aller*** alten Terschellinger Häuser - heute noch - aus den Wrackteilen havarierter Schiffe gefügt sind. Da muß ganz schön was angeschwemmt worden sein.

Die Nordküste der Insel zog sturmgeschwächte Seefahrzeuge ständig geradezu wie ein Magnet an; von einem Ende zum anderen ist sie bis in die Neuzeit auch stets Schauplatz spektakulärer Strandungen gewesen. Eines der tragischsten Geschehnisse dieser Art war der ***Untergang des deutschen Auswandererschiffes Wilhelmsburg.*** Ein gewaltiges Orkantief über England hatte in der ersten Dezemberwoche des Jahres 1863 die Seegebiete von Südspanien bis zum Skagerrak in kochende Aufruhr versetzt. In diese Hölle segelte das unglückliche Schiff, nach Australien bestimmt, am 3. Dezember, geriet prompt in Seenot und trieb nördlich von Hoorn auf die Sände. 258 Passagiere, drei Besatzungsmitglieder und ein Rettungsmann aus Ameland kamen bei der Katastrophe um; nur 51 Menschen überlebten. Das Grab von Kapitän *E. C. Kross* erinnert auf dem Kirchhof von Hoorn heute an das Drama. Im Bereich der Watteninseln wurden an diesem schicksalsträchtigen Tag weitere 36 Schiffsunglücke gezählt. Und immer wieder ist in den zeitgenössischen Berichten zu lesen: *verdronken, omgekomen, gered ...*

"Gerettet", was anders, bedeutet das letztere Wort. Schon zu einem frühen Zeitpunkt erwarben sich die Holländer einen Ruf als tollkühne ***Rettungsmänner.*** Völliger Uneigennützigkeit entsprang dieses Tun allerdings zumindest in seiner Frühphase nicht, wie wir bei Texels *Strandjuttern* bereits gelesen haben. Ein bißchen ***jutten*** nebenher macht den Insulanern offenbar immer noch großen Spaß, und ganz besonders auf Terschelling. Einen hohen Rang in den Inselannalen nimmt der Untergang des Dampfschiffs *West-Aleta* ein, das im Februar 1920 mit 30.000 Faß Wein an Bord vor Terschelling zu Bruch ging. *Men dronk de wijn op het strand uit laatzen en klompen,* kommentiert ein Bericht die darauffolgende gigantische Orgie: "Man trank den Wein am Strand aus Stiefeln und Holzschuhen." Auch als der deutsche Hochseeschlepper *Wotan* vor ein paar Jahren in den Untiefen kapseis ging (kenterte), waren die Jutter verläßlich zur Stelle. Sie legten solchen Eifer an den Tag, daß das unschöne Wort "Piraten" später fiel - aber die *Duitsen* haben ja schon immer was gegen die Holländer gehabt ...

Einer, der damals mit dabei war, ist der bereits erwähnte *Hille van Dieren,* immer auf der Suche nach Exponaten für sein Wrackmuseum in Formerum (siehe weiter unten). Überall liegen Wracks, berichtet er, und immer wieder tauchen neue aus dem Sand auf.

Und das bei mäßigen Tiefen (10-20 m) und satten 10-15 Metern (in der offenen Nordsee) Unterwassersicht im Sommer - fast schon mediterran! Jede Menge Abenteuer, Wracks, Schätze!! Sporttaucher und -taucherinnen - worauf wartet ihr noch!!!

Das Ende der Wilhelmsburg

Am 8. Dezember 1863 gaben *Fredrich August Hafs,* Obersteuermann; *Carsten Ehlers,* 2. Steuermann; *Johannes Peter Paul,* 3. Steuermann; *Johannes Frährtmann,* Zimmermann; *Wilhelm Butt,* Koch, und *Jochem Bolle,* Matrose, Überlebende der *Wilhelmsburg,* vor dem Notar *Jacobus Reedeker Frederikszoon* in Hoorn auf Terschelling die nachstehende Erklärung (Auszug) ab:

"Am Dienstag, den 1. Dezember, wurden 53 Grad 38 Minuten nördlicher Breite und 3 Grad 43 Minuten östlicher Länge von Greenwich beobachtet. Nach Mittag steuerten wir West, während der Wind stetig auf Süd drehte. Am Mittwoch, dem 2., refften wir die oberen Segel, nachdem der Wind zum Sturm angewachsen war. Am Abend waren sämtliche Reffs angeschlagen, und wir trieben vor dem großen Marssegel nach Norden. Das Wetter war dick vor Regen und Wind; wir hatten an diesem Tag kein Besteck nehmen können. Dito am Donnerstag, dem 3. Der Wind war jetzt westlich; wir konnten unter Mars segeln und halsten gegen Mittag in den Wind. Der Sturm nahm wieder zu aus WSW, und die See ging schreckenerregend hoch. Wir mußten die meisten Segel außer dem Großmars belegen, doch da sich der Wind weiter verstärkte, holten wir auch dieses Segel ein und trieben vor Vorschot und Stagsegel gegen SW. Wieder war uns keine Beobachtung gelungen. Gegen neun Uhr wuchs der Wind zum Orkan, der die Vorschot zur Gänze wegriß und die Großmarssegel von der Rah fetzte. Das Schiff wurde von der See überrannt und auf die Seite geworfen; um Mitternacht schwerer Orkan aus WNW, gegen ein Uhr dicker Hagel und Regen. Dito am Freitag, dem 4., kriegten eine schwere See über, die das Steuerrad in Stücke und zwei Boote aus den Davits schlug. Warfen zweimal das Lot, ohne Grund zu finden, beim dritten Mal hatten wir zehn Faden Wasser. Gegen zwei Uhr nachts berührte das Schiff Grund, kam jedoch durch die See zunächst wieder flott, um dann aber, in wütenden Grundseen schlingernd, drei- oder viermal heftig aufzuschlagen. Wir beriefen einen Schiffsrat ein und kappten dann die Masten mit allem Zeug, um das Schiff so weit wie möglich zu erleichtern. Es lag darauf auch etwas ruhiger, doch um drei Uhr begann es auseinanderzubrechen. Die Besatzung und einige Passagiere waren an Deck, jedoch nicht der Kapitän, 2. Zimmermann und ein Decksjunge, die mit anderen Passagieren offenbar im Zwischendeck verunglückt waren, denn die auf dem Oberdeck Verbliebenen sahen sie nie wieder. Gegen acht Uhr gingen 27 Personen, Mannschaften und Passagiere, in ein Boot und brachten es durch die Brandung auf eine Sandbank, auf der jedoch noch eine Elle Wasser stand. Sie begaben sich deshalb wieder in das Boot und verblieben darin bis sechs Uhr abends, als die Sandbank trockenfiel und auch das Wrack watend erreicht werden konnte, wo weitere drei Besatzungsmitglieder und 24 Passagiere abgeborgen wurden. Die gesamten Geretteten verblieben in Erwartung weiterer Hilfe über Nacht im Boot."

(Aus dem Niederländischen)

Terschelling heute

West-Terschelling

Der erste Eindruck, wenn es nicht gerade in Strömen pladdert, ist ausgesprochen positiv. Das Städtchen West-Terschelling, von den Einheimischen nur "West" genannt, liegt geduckt unter dem wuchtigen Brandaris-Leuchtturm, dahinter erstreckt sich auf Dünen ein weiter Grüngürtel aus Kiefernwald. Links (westlich) vom Anleger begrüßt den Gast das Seefahrerdenkmal, eine angstvoll nach ihrem überfälligen Mann ausschauende Seemannsfrau, riesengroß und beeindruckend aus kühlem Stein. Den ***Hafen*** entlang zieht sich die erste Zeile schöner alter Holländerhäuser, dahinter kommen mehr, die erst beim Landgang sichtbar werden. Überaus fotogen rechts das Binnenhafenbecken, zumeist gedrängt voll mit prächtigen Oldtimern der "Braunen Flotte" (so genannt, weil überwiegend aus Holz): Klippern, Kuffen, Tjalken und anderen Segelfahrzeugen. Bis zu vierhundert Schiffe, zumeist aus den Festlandshäfen Harlingen und Stavoren

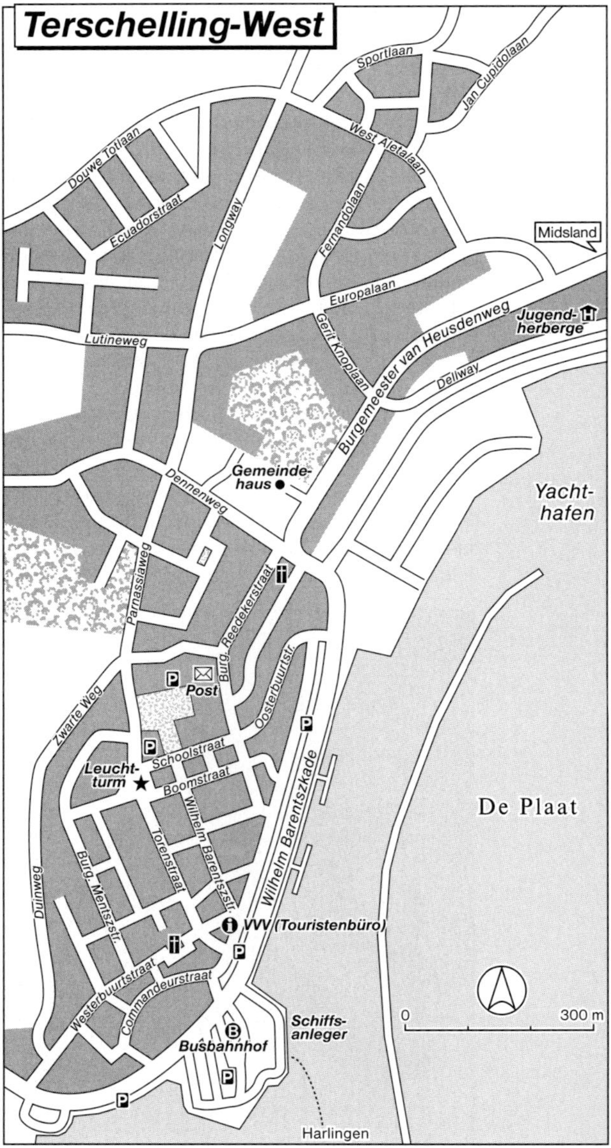
Terschelling-West
Sportlaan
Jan Cupidolaan
West Aletalaan
Douwe Totlaan
Ecuadorstraat
Longway
Fernandolaan
Midsland
Europalaan
Jugend-herberge
Lutineweg
Gerit Knooplaan
Burgemeester van Heusdenweg
Dellway
Gemeinde-haus
Dennenweg
Yacht-hafen
Parnassiaweg
Burg. Reedekerstraat
Oosterbuurtstr.
Post
Zwarte Weg
Schoolstraat
Leucht-turm
Boomstraat
Wilhelm Barentszkade
De Plaat
Torenstraat
Wilhelm Barentszstr.
Burg. Mentszstr.
Duinweg
VVV (Touristenbüro)
Westerbuurtstraat
Commandeurstraat
Schiffs-anleger
Busbahnhof
0
300 m
Harlingen

stammend, finden sich dort im Sommer zusammen und geben dem Inselhauptort ein farbenfrohes und geradezu romantisches Gepräge (mehr zu den Oldtimern unter Touren). Terschelling besitzt übrigens den einzigen Naturhafen der gesamten Niederlande.

Das alte ***West*** wird elliptisch umrissen von der Willem Barentszkade nach dem Wasser und dem Duinweg nach den Dünen hin. Ziemlich mittendrin erhebt sich der Brandaris, auf den vom Anleger her Terschellings Arterie, die Torenstraat ("Turmstraße") zuführt. Hübsche Häuschen, auch in den Straßen rechts und links. Es gibt aber auch schlimme Stilbrüche (Banken, Supermärkte), vor allem in der Boomstraat. Die winzigen Distanzen machen alles überschaubar, und das im wahrsten Sinne der Wortes: Schlägt man die Trompstraat ein (links vom Brandaris), so ist man in fünf Minuten den Dünenhügel hinaufgegangen und genießt ein großartiges Panorama über den Ort. Unmittelbar dahinter dehnt sich schon fast die totale Wildnis.

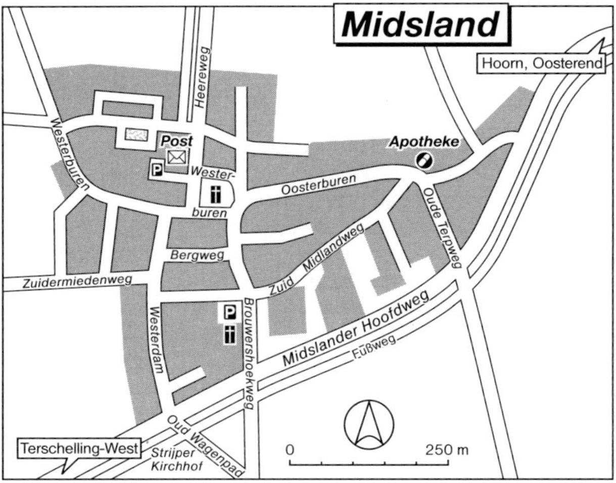

Die Dörfer *West-Terschelling ist das größte Dorf der Insel,* heißt es, vollkommen zutreffend und auf die geringe Ausdehnung des Hauptortes anspielend, in den Broschüren. Die anderen Siedlungen, die sich in nahezu gerader Linie von dort in Richtung Osten die Straße entlang aufreihen, sind noch kleiner: ***Hee, Baaiduinen, Midsland, Striep, Landerum, Formerum, Lies, Hoorn*** und ***Oosterend*** finden selbst auf einer mittleren Hollandkarte keine Erwähnung mehr. Nur Midsland, ein hübscher Ort, hat einen richtigen Dorfkern, Hoorn einige (wenige) eindrucksvolle Bebauung aus alter Zeit. Die anderen Nester setzen sich überwiegend aus verstreut liegenden Gehöften zusammen, die nicht einmal eine Adresse, sondern nur eine Nummer haben; Hee besteht im wesentlichen aus drei Campingplätzen. West aan Zee und Midsland aan Zee sind "Bungalowdörfer", touristische Retortengebilde ohne jeglichen historischen Hintergrund.

Strand und Natur

Noord-vaarder

Auf vielen Terschelling-Karten ist die große Sandplate im Westen, der *Noordvaarder*, immer noch als militärisches Übungs- und Schießgebiet aufgeführt – Betreten strengstens verboten! Doch seit Juli '95 ist dieser Status endgültig aufgehoben worden, das Gelände wieder zugänglich. Die Flieger sind nach Vlieland abgezogen und haben den Krach dort noch um ein paar Dezibel verstärkt. So ganz glücklich ist man in "West" darüber immer noch nicht, denn die Pacht brachte satt Knete in die Gemeindekasse. Aber an die Ruhe hat man sich seither, scheint's, ganz gut gewöhnt, und den Badegästen wird's wohl nur recht sein. Das freigewordene Terrain, unmittelbar westlich des Ortes gelegen, erscheint besonders unberührt; das große Flugzeug hat dort lange den kleinen Menschen ferngehalten.

Strand

Von diesem Areal setzt sich in Richtung Osten ein in seiner Geradlinigkeit unendlich wirkender Strand fort; 30 Kilometer lang ist er in seiner Gesamtheit und bis zu 1 Kilometer breit. Die ausgewiesenen und (im Sommer) zum Teil bewachten ***Badestrände*** mit ihren *Paviljoenen* liegen zwischen Paal 8 und 12; danach folgt, mit kleinen Unterbrechungen bei km 14,5 und 18, nur noch völlige Einsamkeit – 75% der Fläche Terschellings sind sogenanntes *natuurgebied!* (Dort kann man dann auch nackt baden; an den bewachten, also belebten Stränden ist FKK nicht zugelassen.) Die Wege aus dem zivilisierten Süden in den wilden Norden führen entlang muschelbestreuter Pfade, an deren Rändern ausgedehnte Preiselbeergestrüppe stehen – ruhig mal zulangen! (Mehr zu den *Cranberries* weiter unten.) Auch ausgewilderte Äpfel und Birnen haben sich hier angesiedelt; nur zu – reingehauen! Das einzige Insektizid, das diese Früchte gedeihen ließ, ist salzige Nordseeluft; damit kann man leben ...

Bosch-plaat

Ganz im Osten, gut ein Drittel Terschellings einnehmend, liegt die 4.400 Hektar große *Bosch-* oder *Bosplaat*, eines der prachtvollsten **Naturschutzgebiete** der Niederlande und bereits 1970 offiziell zu einem solchen erklärt. Hier fasert die Dünenlandschaft in Sümpfe, Marschen und Salzwiesen aus, und die Wattensee greift mit langen Armen tief in das Gelände. Einer, der *Eerste Slenk*, schneidet fast bis an die nördliche Dünenkette hinüber. In dieser wunderlichen Welt tummeln sich Tausende von Vögeln, vornehmlich mehrere Arten von Möwen und Enten, und selbst Kormorane treten häufig in Erscheinung. Hier sind auch viele der rund 700 heutigen Pflanzenarten der Insel zu finden, darunter die Mehrzahl der elf insularen Orchideenarten. Versteht sich, daß man in diesem kostbaren Biotop nicht wahllos herumstapfen darf. Ein paar Pfade existieren, die strikt einzuhalten sind. Während der Brutzeit von März bis August ist das Gelände völlig gesperrt; es dürfen dann nur fachlich geführte Touren stattfinden. ***Info:*** *Staatsbosbeheer,* Longway 28, West, Tel. 2116.

Sehenswertes

Aussichtspunkt Von der hohen Düne unmittelbar oberhalb des Ortes hat man einen prächtigen Rundblick über "West" und nach der anderen Seite über den Noordvaarder bis Vlieland. Unvergleichlich der Blick auf die Dünenkette im Nordosten. Wenn die Sonne im richtigen Winkel steht, scheinen sich dort schneebedeckte Bergkuppen zu erheben!

Die aufgestellten Münzferngläser funktionieren nicht immer und schlucken nur die Münzen. Also am besten gar nicht erst versuchen.

Bojenhof In einem großen Areal im Ostteil des Hafens stapeln sich zu Dutzenden alte und neue Seezeichen in den buntesten Farben – ein Festschmaus für den Fotografen. *Verboden Toegang* steht zwar am Tor, aber wenn man nett fragt, wird man ohne weiteres eingelassen. An Wochenenden, wenn niemand da ist, geht man einfach rein.

Brandaris *Tot waerschouwinge aller seevarende die God behoede,* steht in altem Niederländisch auf einer Gedenktafel am heutigen ***Leuchtturm*** mitten in West-Terschelling zu lesen: *Zur Wahrschau aller Seefahrer, die Gott behüte* - zu deren Warnung also, um den Spruch vom Seemannsdeutschen noch einen Schritt weiter zu übersetzen. "Wahrschau" ist mal wieder solch ein aus dem Holländischen stammendes Wort, das von der deutschen (Seemanns)-Sprache übernommen wurde.

Schon anno 1323 kam man überein, auf dem Eiland ein "Feuerhaus" zu bauen, um die Ansteuerung der Häfen auf den Inseln und der engen Durchfahrten in die *Zuiderzee* zu erleichtern. Der erste Turm von *Sinte Brandarius,* auf der Westhuk der Insel errichtet, überstand weit über zwei Jahrhunderte. 1559, nachdem der Inselkern sich ständig verlagert und der Weststrand vollends an Substanz verloren hatte, geriet er jedoch ins Wanken, 1593 stürzte er endgültig zusammen. Doch bereits ein Jahr später erhob sich der neue Leuchtturm ein gutes Stück weiter östlich: eine stabile, nicht unbedingt schöne, aber schon von ihrer klobigen Linienführung her verläßlich erscheinende Zweckkonstruktion, die heute, Wahrzeichen Terschellings, das Zentrum des Inselhauptortes überragt. Zahlreiche Veränderungen wurden in der Folgezeit vorgenommen, insbesondere, wie anders, Anpassungen an mo-

derne Errungenschaften, von hochkerzigen Scheinwerfern - die Prismen aus dem Jahre 1907 tun immer noch Dienst - bis zur permanent eiernden Radarantenne, ein paar Lenze jünger.

Es sind eben diese Neuerungen, die in faszinierendem Kontrast zu dem alten Turm stehen. Ein mächtiges Lichtkreuz bewegt sich des Nachts über Terschelling und die See hin, zutiefst beeindruckend vor allem, wenn es nebelt. Nur manchen Wirtsleuten sollte man vielleicht schon am Nachmittag sagen, daß Vorhänge gegen die Lichtflut doch eine nette Geste wären ...

Der Brandaris steht bis auf weiteres nicht zur Besichtigung frei. Eines Tages wird sich die Gemeindeverwaltung von Terschelling aber bestimmt auf diese gewinnträchtige Einnahmequelle besinnen.

Dodemanskisten

Früher wurden in den Dünen etwas nordöstlich des Ortes die Leichen unbekannter Seefahrer begraben, die am Strand antrieben. Von einem wie immer gearteten Friedhof ist nichts mehr zu sehen; statt dessen erstreckt sich dort eine hübsche ***Parklandschaft*** mit Teichen, deren Stechmücken im Spätsommer pfeilgerade die Touristenquartiere zu finden wissen.

Fischereimuseum Aike van Stien

Dieses gemütliche kleine Haus, gleich hinter dem Büro der VVV gelegen, gibt anhand von Dias, alten Fotos und diversen Gebrauchsgegenständen einen Einblick in das Terschellinger Fischereiwesen vom letzten Jahrhundert bis etwa 1950. Die Ausstellung ist interessant, aber nicht überwältigend. Raadhuisstraat 4, West; ***Öffnungszeiten:*** täglich (außer an Sonn- und Feiertagen) von 9 bis 12.30 und 14 bis 18 Uhr; ***Eintritt:*** frei.

Imkereien

In Landerum gibt es *De Honingkoning* (Der Honigkönig) und in Lies *De Bijenworf* (Die Bienenwarft). Beide erheben Eintrittspreise von *ƒ* 3,50 bzw. *ƒ* 5, nur um einem etwas zu verkaufen, das sich “Imkerhonig” nennt. Für diese Beträge kann man anderorten schon einen ansehnlichen Honigtopf erstehen.

Museum 't Behouden Huys

Dieses Museum, gelegen in der Commandeurstraat 32 in West, muß man besucht haben, um sich über Terschellings ***Geschichte*** zu informieren. Die Ausstellungsräume sind auf zwei nebeneinanderstehende ***Commandeurshäuser*** aus dem 17. Jahrhundert verteilt und sehr stilgerecht und geschmackvoll gehalten.

Viel wird hergemacht von dem Nordmeerreisenden *Willem Barents,* einem gebürtigen Terschellinger, und dessen Expedition im Jahr 1596 und Überwinterung auf Nowaja Semlja zum Folgejahr. Gewiß mit Recht, denn die Entdeckungen des berühmten Seefahrers brachten den Niederländern großen Reichtum durch die erstmalige Erschließung der dortigen See- und Küstengebiete mit ihrem unglaublichen Überfluß an mariner Fauna. Heute ist der Wal fast ausgerottet, der Fisch immer rarer geworden (beides durch kräftigstes Mittun der Holländer) und *Barents* Winterquartier radioaktiv verseucht (Werk der Russen). Interessant ist es schon, mittels der Exponate einen Einblick in die damalige heile Natur zu erlangen und den Wunsch in sich aufkeimen zu spüren, daß sich alles dorthin zurückfügen möge.

Sehenswert auch einige (leider recht wenige) Ausstellungsstücke von der *Lutine* (siehe Exkurs).

Öffnungszeiten: den größten Teil des Jahres Mo-Fr von 10 bis 17 und Sa-So von 13 bis 17 Uhr, ***Eintritt:*** Erw. *ƒ* 5, Kinder und Senioren *ƒ* 3,50.

Naturzentrum

Im *Centrum voor Natuur en Landschap* (Reedekerstraat 11, West) veranstaltet man Vorführungen über alles, was auf Terschelling blüht, wächst und gedeiht. In mehreren Aquarien läßt sich auch Nordseefauna und -flora bewundern. Vielleicht weil man immer wieder nachlesen kann, daß das größte Aquarium 40.000 Liter faßt, während sein Inhalt eher kleingeschrieben erscheint, nimmt das Naturmuseum auf der Liste der Terschellinger Sehenswürdigkeiten einen vergleichsweise untergeordneten Rang ein. Oder sollte es daran liegen, daß man recht unverhältnismäßige Eintrittspreise verlangt?

Öffnungszeiten: täglich außer an Sonn- und Feiertagen von 9 (ab Herbst 10) bis 12.30 und 14 bis 18 Uhr; ab Herbst Mi nachmittags geschlossen. Eintritt: *ƒ* 7,50, Kinder und Senioren *ƒ* 5.

Strieper Kirchhof

Einen Friedhof kann man nicht gerade eine touristische Sehenswürdigkeit nennen. Aber dieser, am westlichen Ortseingang von Midsland gelegen, ist es schon. Gegen das Jahr 900 stand hier wahrscheinlich bereits Terschellings erste Kapelle, ein dem Heiligen Martin gewidmeter Holzbau, der im 11. Jahrhundert von einer steinernen Kirche abgelöst wurde. Von den alten Gotteshäusern ist nichts mehr übrig, aber Grabsteine aus vergangenen Jahrhunderten stehen immer noch da, krumm und schief und verwittert und – zumindest zu nächtlicher Stunde – ein bißchen gruselig anzusehen.

Wrack-museum De Boerderij

Zuid 13, Formerum. Schon am Eingang wird man von modern aussehenden Schiffsgeschützen empfangen. "1A Kruppstahl, keine Spur von Rost", lobt sie der fließend deutsch sprechende *Hille van Dieren,* der zusammen mit seinem Tauchteam *Ecuador* dieses originelle Museum eingerichtet hat. Die genannten Kanonen stammen von Torpedobooten der Kaiserlichen Marine, die im 1. Weltkrieg vor Terschelling vom Schicksal ereilt wurden. Drinnen reiht sich allerhand Wunderliches aneinander, vieles weitere davon deutsch. So gelang es *Hilles* Ecuadorianern in 20jähriger Arbeit, kistenweise Stückgut aus den Laderäumen des Levante-Dampfers *Thasos* zutage zu fördern, der im Jahre 1895 weit draußen auf offener See unterging. Die Exponate der *Thasos,* mit Einschluß feiner Porzellane in bester Erhaltung, geben einen faszinierenden Einblick in die Produktpalette der deutschen Manufaktur vor der Wende ins 20. Jahrhundert: Sogar Nachttöpfe für den Nahen Osten sind dabei.

Öffnungszeiten: vom 1.5. bis 15.10. (Variationen möglich) täglich von 10 bis 17 Uhr. In einem angegliederten ***Café,*** in dem sich vor allem Gäste des angeschlossenen riesigen Zeltplatzes *Appelhof* (s. u.) tummeln, kann man sich stärken; deshalb ist der ***Eintritt*** in das Museum (bis auf weiteres) frei.

Aus der Lutine geborgene Kanone

Die Sache mit den Preiselbeeren

Moosbeeren heißen sie auch, oder Kronsbeeren, auf englisch *cranberries;* die Insulaner haben dieses Wort übernommen. An allen Ecken und Enden raunt es von ihnen; sie sind die Spezialität der Insel Terschelling.

An und für sich hat es mit Preiselbeeren nichts Besonderes auf sich. Es gibt sie in allen nördlichen Ländern; in Skandinavien findet man sie genauso wie im fernen Sibirien. Wenn man auf Terschelling soviel Aufhebens um sie macht, so ist das, weil es sich um eine Unterart handelt, die sonst nur in Amerika vorkommt. Botaniker und Biologen zerbrachen sich lange die Köpfe, warum zum Teufel dieses zu den Erikaheiden zählende Gewächs ausgerechnet auf Terschelling gedeiht, wo es heute ganze Areale bildet, während es sonst nirgendwo in der Alten Welt in Erscheinung tritt.

Zu Hilfe bei der Bestimmung des "Einwanderungsdatums" kam ihnen eine Serie von Sturmfluten in den Jahren 1825-30, die das gesamte Eiland überschwemmten und die süßwasserabhängige Vegetation zur Gänze zerstörten. Als die Pflanzenwelt allmählich wieder gesundete, war plötzlich auch die mysteriöse Beere dabei ... Der Verdacht der Wissenschaftler richtete sich auf ein Faß, das ein *Strandjutter* namens *Pieter Sipkes Cupido* gegen 1839 aus der Brandung gefischt hatte und das wahrscheinlich mit Preiselbeermus gefüllt war, das die Vereinigten Staaten, wo damals schon große Plantagen mit *Oxycoccus macrocarpus* existierten, zur Skorbutprophylaxe in Mengen nach England exportierten. Der unbedarfte Fischer, spekulierten sie, hatte das Faß in Erwartung von Wein oder anderen leckeren Verheißungen geöffnet und war auf die saure Matsche gestoßen, mit der er nichts anzufangen wußte und die er deshalb verärgert in die Dünen schüttete. Von dort aus verbreitete sich das zähe Saatgut dann in alle Richtungen.

Ob diese Geschichte nun wahr ist oder nicht: Dem möglichen Finder zu Ehren heißen die Beeren heute noch auf Terschelling *Pieter-Sipkesbeien,* und es wird ein wahrer Kult mit ihnen getrieben. Man fertigt Marmeladen, Gelees, Torten und sogar Wein aus ihnen, gibt sie der Eiskrem bei und reicht sie zu Fleischgerichten, die (ausnahmsweise) mal eine Eins verdienen. Nicht nur sind die kleinen Nachkommen der Schiffbrüchigen überaus potente Vitamin- und Mineralstofflieferanten. Bei den Beeren kann man auch sicher sein, daß man ihnen nicht wie anderen holländischen Produkten den Geschmack abgezüchtet und sie mit der Giftspritze vergewaltigt hat.

Terschellings Cranberry-Zentrum ist die *Skylge BV* in Formerum. Den Weg dahin und den Eintritt von *f* 1,50 kann man sich allerdings sparen. Die Beeren wachsen auch wild, und in der Fabrik werden einem ohnehin nur Erzeugnisse angedient, die es auch in anderen Shops gibt.

Insel-Info

Vorwahl: 05624-4 (ganze Insel).

Auskunft

● ***VVV Terschelling,*** Willem Barentszkade 19a, 8881 AA Terschelling-West. Tel. 3000, Fax 2875. Offen ganzjährig Mo-Sa während normaler Bürostunden. Lage: direkt gegenüber (etwas rechts) der Anlegestelle, siehe Ortsplan.
● Die ***Quartierliste*** (teilweise deutsch) von Terschelling kostet *f* 6,50.

Fortbewegung

Terschelling läßt ***Autos*** zu, obwohl man gerade auf dieser Insel sehr gut ohne sie auskommen könnte. Vom Anleger bis Oosterend verkehren stündlich ***Busse.*** Entlang dieser annähernd geraden Linie werden alle Inseldörfer "mitgenommen". Von Mai bis November schlägt die Linie 121 von Midsland einen separaten Haken nach den Bungalowdörfern West aan Zee und Midsland aan Zee. Praktisch alle Quartiere sind tagsüber per Bus erreichbar. Während der Ferien und samstags verkehrt ein weiterer Nachtbus von 21 bis 2 Uhr. Auf ein ***Inseltaxi*** *(Waddenexpress)* für *f* 50 pro Person läßt sich daher wohl meistens verzichten. Preislich günstig ist die von der VVV zu beziehende *strippenkaart.*

Auf ***Radtouren*** kann man dem Hauptverkehrsweg völlig fernbleiben. Das Radwegenetz mit einer Gesamtlänge von 60 km beginnt wiederum in "West", durchbändert den gesamten Mittelteil der Insel und endet bei Paal 20 an der Nordküste. ***Mieträder*** sind im Hauptort und in allen Inseldörfern erhältlich.

Das ***Fußwegenetz*** entspricht weitgehend dem der Radwege, ist darüber hinaus, von den kilometerlangen Stränden einmal abgesehen, aber mindestens doppelt so ausgedehnt. Frisch drauflos! Man kann den ganzen Tag lang wandern - stets der Nase nach - und wird (vor Sonnenuntergang) immer noch einen Bus finden, der einen heimschafft, sofern man wieder Terschellings zentrale Achse West - Oosterend erreicht.

Unterkunft

Hotels/ Pensionen

Die Liste beginnt mit dem *Hotel Schylge* (Tel. 2111, Fax 2800), das den gleichen Betreibern gehört wie das *Seeduyn* auf Vlieland und mit allen Vor- und Nachteilen in etwa die gleichen Konditionen bietet, mit seinen vier Sternen ergo nicht ganz billig ist. Es gibt noch ein paar weitere **Hotels** *(Europa, Nap, Paal 8, Thalassa, Zee en Wind),* die ziemlich annehmbare Preise haben und die am besten über Pauschalarrangements der VVV gebucht werden sollten. Typischer für Terschelling sind jedoch relativ billige ***Pensionen,*** die der gleichen Sparte angehören. Da gibt es Etablissements wie der *kamerverhuurbedrijf Cyprian* (Torenstraat 44, West; Tel 3702), mitten in der Terschellinger Aktionszone gelegen und mit ganzjährigen *f* 32,50 ÜF konkurrenzlos billig. (Dazu nette junge Wirtsleute. Einziger Pferdefuß: In den Türen saßen lichtdurchlässige Milchglasscheiben, die schlaflose Nächte fast garantierten. Ich verhängte sie mit Klamotten an Schnürsenkeln, Problem gelöst.) Die Preise der meisten anderen Pensionen liegen um *f* 40 ÜF, kleinere Hotels um 60-70.

Bungalows Fewos Appartements

Man wünscht sich hier die übersichtlichen Staffelungen Texels und Vlielands. denn die ganze ***Liste*** hindurch heißt es immer nur "von min. ... bis max. ..." - und das bei Preisen, die über das Jahr hinweg um das Zweieinhalbfache variieren. Zwar geht dieser Kategorie von Herbergen im Katalog eine komplexe saisonale Aufschlüsselung voraus, aber was alles genau zwischen min. und max. liegt, ist nicht ersehbar.

Am besten, man sucht sich anhand der zahllosen Abbildungen zunächst ein paar Bleiben heraus, die einem zusagen. Es geht da querbeet: Wunderschöne alte Holländer- und Bauernhäuser wechseln ab mit neuniederländischem, sehr biederem Meier; auch Gelsenkirchen läßt grüßen. Alsdann wendet man sich per Telefon oder Fax an die Vermieter, nennt das gewünschte Anreisedatum und läßt sich die dafür gültigen Preise durchgeben. Das kann man auch über die VVV arrangieren lassen, nur daß dann eine Gebühr berechnet wird, die, wie im Vorspann vermerkt, gar nicht so niedrig ist. Die Terschellinger Listen weisen relativ wenig Kleingedrucktes auf; trotzdem sollte man unbedingt die Standardfragen bezüglich der Nebenkosten stellen.

Unterkünfte dieser Kategorie gibt es bereits ab *f* 275/Woche für 4 Personen in der billigsten Saison (*Doekelsôn,* Hoorn, Tel. 8588, ein hübsches Anwesen).

Gruppenunterkünfte

Das ***System*** ist das gleiche wie auf Texel, siehe dort.

- *Bos en Duinzicht:* Dorreveldweg 12, 8891 HN Midsland, Tel. 8999. Bauernhof, 50 Betten. Nicht ganzjährig offen. Gruppenpreis (Ü): *f* 12,50 pro Pers., Einzelreisende *f* 15.
- *Dellewal:* Burg. van Heusdenweg 10, 8881 EB West, Tel. 2602. 60 Betten. Offen 1.3.-1.11. Basistarif (Ü) *f* 495 pro Nacht für bis zu 45 Personen, darüber *f* 11 pro Person.
- *De Boei (Doeksen):* Nr. 49, 8897 HK Oosterend, Tel. 8878. 13 Betten auf 4 Zimmern. Ganzjährig offen. Ab *f* 20 Ü.
- *De Reddingbootschuur (Doeksen):* Nr. 49, 8897 HX Oosterend, Tel. 8878. 34 Betten. Ganzjährig offen. Ab *f* 420 Ü für bis zu 21 Personen.
- *De Tros (Doeksen):* Nr. 49, 8897 Oosterend, Tel. 8878. 16 Betten auf 4 Zimmern. Ganzjährig offen. Ab *f* 25 Ü.
- *De Vaerderij:* Nr. 40, 8895 KT Lies, Tel. 9089. 10 DZ. Ganzjährig offen. Ü pro Person im DZ: *f* 45.
- *De Wierschuur:* Nr. 28, 8897 HX Oosterend, Tel. 8802. 70 Betten, uriger alter Bauernhof. Offen 15.4.-15.10. Gruppen: *f* 8 (in Worten: acht) Ü, aber nur für komplette Belegungen.
- *Heit:* Nr. 30-32, 8893 GZ Landerum, Tel. 8477. 28 Betten. Ganzjährig offen. Gruppen: *f* 11 Ü, 18 ÜF, 30 VP.
- *Het Anker (Doeksen):* Nr. 49, 8897 HX Oosterend, Tel. 8878. 62 Betten. Ganzjährig offen. Ab *f* 350 Ü für bis zu 16 Personen.
- *Jonge Jan:* Nr. 79, 8894 KC Formerum, Tel. 8461. Bauernhof, 60 Betten. Ganzjährig offen. Gruppen: *f* 11,75 Ü, 27,25 VP. Einzelreisende (nur 1.11.-1.3.) *f* 13,25.
- *Jort van Gossen:* Nr. 4, 8894 KE Formerum, Tel. 8562. Bauernhof, 56 Betten. Ganzjährig offen. Gruppen (Ü): *f* 11.
- *Schylgeralân:* Dorpsstraat 71, 8896 JB Hoorn, Tel. 8954. 95 Betten. Nicht ganzjährig offen. Vornehmlich für Schulklassen. *f* 30,50-48,50 für 24 Std.
- *Vesta:* Nr. 77, 8894 KC Formerum, Tel. 8587. Bauernhof, 25 Betten. Ganzjährig offen. Gruppen (Ü): Ab *f* 11.

Jugendherberge

● *NJHC Terschelling,* Burg. van Heusdenweg 39, 8881 EE Terschelling West, Tel. 2338, Fax 3312. 142 Betten, ganzjährig für Gruppen geöffnet, für Einzelreisende jedoch nur vom 1.11. bis 1.4., und selbst dann lediglich auf Anfrage. Am östlichen Ortsausgang einsam gelegen, mit eigenem "Hausstrand", deshalb "4 Sterne". ÜF ab *f* 24,50, VP ab *f* 49.

Camping

Terschelling hat nicht weniger als 17 Campingplätze (Lage siehe Karte). Die im Vorspann unter *Camping* aufgeführten ***Richtpreise*** orientieren sich überwiegend an Terschelling und sind somit für die genannten Plätze grundsätzlich maßgebend. Der Vermerk "nicht ganzjährig offen" bezieht sich auf eine nicht fest datierte Winterpause.

● *Appelhof:* Zuid 12a, 8894 KH Formerum, Tel. 8699. 565 Stellplätze (überwiegend Zelte). Nicht ganzjährig offen.

● *Cnossen:* Hoofdweg 8, 8881 HA West, Tel. 2321. 600 Stellplätze (Zelte/Wohnwagen). Ganzjährig offen.

● *Cupido:* Hee 8, 8882 HC Hee, Tel. 2219. 700 Stellplätze (Zelte/Wohnwagen). Ganzjährig offen.

● *De Duinkant:* Oosterend 65, 8897 HX Oosterend, Tel. 8917. 118 Stellplätze (Zelte/Wohnwagen). Offen vom 1.4. bis 1.11.

● *Dellewal:* Burg. van Heusdenweg 10, 8881 EB West, Tel. 2602. 200 Stellplätze (Zelte/Wohnwagen). Offen vom 1.3. bis 1.11.

● *De Kooi:* Hee 9, 8882 HC Hee, Tel. 2743. 700 Stellplätze (nur Zelte). Ganzjährig offen.

● *Dennedune:* Dorpsstraat 89, 8896 JD Hoorn, Tel. 8196. 72 Stellplätze (nur Zelte). Offen von Ende April bis 1.10.

● *De Riesen:* Hee 7a, 8882 HC Hee, Tel. 2948. 265 Stellplätze (Zelte/Wohnwagen). Ganzjährig offen.

Terschelling

●*Haantjes:* Koksbosweg 4, 8894 KK Formerum Noord, Tel. 8883. 244 Stellplätze (Zelte/Wohnwagen). Ganzjährig offen.
●*Hekkeland:* Molkenbosweg 57, 8894 KC Formerum, Tel. 8606. 248 Stellplätze (überwiegend Wohnwagen). Offen 1.4. bis zum letzten Sa der Herbstferien.
●*Landzicht:* Hoofdweg 10, 8881 HA West, Tel. 2023. 300 Stellplätze (Zelte/Wohnwagen). Ganzjährig offen.
●*Mast:* Formerum-Noord 33, 8894 KB Formerum, Tel. 8882. 516 Stellplätze (Zelte/Wohnwagen). Ganzjährig offen.
●*Nieuw Formerum:* Formerum-Noord 13, 8894 KA Formerum, Tel. 8977. 1.000 Stellplätze (Zelte/Wohnwagen). Offen 1.4.-1.10. (1995).
●*Suudduunt:* Kooiweg 4, 8896 JE Hoorn, Tel. 8843. 35 Stellplätze (Zelte/Wohnwagen). Nur Personengebühr (*f* 4,50, auch Kinder).
●*Terpstra:* Oosterburen 81, 8891 GB Midsland, Tel. 9091. 450 Stellplätze (nur Zelte, Jugendcamp). Offen vom 1.5. bis 25.10.
●*Tjermelân:* Oosterend 2, 8897 HZ Oosterend, Tel. 8981. 400 Stellplätze (nur Zelte plus Chalets). Ganzjährig offen.
●*'t Wantij:* Oosterend 41, 8897 HX Oosterend, Tel. 8522. 85 Stellplätze (Zelte/Wohnwagen). Nicht ganzjährig offen.

Mobilheime

●Über die VVV-Zentrale oder einzelne Vermieter können ***Standcaravans*** auf verschiedenen Campingplätzen reserviert werden, die zwischen 4 und 6 Personen aufnehmen. Preise von *f* 250 bis *f* 650 pro Woche, also durchaus nicht ungünstig. Aber unbedingt nach Nebenkosten fragen!

Gastronomie

●*De Chinese Muur:* Raadhuisstraat 3-5 (hinter der VVV). Preiswerte chinesische und indische Küche. Offen täglich ab 11 Uhr.
●*De Schoener:* De Ruyterstraat 3 (im Hotel Oepkes). Spezialitäten sind Fisch und vegetarische Gerichte.
●*Kaatje Klerk:* Oosterburen 42, Midsland. Ruhige, ländliche Atmosphäre. Offen ab 17.30 Uhr. So und Mo geschlossen.
●*La Grotta:* Osterburen 30, Midsland. "Terschellings Italiener", aber nicht nur Pizzen gibt's da. *Crema di Pomodoro, Scaloppina al Funghi* und *Gelato al Pistacchio* wird für *f* 22,50 gereicht.
●*Nap:* Im gleichnamigen Hotel am Fuß des Brandaris. Breite Auswahl von Fleisch- und Fischgerichten. Typischer Preis für ein rundes Menü: *f* 29,75. Sa ab 18 Uhr live Musik der Terschellinger *Dixieland Society.*

● *Paal Acht:* Badweg 4, West aan Zee. Gemütliches Restaurant mit Bar, unmittelbar am Nordseestrand gelegen. So Brunch mit Musikbegleitung.
● *'t Golfje:* Heereweg 22a, Midsland. Gutbürgerlich. Beispiel: Suppe, Lamm mit Kartoffelkroketten, Joghurt: *f* 25,50. Offen ab 13 Uhr, Mo geschlossen.
● *Tjermelân:* Oosterend 2 (am gleichnamigen Campingplatz). Guter Wert fürs Geld: ein typisches Menü aus Vorsuppe, Hauptgang und Nachtisch kostet *f* 19,50.
● *Wigwam:* Boomstraat 39, West. Huhn vom Grill, Fleisch- und Fischgerichte, Pfannkuchen.
● *Zeezicht:* W. Barentszkade 20, West. Spezialität: Wöchentlich wechselnde nationale Küchen. Da kann man leicht mal an die richtige geraten. Nett aufgemacht, sogar mit dem jeweiligen kulinarisch-historischen Hintergrund. Typisches Dreigangmenü: *f* 34,50. Im April Mi geschl.
● Außerdem jede Menge Snackbars, Cafés, Bäckereien usw. in allen Ortschaften.

Sport

Angeln

● Auf ***See*** Mo, Di, Do und Fr mit der *Oene van Oene.* Halber Tag Erw. *f* 12,50, Kinder 10; ganzer Tag *f* 25 bzw. *f* 20. Info: Tel. 3362.
● Bei gutem Wetter fährt auch die *Petra* (Einzelheiten unter Touren) auf dreieinhalbstündige ***Angelfahrten*** hinaus. Kostenpunkt: *f* 15, Kinder *f* 10.
● Vom ***Strand*** aus darf an beiden Küsten nur außerhalb des Bosplaatbereichs (d. h. westlich von Paal 19) geangelt werden.

Reiten

● Zahlreiche ***Reitställe*** befinden sich in den Dörfern Formerum, Hee, Hoorn, Landerum, Lies und Striep. Einfach mal unter *Paardenverhuur* im Programmblatt *De Sjouw* checken und vorbeischauen oder anrufen.

Seekajak

Terschelling

Schwimmen

●*Zwemparadijs de Dobe,* Sportlaan 5, West. Offen von morgens bis max. 21.30 Uhr. Eintritt: Erw. *f* 7,50, Kinder *f* 6,50. Nach 15.30 Uhr wird es billiger: *f* 6,50 bzw. *f* 5,50.

Segeln

●Mi und Sa mit der *Oene van Oene.* Ganzer Tag Erw. *f* 25, Kinder *f* 20. "Im Preis sind Instruktion und eine Tasse Kaffee inbegriffen" - was wollte man mehr? Info: Tel. 3362.

Strand-segeln

- Terschelling ist internationales Zentrum für diese Sportart; alljährlich werden dort die Weltmeisterschaften ausgetragen. Die Saison ist vom 1.11. bis 1.4. Wer diesen Sausesport erlernen will, ist mit *f* 55 pro Stunde dabei. Info: *Beausi,* Tel. 8055, Fax 9497.

Tennis

- Die Bahnen befinden sich gegenüber dem Schwimmbad. Offen täglich ab 9 Uhr; besser mindestens am Vortag reservieren: Tel. 2409. Preis per Bahn: *f* 10 pro halbe Stunde, unabhängig von der Anzahl der Spieler.

Wind-surfen

- Zwischen Paal 9 und 10 bei West aan Zee. Boards kann man dort auch ***leihen.***
- Geschütztere Verhältnisse finden Windsurfer auf der *Plaat* SO vom Hauptort; Basis ist Dellewal in der Nähe des Yachthafens.

Unterhaltung

Tanzen

- *Bar dancing De Braskoer:* Torenstraat 32, West. Offen täglich ab 10 Uhr
- *OKA 18 (Disco):* Molenstraat 17, West. Offen täglich von 14 bis 2 Uhr.
- *Bar dancing Wyb:* Oosterburen 11, Midsland.
- *Kroeg de stoep:* Oosterburen 5, Midsland. Offen täglich von 15 bis 2 Uhr, Mo geschlossen.
- Außerdem häufige Konzerte, Sing-ins und Volkstanzaufführungen, vornehmlich auf den Dörfern. ***Information*** in *De Sjouw.*

Feste/ Veranstal-tungen

- *Burebier:* Eine Art Neujahrssause. In allen Dörfern (zu verschiedenen Daten) im Januar.
- *Oerolfeest:* Großes, 9tägiges Straßen- und Strandfest in der 2. Juniwoche.
- *St. Jansvierung:* Kirmes, am 25. Juni in Midsland.
- *Sinterklaasfeest:* Nikolaustag, am 5. Dezember in Midsland und Hoorn.

Zeitungen Pro-gramm-über-sichten

- *De Sjouw:* zweiwöchentlich im Sommer, niederl.
- *De Terschellinger:* wöchentl., lokale Nachrichten, niederl.
- *Kabel-TV (Kanal 64):* 24 Std. am Tag, niederl., zum Teil deutsch.
- *Schylge myn Lantse:* monatlich, friesisch.
- *Terschelling Magazine:* vierteljährlich, niederl.

Touren

Bus-rundfahrt ●Jeden Donnerstag in der Saison kann man an einer Busrundfahrt durch die Insel teilnehmen. Abfahrt 14 Uhr vom Hafenplatz, Dauer 2,5 Stunden. Karten erhältlich bei der VVV, *f* 10 pro Nase.

Führungen ●***Naturführungen,*** zum Teil zu Fuß, zum Teil mit der *fiets,* werden von Frühjahr bis Herbst fast täglich angeboten. In den Wald geht's, zu Vogelkolonien und in die Dünen: *f* 5 für Erwachsene, die Hälfte für die Kleinen. Auch eine ***historische Ortsführung*** ist bestimmt interessant. Gutes Niederländisch ist in allen Fällen praktisch, doch Fragen können auch auf Deutsch gestellt werden. *Kaartjes* bei der VVV.

Oldtimer-touren ●Die im Terschellinger Hafen liegenden prächtigen Oldtimer der *Braunen Flotte* sind ausnahmslos ***Charterschiffe.*** Sie werden überwiegend von deutschen Schulklassen und Jugendverbänden gebucht und machen ***mehrtägige bis -wöchige Segeltouren*** in die Wattensee und bis ins Ijsselmeer. Auf diesen Törns werden maximal etwa 30, im Durchschnitt um 20 Personen mitgeführt; die Charter-

Die "Braune Flotte"

kosten liegen dann je nach Schiffstyp zwischen ca. 3.000 und 8.000 Gulden pro Woche. Auf den Kopf umgerechnet also gar nicht so teuer, zumal die Unterbringung natürlich im Preis enthalten ist. Die Verpflegung jedoch nicht. Den Proviant muß man selbst besorgen und dann in den - vorzüglich ausgerüsteten - Kombüsen auch selbst zubereiten. Die deutschen Wattenfahrer handhaben das Problem auf ihre Art: Ganze Einkaufswagen voller Schokoladeneier, Eiskrem, Dosenbier und Zigaretten sieht man sie oft an Bord rollen. "In der *Waddenzee* wird gewöhnlich keiner seekrank", vertraute mir ein schmunzelnder Skipper an. "Aber davon schon."

- Auf ***Tagestouren*** nehmen die Fahrzeuge bis zu 50 Personen mit; nichts für Einzelanreisende also.
- Die ***Gruppenbuchungen*** werden in der Regel schon von Deutschland aus getätigt; ganze Vereine und Delegationen reisen dann im Bus in Harlingen an, setzen nach Terschelling über und gehen dort an Bord. Die ***Charterunternehmen*** annoncieren in Segel- und Lehrerjournalen.
- Billiger geht's auf ***kleineren Schiffen***. Mal im Fischereimuseum nach der *Aike van Piet* fragen.

Seehundbänke

- Mi und Sa (bei gutem Wetter) kann man mit der *Oene van Oene* eine Segeltour zu den Seehundbänken unternehmen. Preis: Erw. *f* 15, Kinder *f* 10. Info: Tel. 3362.

Touren mit Pferdekutschen

- Im Sommer täglich um 9.30 Uhr ab Hoorn zur Boschplate (Tour 1, Erw. *f* 20, Kinder 12,50) oder weiter zum Amelander Gatt (Tour 2, *f* 25 bzw. 15; *gratis koffie in de picknickpauze!*). Reservierungen erwünscht: *Rients Terpstra,* Dorpsstraat 20, Hoorn, Tel. 8837.

Touren nach Ameland

- Sporadisch an Wochenenden während der Sommersaison. Tagfüllende, gut 12stündige Touren; es geht früh los und nach 21 Uhr zurück. Einfache Fahrt Erw. *f* 27,50, Kinder *f* 15; hin und zurück *f* 37,50 bzw. *f* 20. Weiterfahrt nach Schiermonnikoog manchmal möglich. Auch Touren nach Texel. Auskunft: Tabakladen *Sijpie,* Torenstraat 14, West. Tel. 2384.

Touren nach Vlieland

- Siehe nachstehend, Fährverbindungen.
- Außerdem tuckert die *Petra* an Sommertagen mit gutem Wetter um 9 Uhr auf einer "Wattenfahrt" dort hinüber und kehrt um 17 Uhr ab Vlieland zurück. Kostenpunkt: *f* 20, Kinder *f* 15. Auskunft: *Sijpie,* s. o.

Wattwanderungen

- Häufig im Sommer und während der Ferien. *Waddenwinkel,* Dorpsstraat 18a, Hoorn.

Fährverbindungen

Information ●Reederei *Doeksen;* Einzelheiten unter Vlieland.

Fährhafen ●Abfahrtshafen auf dem Festland ist ***Harlingen.*** Siehe unter Vlieland, Fährverbindungen.

Autofähre ●***Fahrzeit*** ca. 1 Std. 45 Min. Rechtzeitige (am besten mehrere Wochen im voraus) ***Anmeldung des Autos*** erforderlich.

●***Sommerfahrplan*** vom 1.5. bis 30.9.

	Harlingen	Terschelling
Mo	10.05	07.00
Di-So	10.05	07.30
täglich	15.05	12.35
täglich	19.50	17.35

●***Winterfahrplan*** vom 1.10. bis 30.4.

	Harlingen	Terschelling
täglich, nicht am 1.11.	10.05	07.00
Mo-Sa und einige So	15.05	12.35
Di, Fr, So; nicht am 31.12.	19.50	17.35

Katamaran (Schnelldienst) ●***Nur Passagiere, Fahrzeit*** ca. 45 Min.
●***Sommerfahrplan*** vom 1.5. bis 30.9.

	Harlingen	Terschelling
Mo	08.00*	06.45
Di-So	09.10*	08.00
täglich	12.35	10.35*
Fr	15.50	14.50
täglich	18.10	17.00

*) via Vlieland

●Zudem häufige ***Sonderfahrten*** beider Fähren während der Ferien und an Feiertagen. Alle ***Tarife*** sind die gleichen wie nach Vlieland; siehe dort.

●***Winterfahrplan vom 6.11. bis 30.4.***

Mo, via Vlieland	08.00	06.45
Di-Sa	12.10 tägl.	10.00
So-Mo, via Vlieland	10.45	
Fr	16.00	15.00
täglich; Mo, Mi, Do, Sa via Vlieland	18.10	17.00

●Außerdem besteht eine ***Schnelldienstverbindung*** (mit demselben Boot) zwischen Terschelling und ***Vlieland***: im Sommer täglich um 10.35 und 19.00 Uhr, im Winter Mo und So um 10.45 Uhr ab Terschelling; zurück siehe Vlieland. Fahrzeit: ca. 15 Minuten. Tarife wie Vlieland, s. dort.

Anreise mit dem eigenen Boot

- West-Terschellings ***Yachthafen*** liegt am oberen Ende eines langen Schlauchs, der sich am Ort und den Anlegern mit den Oldtimern entlangzieht und zur Wattenseite hin durch einen Steindamm geschützt ist. Trotzdem ist das Bassin recht exponiert und vor allem bei südlichen Winden ungemütlich. Maximal 3 Tage darf man liegen. Anmeldung beim ***Hafenmeister*** (Tel. 3337, UKW-Kanal 4); das Büro ist an der Oldtimerpier.

Ameland

- der verletzliche Diamant

Geschichte

Name und frühe Geschichte

Wenn in bezug auf die westlich von Ameland liegenden Inseln zuvor gesagt wurde, daß diese einen besonders wichtigen Rang in der Geschichte der Niederlande eingenommen hatten, so sollen die Verdienste Amelands insofern nicht geschmälert werden. Nur nahmen die Geschicke dieser Insel einen ganz anderen Verlauf als die ihrer Nachbarinnen.

Als *Ambla* taucht das Eiland gegen ***900 n. Chr.*** in Urkunden deutscher Abteien auf. Sollten hier zu einem früheren Zeitpunkt die germanischen Ambronen zu Hause gewesen sein, die womöglich auch dem nordfriesischen Amrum (ursprünglich *Ambulon)* ihren Namen verliehen haben? Oder sollte es eine Verbindung mit Bernstein oder Walrat geben, zu denen vokabularische Parallelen existieren? Denkbar wäre das alles, aber in der dürftigen Ameländer Geschichtsschreibung der damaligen Zeit erfährt man

Strandbefestigungen bei Hollum

nichts davon. Statt dessen liest man in heutigen Veröffentlichungen einiges Spekulatives über den Friesenkönig *Radbod,* den Missionar *Willibrord* und, in diesem Zusammenhang, ein Kloster namens *Foswerd.* Doch seriöse Forscher gestehen resigniert ein, nicht den geringsten Anhaltspunkt dafür finden zu können, daß die beiden Herren, deren Chroniken eher mit der Insel Helgoland verwoben sind, jemals einen Fuß auf Ameland gesetzt hatten. Auch das bewußte Kloster hat offenbar nie existiert.

Besiedlung

Sicher ist, daß Ameland seit spätestens dem ***8. Jahrhundert*** ständig besiedelt war. Bald vernimmt man auch Näheres. Seit dem Jahre ***925*** nämlich waren die Niederlande, die zuvor dem riesigen und nunmehr zerfallenen fränkischen Emporium angehört hatten, Teil des Deutschen Reiches. Das Lehnswesen wurde eingeführt, und den Eingeborenen setzte man damit Herren vor die Nase, die ihnen nicht immer sympathisch waren. Das neue System mißbehagte vor allem der friesischen Bevölkerungsgruppe. *Graf Wilhelm IV.,* der den Bullerköppen die Sache mit der Peitsche schmackhaft machen wollte, wurde ***1345*** in der berühmten "Schlacht bei Warns" von den Friesen erschlagen. ***1396*** versuchte es *Graf Albrecht von Bayern* mit Zuckerbrot. Auch er holte sich eine Abfuhr - außer auf Ameland, wo man ihn freundlich aufnahm. Im Gegenzug versprach der Bayer den Insulanern zuvorkommende Behandlung, und er hielt sich an die Zusage.

Holländische Barze, W.A. Kraeck, 1470

Commandeurshaus

Unabhängigkeit

Die Festlandsfriesen knurrten, aber die Ameländer setzten sich durch und erklärten ***1405*** ihre ***Unabhängigkeit von Frisia.*** Zwanzig Jahre darauf kam mit *Ritske Jelmera* eine lokale Größe ans Ruder, die zunächst eine Entwicklung einleitete, welche der allmächtigen katholischen Kirche ihre bisherige Spitzenstellung nehmen sollte. In der Erbfolge brach ***1474*** die Zeit der *Cammingha* an, kleinem Landadel, der sich jedoch ohne viel Federlesens zu "Herren von Ameland" aufwarf und diesen Titel ***bis zum Ende des 17. Jahrhunderts*** innehalten sollte.

Gut 200 Jahre dauerte das Regime dieses selbstherrlichen Geschlechts, das die Insel Ameland als sein Privateigentum betrachtete und zeitweilig eine strenge Jurisdiktion ausübte, schon um potentielle Rebellionen im Keim zu ersticken. Gleichzeitig aber gelang es den Inselfürsten, ihr winziges Reich durch kluge Neutralitätspolitik aus dem Gerangel der Großmächte herauszuhalten. Die Nachfahren des Bayern *Albrecht,* die auf gewisse Abmachungen pochten, ließen die *Camminghas* kühl abblitzen. Sogar der Kelch des schrecklichen, ***1568*** ausgebrochenen ***Achtzigjährigen Religionskrieges*** ging an Ameland vorüber, weil man sich gegenüber Spanien, von dem und dessen Katholizismus loszusagen die Niederlande sich im Begriff befanden, bereiterklärte, katholische Gottesdienste wieder ein- und weiterzuführen - sozusagen durch die Hinterpforte, nachdem *Ritske Jelmera* die Vordertür zugeknallt hatte. Der Osten Amelands ist bis heute katholisch, der Westen calvinistisch-reformiert; solche strengen Trennungen auf kleinem Raum sind nicht ungewöhnlich für die gesamten Niederlande.

Kaum war das große Schlachten beendet, als die nunmehr Vereinigten Provinzen aus Nord- und Südholländern sich in erneutem Kriegszustand befanden, dieses Mal mit ***England*** als Angreifer. Flugs machten sich im Jahre ***1654*** zwei Ameländer Sendboten auf die Reise nach London, um

Camping

1 Boomhiemke
2 Duinoord
3 Kiekduun
4 Klein Vaarwater
5 Koudenburg
6 Roosdunen

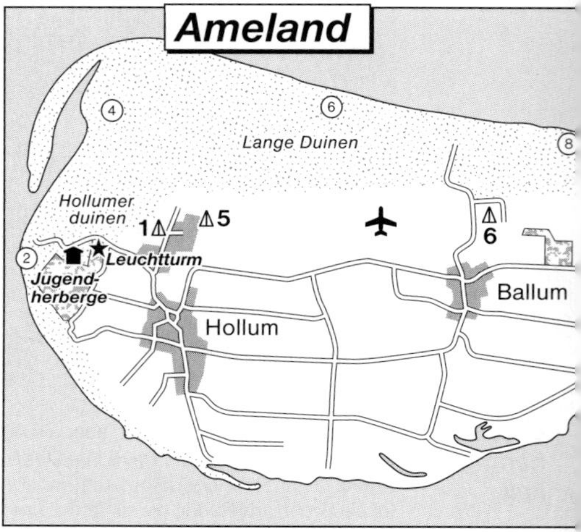

dem dort an der Regierung befindlichen *Oliver Cromwell* einen Brief folgenden Wortlauts vorzulegen:

"Man wisse, daß *Watse Frans van Cammingha,* Freiherr und Erbe von Ameland, sowie auch *Liemme Pieters* und *Dirck Douwes,* seine Diener und Abgesandten, ergebenst bewiesen haben, daß die Insel Ameland seit alters her und auch heute noch eine freie, neutrale Herrlichkeit ist, ausgeschlossen von der Rechtsprechung und dem Gebiet der Vereinigten Niederlande, und nicht mit den Uneinigkeiten und Kriegen zwischen dieser Republik und den genannten Vereinigten Provinzen zu tun hat und darum in Demut ersucht haben, neutral bleiben zu dürfen und von allen feindlichen Qualen verschont zu werden ..."

Soviel Chuzpe muß dem mächtigen *Cromwell* imponiert haben. Jedenfalls erkannte er die ***Neutralität*** der Insel an und stellte den Ameländern einen Freibrief aus, den diese wohl zu nutzen wußten. Während Engländer und Niederländer aufeinander eindroschen, ging man auf Ameland den üblichen Tagesgeschäften nach und ließ die neutrale Flagge in allen nordeuropäischen Häfen profitabel flattern. Genau betrachtet war das Hochverrat, aber mit der Pfiffig-, ja Schlitzohrigkeit, die man heute mit viel Berechtigung allen Niederländern anhängt, manövrierten sich die *Camminghas* unbeirrt durch die gefährlichen Zeitläufte. Von Kriegen verschont, erlebte Ameland das um die ***Mitte des 17. Jahrhunderts*** anbrechende ***Goldene Zeitalter*** noch goldener als der Rest der Niederlande. Das ganz große Geld brachte der ***Walfang,*** mit dem die Insulaner um ***1719*** begannen und von dessen Profiten heute noch manches prächtige "Commandeurshaus" zeugt.

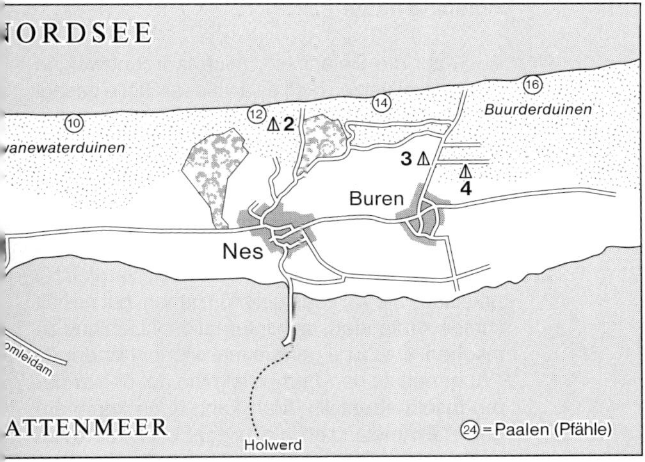

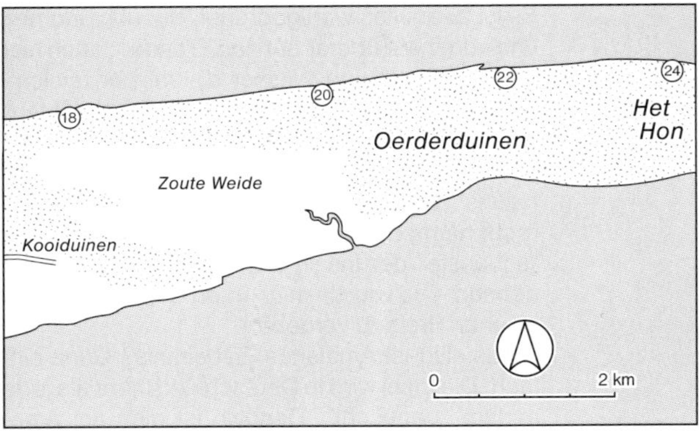

Anschluß an die Niederlande

Es waren indes die Französische Revolution und anschließend *Napoleon Bonaparte,* die das Ende der schönen Freiheit einläuten sollten. Zu ***Beginn des 19. Jahrhunderts*** und bei Wiederherstellung der niederländischen Unabhängigkeit im Jahre ***1813*** war es endgültig vorbei mit der Herrlichkeit Ameland; ***1828*** wurde das "Ballumer Schlößchen" der *Camminghas* abgerissen. Bis heute klingt jedoch noch etwas nach aus der großen Zeit, als man nach niemandes Pfeife tanzen wollte: einer der zahllosen Titel von *Königin Beatrix* ist "Freiin und Erbin von Ameland".

Ameland heute

Auch auf die Gefahr hin, mich in irgendwelche Nesseln zu setzen, soll es an dieser Stelle gesagt werden: Ameland ist die deutscheste Insel von allen. Im Sommer hört man fast nur deutsche Laute, die Nummernschilder der Autos sind durchweg schwarz auf weiß, nirgendwo anders gibt es derart viel deutschsprachige Literatur, Broschüren und Prospekte wie dort. (Darin steht allerdings am wenigsten im ganzen Inselvergleich.) Ameland, wie wir eben gelesen haben, hat es halt immer verstanden, sich international Liebkind zu machen. Das wird gerade mal wieder honoriert.

Aber nett zu den *Duitsen* ist man auf den anderen Inseln ebenfalls. Man kann auch kaum sagen, daß Ameland etwa eine ganz besondere Aura auszeichnete. Das Gegenteil ist eher der Fall. Es ist zwar alles wohlgeordnet, hübsch und nett und adrett wie überall auf den Eilanden; auch hier werden Strom und Wasser diskret per unsichtbarer Kabel und Pipelines vom Festland geliefert; zurück geht die Ameländer Milch in einer Art Rohrpostsystem. Auch das immer prekäre Verhältnis zwischen Mensch und Natur hat sich recht harmonisch einpendeln können. Aber die "schönste" der Inseln werde ich Ameland nicht nennen – so wie ich mich überhaupt hüte, einen solchen Preis zu vergeben.

Was also ist Amelands Geheimnis? Ganz einfach: Die Insel wird in Deutschland mehr als jede andere "gepuscht". Deshalb ist man auf Ameland sozusagen "unter sich", ein Umstand, der den deutschen Besuchern, zahllose jährlich wiederkehrende Dauergäste dabei, die Insel bestimmt so lieb und wert macht. Und dagegen ist ja auch nicht das geringste einzuwenden.

Tut sich letztlich nur noch die Frage auf, weshalb sich Ameland in seiner Werbung als "Diamant" darstellt. Nun, ein recht ungeschliffener Poet muß wohl mal auf die Idee gekommen sein, daß sich beides miteinander reimt. Ansonsten ist keinerlei Verbindung ersichtlich.

Ballum
(VVV Ameland)

Die Dörfer

Ballum

350 Seelen klein und somit eher Dörfchen als Dorf, liegt Ballum in etwa mittig zwischen Nes und Hollum. Früher, vom 15. Jahrhundert an, war Ballum lange Sitz der *van Cammingha,* an die heute nur noch wenig erinnert. Die Hauptstraße, eine schöne Allee, ist nach ihnen benannt, und in der ***Kapelle des Ballumer Friedhofs*** kann man die wuchtige Steinplatte aus dem Jahre 1556 bewundern, die die Grabkammer des Herrn *Wytso* versiegelt und den Ruhenden lebensgroß und bedrohlich, ein rechter *Cammingha* halt, darstellt. Das ist alles.

Doch die Tradition des Regierens ist in Ballum fortgeführt worden: Das ***Gemeindehaus*** von Ameland befindet sich dort, und man hat es fast genau an der Stelle errichtet, wo bis 1828 das Schloß der *Camminghas* stand. Die Inselverwaltung macht indes keinen Lärm, Ballum ist der ruhigste Ort auf Ameland. Auch das etwas außerhalb des Örtchens gelegene ***Flugfeld*** erzeugt nicht genug Dezibel, um den Frieden zu stören – obwohl viele Ballumer der Meinung sind, ein Hubschrauberlandeplatz würde auch reichen.

Ballum ist zu großen Teilen denkmalgeschützt; ohne Sondergenehmigung dürfen keine baulichen Veränderungen vorgenommen werden.

Buren

Der Ort, 600 Einwohner und fast alle erzkatholisch, ist im wesentlichen eine Ansammlung von drögen Bauernhöfen. Das Dorf ist deshalb das einzige auf der Insel, das keinen Denkmalschutz genießt. Zwar gibt es eine Art ***Dorfplatz*** mit der ***Statue der Rixt van Oerd,*** einer hexenhaften Sagengestalt, die Schiffe mittels irreführender Lichter auf den Strand gelockt haben soll - bis sie unter den Opfern ihren eigenen Sohn entdeckte, worauf sie den Verstand verlor. Ansonsten geht Buren der Charme der anderen Dörfer ab - Nomen ist da wohl ein bissel Omen.

Hollum

Mit 1.200 Einwohnern ist dies Amelands größter Ort und zweifellos auch der schönste. Deshalb und wegen weitläufiger "Wohnanlagen" im nahen Umfeld findet in Hollum das meiste touristische Geschehen Amelands statt.

Der wuchtige Kirchturm der ***Hervormde Kerk,*** aus dem 15. Jahrhundert stammend, wetteifert mit dem unweit gelegenen Ameländer Wahrzeichen, dem großen Leuchtturm, um die wichtigste Rolle. Hübsch ist es in der ***Burenlaan*** und ***Oosterlaan,*** den beiden nebeneinander verlaufenden, von alten Bäumen umsäumten "ersten" Straßen. Hier stehen die Commandeurshäuser aus dem 17. und 18. Jahrhundert, die Hollum seine eigenwillige, unangefochten denkmalschutzwürdige Atmosphäre verleihen. Ein Stückchen weiter, in der ***Johan Bakkerstraat,*** findet man Amelands ältestes erhaltenes Haus aus dem Jahre 1516. Hollum kann sich sehen lassen.

(VVV Ameland)

Es nimmt deshalb nicht wunder, daß die Hollumer mit ihrer Lokalgeschichte und den alten Traditionen tief verhaftet sind. Daß 1949 die ***Mühle*** abgerissen werden mußte, die über 100 Jahre lang Teil der Dorfsilhouette gewesen und nun verfallen war, muß ihnen fast das Herz gebrochen haben. Es dauerte einige Zeit, bis sich die Nachkriegsverhältnisse gebessert hatten und das nötige Kleingeld zusammen war. Aber 1988 wurde eine ebenfalls über 100 Jahre alte Ersatzmühle beschafft, unter großen Mühen und Kosten vom Festland herantransportiert und an Ort und Stelle zusammengebaut. Jetzt, auch die Mechanik ist repariert worden, klappert sie sogar wieder.

Nes

Der Ort ist etwas kleiner als Hollum (1.050 Bewohner), doch hier findet die Action statt, schon deswegen, weil die Fähre im unweit gelegenen ***Hafen*** ankommt und ihre Fracht als erstes über diesen wehrlosen Ort ergießt. Trotz der quirligen und ausgesprochen "touristischen" Atmosphäre mit einigen wohl unausweichlichen Entgleisungen ist es der Lokalverwaltung gelungen, das Dorf als ansprechendes, harmonisches Ganzes zu erhalten, wobei der seit 1969 bestehende denkmalgeschützte Status natürlich sein übriges tut. Dies geht vor allem das ***alte Zentrum*** rund

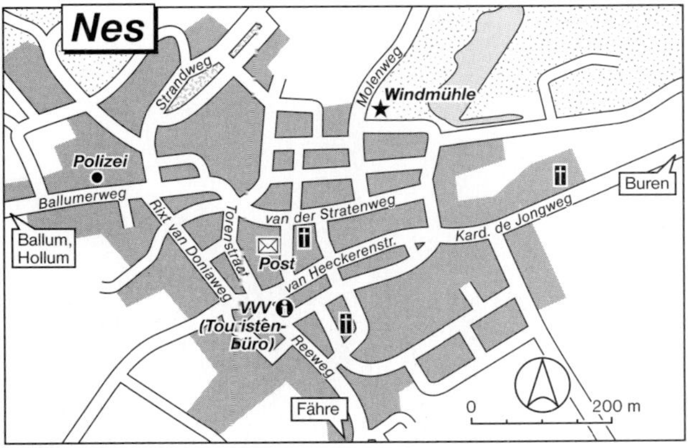

Ameland

um den freistehenden ***Kirchturm*** aus anno 1732 an, und auf das ***Haus Nr. 8 am Rixt van Doniaweg*** ist man besonders stolz: Es stammt aus dem Jahre 1625. Auch die ***Phenix-Mühle*** am nördlichen Ortsrand hat fast so viele Jährchen auf dem Buckel, vor allem aber eine wechselvolle Geschichte: Mal fiel sie um, dann brannte sie ab. Heute ist sie (als Neubau von 1880) wieder in Betrieb und verarbeitet das Korn zu *molenbrood.*

Trotzdem kann Nes nicht mit Hollum mithalten, zumindest solange nicht, bis man das Ortszentrum verkehrsberuhigt hat. Dringend her müßte ein System, das den ***Verkehr*** verläßlich an Nes vorbeileitet. Aber womöglich macht man sich ja schon Gedanken, die Insel eines Tages einmal ganz auto-, und was noch wünschenswerter wäre, motorradfrei zu machen. Das Geknatter ganzer Clubs, die Ameland offenbar bevorzugt anlaufen, kann auf nahe Distanz nämlich ganz schön auf den Keks gehen.

Nes
Stadtkern
mit Kirche

Strand und Natur

Gefährdeter Strand

Wenn man die anderen Watteninseln mit ihren zum Teil wuchtigen Dünenketten besucht hat, fällt einem Amelands Schutzbedürftigkeit ohne einen besonderen Hinweis auf. Der Nordseestrand, ab Nordwesthuk der Insel (wo ein paar auffällige Pfahlreihen den Sand festhalten sollen) buhnenfrei auf ganzer Länge, erweckt den Eindruck, daß den Ameländern angesichts eines steigenden Meeresspiegels schon bald mehr Ärger denn je ins Haus stehen muß. Bereits bei normalem Hochwasser brandet die Nordsee bis dicht an den Dünengürtel heran. Zudem ist dieser vor allem im Mittelteil, also gegenüber von Nes und Buren, unverhältnismäßig niedrig und verzweifelt schmal. In seiner Geradlinigkeit ähnelt er einem Deich, mit einer dermaßen steilen und bröckeligen ***Abbruchkante*** jedoch, daß man vermeint, dieser schüttere Wall löse sich schon bei scharfem Draufblicken in seine Bestandteile auf. Man könnte mir dort ein luxuriöses Domizil schenken, ich würde es nicht nehmen.

Verletzliche Dünenkette

In der Tat befindet sich an dieser Stelle der berüchtigte "Knick im Rücken", ein Areal besonders intensiven Abtrags. 1953 und 1976 purzelten hier die schmucken Strandhotels *Scheltema* und *Steinvoorte* in die See. 1990 wurde nach weiteren schweren Substanzverlusten in diesem Bereich mit großflächigen ***Aufspülungen*** begonnen. 10 Millionen Gulden kosteten die Arbeiten - "ohne Mehrwertsteuer", wie ein Bericht penibel vermerkt.

Der Kampf gegen ein Davonschwimmen der Insel Ameland findet seit Jahrhunderten statt. Auf alten Karten läßt sich ersehen, daß das Eiland früher um ein Vieles größer war. Noch im frühen 18. Jahrhundert lag der Ort Hollum, heute nahe der Westküste, Hunderte von Metern inland. Das betriebige Dorf Sier westlich von Hollum ging wahrscheinlich bereits um 1300 in der See unter. Oerd im Osten, das mindestens schon im 16. Jahrhundert bestand und an dessen Namen heute noch das geschützte Dünengebiet erinnert, verschwand unter Wanderdünen; erst die gewaltige Februarflut des Jahres 1825 legte einige Reste frei. Im Jahre 1851 zeigt die Karte eine sich wieder einmal anbahnende gefährliche Zweiteilung der Insel durch einen tiefen Priel etwas westlich von Nes.

Anno 1808 begann der ***Deichbau***, der zumindest das niedrige Land zur Wattensee hin schützte. Doch an der Dünenküste setzt sich der Abbau bis heute ständig fort - oder, besser gesagt, die Umverteilung.

Naturschutzgebiete

Mit Texels Noorderhaaks vergleichbar wächst im Nordwesten der Insel eine ausgedehnte Sandbank, das ***Bornriff,*** allmählich mit der Küste zusammen. Längst schon sind aus einem einst trennenden tiefen Einschnitt, dem *Finnegat,* die ersten Salzwiesen entstanden, jetzt *Rietplak* genannt und Teil der ***Langeduinen,*** zwischen Hollum und Ballum gelegen und eines der wichtigsten Naturschutzgebiete Amelands, 260 Hektar groß. Ein Radweg führt mitten durch dieses vogelreiche Areal, und bei diesem einen wird es bleiben; mehr Tourismus würde unerträglichen Druck auf die Vogelwelt ausüben.

Auf langer Strecke von dort bis zu den recht eindrucksvollen Kiefern- und Mischwäldchen im Be-

Glockenheide

reich von Nes stößt man immer wieder auf Abzäunungen und Schilder: Vogelschutzgebiet! Hier dehnt sich das ***NSG Zwanewaterduinen.***

Kaninchen

Stets aufs neue sieht man auch Kaninchenkadaver am Wegrand liegen. Einst zählten die Hoppeltiere Zehntausende auf der Insel. Sie bohrten in gefährlichem Ausmaß die Dünen an, waren aber auch ein hochbegehrtes Jagdwild, auf das die Insulaner kaum zu verzichten vermochten. Vor allem im 2. Weltkrieg, als Schmalhans Küchenmeister war, füllten sie die versiegenden Fleischtöpfe. Dann kam 1945 die ***Myxomatose.*** Auszurotten vermochte diese teuflische Epidemie die Kaninchen zwar nicht, aber sie wurden fühlbar weniger. Um in den kargen Nachkriegsjahren über Jagdwild zu verfügen, führten die Ameländer (gegen die Krankheit immune) Hasen und zudem Fasanen und Rebhühner ein. Heute hält sich alles ganz gut die Waage, einschließlich myxomatoseresistenter Kaninchenstämme – eigentlich ideale Verhältnisse.

Die Kiefer herrscht vor

Vegetation Zu diesen beigetragen hat die Ansiedlung von erheblicher Vegetation, sowohl natürlich als auch mühsam menschengemacht. Ganz besonders fallen auf Ameland große, verfilzte Verhaue des ***Sanddorns*** mit seinen orangefarbenen Früchten von der Größe einer Erbse auf. Keine Sorge, falls die Kleinen mal davon naschen sollten. Die Beere ist eßbar und aufgrund eines hohen Gehalts an Vitamin C sogar sehr gesund. Körbeweise darf man sie wiederum auch nicht einsammeln, denn sie steht unter Naturschutz.

Private Schutzgebiete Was immer die See im Westen Amelands abnagt, liefert sie im Osten wieder an. Das ***Oerd,*** ein ausgedehntes, wildes ***Dünengebiet,*** ist im Laufe der Jahrhunderte mit Gewißheit diesen Weg gegangen. Neueren Datums ist das ***Hon,*** eine weite Plate im äußersten Inselosten, auf der sich Seehunde gern der Muße hingeben und auf der sich jungfräuliche Wattenufervegetation bemerkbar macht. Beide Gebiete stehen zusammengefaßt unter Naturschutz und werden von einer privaten Gesellschaft *(It Fryske Gea* = "die friesische Erde") verwaltet und überwacht, die ihre Aufgaben sehr ernst nimmt. Während der Brutzeit vom 15. März bis 15. September ist das Areal für die Öffentlichkeit weitgehend gesperrt, kann jedoch auf markierten Wanderwegen oder über offizielle Naturführungen betreten werden.

Strand Allen vier Dörfern sind (im Sommer) bewachte Strandabschnitte vorgelegen. ***FKK*** ist auf Ameland nicht zulässig; ob die strengen Burener Katholiken oder die ernsten Hollumer Calvinisten dagegen Einspruch eingelegt haben, ist nicht ersichtlich, aber wahrscheinlich waren es beide.

Sehenswertes

Aussichtspunkt An der Wattenseite des Oerd-Gebiets erhebt sich Amelands höchste ***Düne.*** Unterhalb des *Oerdblinkerts* steht ein sechseckiger Pavillon. Von oben, 24 Meter hoch, hat man einen schönen Ausblick, vor allem in Richtung Schiermonnikoog.

Dijkbewakers-Monument Das recht eindrückliche Denkmal aus zwei markigen Figuren, errichtet zu Ehren der wackeren Küstenwächter der Insel, steht auf dem Deich an der Ballumerbucht (Wattenmeerseite, mittig zwischen Nes und Ballum).

"Kapitänsgräber" Auf den Kirchhöfen von Ballum und Hollum, insbesondere auf letzterem, findet man zahlreiche guterhaltene Grabsteine aus alter Zeit. Sie gehören großenteils zu Gräbern von Seefahrern – nicht unbedingt nur Kapitänen –, und viele Walfänger sind darunter. Manche Steine erzählen – in Kurzform – faszinierende Geschichten, andere sollten es. So jener von *Hidde Dirks Kat,* berühmtester der Ameländer Commandeure, der 1777 auf -78 im Grönlandeis als Schiffbrüchiger knapp überlebte. Leider schmückt ausgerechnet seinen Stein nur ein karges Namenskürzel. Vielleicht hatten sich die Totengräber über den Mann geärgert – *Kat,* ein Kerl wie ein Wal, soll 300 Pfund gewogen haben. Ausführlicher ist die Inschrift auf *Hans Barends* Stein. 68 Jahre alt war *Hans Barends* geworden, und davon hatte er 52 in der Nordmeerfahrt verbracht – ein Seemann aus dem Bilderbuch ... Mal ein bißchen "blättern", um den einen oder anderen interessanten Einblick in die Geschichte der Seefahrt und des Walfangs zu erlangen.

Der Damm nach Ameland

Acht Kilometer Luftlinie sind es von der Insel zum Festland. Dieser relativ kleinen Zahl muß etwas sonderbar Verführerisches anhängen, denn sie hat in Hollands tüchtigen Wasserbauern immer wieder den Wunsch aufkeimen lassen, einen Damm durch das Wattenmeer zu ziehen. Schon zu einem frühen Zeitpunkt rechnete man sich aus, daß ein solcher Damm nicht nur Ameland zu ungeahnter Prosperität verhelfen würde, sondern als Bonus auch großflächige Landgewinne herausschauen lassen mußte.

Ein Bäuerlein namens *Worp van Peyma* kam anno 1846 als erster auf die glorreiche Idee. Zwei Dämme wollte er gleich aufwerfen, einen im Osten und einen im Westen. Das dazwischenliegende Watt würde dann bald trockenfallen, und ein schönes Stück Neufriesland entstünde dieserart! Aus *Worps* Plänen wurde nichts, doch schon 1871 wurde das Konzept ernsthaft wieder aufgegriffen. Tatsächlich gelang es zwei Initiatoren, in zwölf Monaten einen rudimentären Wall bauen zu lassen und diesen demonstrativ trockenen Fußes zu überqueren. Das Wunderwerk wurde hernach ständig verstärkt und hielt immerhin neun Jahre lang. Dann machten ein paar Herbststürme die ganze Pracht sozusagen über Nacht zunichte.

Wenn der Dammbau auch von berechtigten Überlegungen getragen war, die Anbindung der Insel an das Festland selbst in schweren Eiswintern aufrechtzuerhalten, wenn kein Schiff mehr verkehren konnte, so setzte die Einführung des Flugzeugs solchen Betrachtungen ein logisches Ende. Nicht, daß deswegen aber die Luft aus dem Ballon herausgewesen wäre! Ad acta wurden die schönen Pläne nie gelegt. Die Nützlichkeit eines solchen Projekts einmal dahingestellt: Als Politiker kann man sich einen Namen machen, als Verwalter etwas verwalten. In den 30er Jahren war es mal wieder fast soweit, und in jüngerer Vergangenheit lief noch 1961 unter großem Trara eine neue Schnapsidee vom Stapel. Schon sah man auf dem Papier Schnellzüge nach Buren flitzen und riesige Autokarawanen auf der Insel anlanden: "Gut für den Tourismus!" argumentierte man. Doch es gab in den niederländischen Regierungskabinetten auch kühlere Köpfe, die eine Sache zweimal überdachten, bevor sie sie auf die Menschheit losließen. Der *Ritzema-Plan* ging jahrelang durch die Instanzen, bis im Mai 1974 (!) ein endgültiger Entscheid gefällt wurde: abgelehnt. *Der soundsovielte Angriff, Ameland seinen anziehenden Inselcharakter zu nehmen, war abgeschlagen worden,* kommentiert der inselstämmige Journalist *Hans Bakker* dieses Ergebnis. Heute, Ökologie ist Pflichtfach geworden, hat man eingesehen, daß ein Damm unendlichen, nie wieder gut zu machenden Schaden angerichtet hätte, anrichten würde. Vielleicht sollten unverzagte Pläneschmiede einmal einen scheelen Blick nach Deutschland hinüberwerfen, wo viele Sylter ihren Hindenburgdamm und den damit einhergehenden Verlust an Insularität und Exklusivität (was ja in vieler Hinsicht dasselbe ist) inzwischen zum Teufel wünschen.

Kirchenkanzel

Het fraaiste (schönste) *kunstwerk van Ameland* wird diese prächtige Holzschnitzarbeit aus dem Jahre 1604 in Ballums ***Hervormde Kerk*** genannt. Gewiß mit Recht - man sollte sich einmal überzeugen.

Leuchtturm

Auch wenn man auf den anderen Inseln protestieren sollte: Ameland hat den schönsten Leuchtturm von allen fünf. Keine Ameländer Publikation kommt deshalb auch ohne ein Bild dieses urigen, rot-weiß geringelten Bauwerks im äußersten Westen der Insel aus.

59 Meter ist er hoch, und anno 1880 wurde er, eine revolutionäre Technik damals, aus vorgefertigten gußeisernen Segmenten zusammengeschraubt. Genau 100 Jahre war er rund um die

Uhr bemannt; dann wurden die Wärter zu teuer und von Automaten abgelöst, die den 2.000-Watt-Scheinwerfer, einen der lichtstärksten Westeuropas, seither verläßlich überwachen. Ganz oben, wie anders, dreht sich natürlich auch eine Radarantenne.

Der Turm ist das ganze Jahr über zu besichtigen. 236 Stufen muß man klimmen und *f* 3 (Kinder *f* 2) dafür zahlen. Dafür hat man von der Balustrade einen prächtigen Rundblick über die gesamte Insel- und Wattenwelt. ***Öffnungszeiten:*** Täglich 10-16.30, außerdem Mo, Mi und Sa 22-24 Uhr. Im Winter gelten eingeschränkte Zeiten.

Naturzentrum Ameland

Strandweg 38 (am Nordausgang von Nes). Ihrem Namen gerecht zeigt diese Ausstellung, was alles in der Natur Amelands kreucht und fleucht. Landgetier ist vor allem in Dioramen zu bewundern und zirpt auf Knopfdruck vom Band; die marine Fauna ist live in mehreren großen ***Aquarien*** vertreten, die zweifellos das Kern- und Filetstück des Zentrums ausmachen. Dort kann man sich einmal bestätigen lassen, daß das am Strand gefundene seltsame Objekt tatsächlich ein vertrocknetes Hai-Ei ist. Ein Filmsaal für 60 Personen bietet zudem eine ununterbrochene Diashow.

Öffnungszeiten: Ganzjährig Mo-Fr 10-12 und 13-17 Uhr, Sa-So nur nachmittags geöffnet (im Sommer auch abends); ***Eintritt:*** Erw. *f* 4,25, Kinder *f* 3,25, Gruppenermäßigung. Siehe auch Touren.

Freizeitpark De Vleyen

Unmittelbar neben dem Naturzentrum zieht sich der "Freizeitpark" *De Vleyen* dahin, ein künstlich angelegtes Gelände, das, so der touristische O-Ton, "eine erholsame Bereicherung von Ameland" ist "und eine Verstärkung, die Ameland im gesamten Erholungsprozeß einnimmt". Nun, die Kinder können hier immerhin durch eine Blechröhre sausen. Aber zumindest wird das kahle Kunst-Areal den Eltern (hoffentlich) einen Begriff davon vermitteln, wie leer die Röhre ist, in die man da schaut und wie wirkliches Abenteuer aussehen könnte. Schon ein wenig unschuldiges "Strandjutten" mit dem Kind – "die Suche nach dem Hai-Ei" – bietet sich dafür vorteilhafter an.

Rettungsmuseum "Abraham Fock"

Oranjeweg 18, Hollum. Das Seenotrettungswesen hat auf Ameland eine besonders lange Tradition; schon 1824 wurde dort die erste Station gegründet. Bis in die jüngste Neuzeit behielt man auch die Praxis bei, die Rettungsboote von Pferden in die See ziehen zu lassen. Im August 1979, als eine deutsche Yacht aus Seenot gerettet werden sollte, gab es jedoch einen bösen Schock. Durch eine Verkettung unglücklicher Umstände ertranken acht von zehn an dem Einsatz beteiligten Pferden; sie wurden bei schwerer See unter dem Boot erdrückt. Man begrub die wackeren Rösser an einem inselweiten Trauertag und setzte ihnen am Strand sogar ein Denkmal *(Paardengraf)*. Eine Zeitlang wurde die alte Methode noch beibehalten, doch 1988 war endgültig Schluß damit. (Allerdings findet achtmal im Sommer als touristische Attraktion am Strand von Hollum noch die Zuwasserlassung eines Bootes mit Pferdestärken statt. Bis auf weiteres, möchte ich sagen. Heldentum als Panoptikum – irgendwann werden die Rettungsmänner das nicht mehr mitmachen.) Dem *paardenreddingboot* im besonderen und dem Rettungswesen im allgemeinen ist das Museum gewidmet. Gezeigt werden

Zuwasserlassung des Pferderettungsbootes (VVV Ameland)

Ameland

außerdem Bergungsobjekte von den zahllosen Schiffen, die im Bereich Ameland untergingen.

Öffnungszeiten: Di-Fr 9.30-12.30 und 14-16.30 Uhr, Sa-Mo nur nachmittags; ***Eintritt:*** Erw. *f* 3,25, Kinder *f* 2,25.

Sorgdrager-Museum

Früher hieß dieser Komplex an der Ecke Oosterlaan/Heerenweg in Hollum einmal das Heimatmuseum *(Oudheitkamer).* In manchen Broschüren taucht er auch noch als solcher auf, doch zumindest die Einschränkung "Kammer" ist längst (seit 1991) überholt: Heute setzt sich das Museum, am Eingang überragt von einem riesigen Walkiefer, aus stattlichen drei Gebäuden zusammen. Gezeigt wird unter anderem, wie die Kapitänsfamilie *Sorgdrager* im 18. Jahrhundert wohnte, wobei man weder das Fußbänkchen noch das Klapptischchen vergessen hat. Alte Trachten, Ausgrabungsobjekte aus der Cammingha-Zeit und Fundstücke aus dem versunkenen Dorf Sier, Exponate zu den Themen Seefahrt, Walfang und Landwirtschaft - alles ist vertreten, und das sehr stil- und eindrucksvoll. Wer sich einen umfassenden Einblick in die ***Ameländer Geschichte*** verschaffen möchte, ist hier gut und richtig. Sehenswert auch für Fans historischer Fotografie ist eine schöne Sammlung klassischer Kameras.

Öffnungszeiten: Mo-Fr 10-12 und 13-17, Sa-So 13.30-17 Uhr; ***Eintritt:*** Erw. *f* 4, Kinder *f* 3,50.

Swartwoude

Offiziell heißt es das ***Landwirtschafts- und Strandgutmuseum Swartwoude,*** und zu finden ist es am Hoofdweg 1 in Buren. Es handelt sich um einen wiederbelebten alten ***Bauernhof,*** der das "Leben auf dem Lande" im 18. und 19. Jahrhundert darstellt. Was haben Bauerei und "Strandjutten" miteinander zu tun? Man erfährt, daß im damaligen Ameland - überhaupt an der ganzen Nordseeküste - beides keinesfalls in Konflikt stand: Ohne angeschwemmtes Strandgut gab es für die ärmeren Insulaner - und das

waren allemal die Bauern - nicht einmal Brennholz. Jeder mußte sich durchschlagen, war ein Meister in vielen Fächern, einschließlich der Erzeugung von Schafskäse: Es gibt eine Kostprobe.

Öffnungszeiten und ***Preise:*** wie Sorgdrager.

Insel-Info

Vorwahl: 0519-5 (ganze Insel).

Auskunft

- ***VVV Ameland,*** R. van Doniaweg 2, 9163 GR Nes. Tel. 42020, (Buchungen 42550), Fax 42932. Geöffnet vom 1.1. bis 31.10. Mo-Fr 8.30-12.30 und 13.30-18.30, Sa 8.30-16 Uhr; übrige Zeit Mo-Fr bis 18 und Sa 10-15 Uhr. Lage: Mitten im Ort Nes; man geht, von der Fähre kommend, direkt darauf zu.
- Eine Filiale in ***Hollum*** (Fabrieksweg 6, Tel. 54177) ist nur von April bis Oktober geöffnet. Man sollte sich in Hollumer Angelegenheiten an dieses Büro wenden, da das in Nes gewöhnlich stark beansprucht ist.
- Die ***Quartierliste*** (auf deutsch erhältlich) von Ameland kostet *ƒ* 4,75.

Fortbewegung

Nach Ameland kann das ***Auto*** mitgenommen werden. Vorsicht jedoch: Die Inselstraßen sind schmal gehalten; man sollte nicht in der Erwartung, der andere werde schon ausweichen, mit Karacho aufeinander zufahren!

Busse: Die Linie 131 verkehrt täglich von ca. 8 bis 20 Uhr im Stundentakt auf der Route Buren-Nes-Ballum-Hollum-Leuchtturm-Jugendherberge und zurück. Die 130 bedient zusätzlich die Fährpier. Wenn es nicht gerade in Strömen gießt und man keine Tonnen von Gepäck hat, kann man zumindest die paar Meter von der Fähre nach Nes locker zu Fuß gehen.

Für das ***Rad*** gibt es ca. 100 km Radwege; schön besonders die 27 km lange Tour von einem Ende der Insel zum anderen (Leuchtturm-Langeduinen, dann fast geradlinig durch die Dünen bis in den Oerd). Sehr gut: Luftpumpen-Service entlang der Radwege. Auch gut: Die Fahrrad-Verleiher sind als Kooperative zusammengeschlossen. Im Falle einer Panne kann man bei jedem beliebigen eine Gratisreparatur vornehmen lassen.

Und natürlich bietet sich Ameland auch ganz speziell für den ***Wanderer*** an. Reizvolle Wandergebiete gibt es unter anderem im ganzen Bereich der Hollumer und Ballumer Dünen, am *Bureblinkert* (Küste nördlich von Buren) und im Oerd-Naturschutzgebiet im Osten.

Unterkunft

Hotels/ Pensionen

Die meisten (9) der ***Hotels*** befinden sich im Bereich Nes; einige wenige weitere sind auf die anderen Dörfer verteilt. Überwiegend handelt es sich um ganz gemütliche kleine Häuser, und auch die Preise sind relativ kommod: Das *de Klok* in Buren (Tel. 42181) berechnet *ƒ* 42,50 ÜF, das *De Jong* (Tel. 42016), das *Molenzicht* (Tel. 42165) und das *Noordzee* (Tel. 42228), jeweils in Nes, sind mit *ƒ* 45 dabei, alle jedoch nur für Zimmer ohne Dusche. Gut bei diesen und den anderen kleineren Hotels: Die Preise gelten das ganze Jahr über. Zudem gibt es recht günstige Pauschalarrangements, so *ƒ* 94 für dreimal ÜF in den letztgenannten drei Unterkünften. Ein wenig teurer, mindestens ums Doppelte, wird es dann im *Resort d'Amelander Kaap* in Hollum, einer wahrhaften Anlage, in der zudem über das Jahr hinweg sorgfältige Saisonpreise aufgeschlüsselt werden, die um das Zweifache voneinander abweichen.

Pensionen gibt es nur sechs, zwei in Hollum, die anderen in Nes; das dortige *Metz* (Tel. 42732) macht mit *ƒ* 30 ÜF und *ƒ* 68 für eine Dreierpauschale das günstigste Angebot.

Zimmer

Ein ganzer Schwarm solcher Unterkünfte existiert. Die meisten sind in Hollum zu finden, Buren steht dicht dahinter an zweiter Stelle. Mehrere bieten Ü bereits ab *ƒ* 15 an, ÜF ab 25. Auch hier gibt es keine saisonalen Staffelungen.

Bungalows Fewos Appartements

Dieser Komplex taucht in den Quartierlisten zweimal auf: einmal als simple Aufzählung mit Min- und Max-Preisen, ein anderesmal mit Abbildungen und einem rätselhaften Saisonschlüssel von A bis F, den man nach einigem Blättern jedoch auf der hinteren Umschlagklappe unter "Terminen" erläutert findet. Wie üblich, gibt es bei diesem Unterkunftskomplex sehr große jahreszeitliche Variationen, die manchmal fast im Verhältnis 1 zu 4 (*ƒ* 225-875 in einem Fall) stehen! Die Liste ist also sehr gründlich zu studieren. Vorsicht auch überall vor Neben-, insbesondere ***Endreinigungskosten,*** die als niederländisches Kürzel (ES) sogar in deutschen Texten auftauchen!

Die meisten Bungalows befinden sich in feriendorfartigen Anlagen jeweils zwischen den Dörfern und dem Dünengürtel. Ferienwohnungen, darunter mehrere schöne alte Häuser, sind vorwiegend in den Dörfern selbst zu finden; Appartements, oft in Form ungelungener Neubauten, liegen verstreut. Eines der modernsten, kein Name sei genannt, sieht einer Justizvollzugsanstalt verzweifelt ähnlich – sollte so etwas, Originalität um jeden Preis, selbst in der Nachbarschaft der historischen Commandeurshäuschen, Absicht sein?

Mühle bei Nes (VVV Ameland)

Gruppenunterkünfte

Diese Kategorie ist Amelands ausgesprochene Spezialität. Der ***Verein "Unterkünfte für Gruppen auf Ameland"*** zählt 73 Mitglieder und hat ein Angebot von 5.530 Betten. Es ist deshalb unmöglich, hier eine komplette Liste zu liefern. Wer im Verein oder mit der Schulklasse nach Ameland reisen möchte, wende sich an die VVV. Dort kann man sich die verschiedensten Arrangements zusammenstellen lassen. Die VVV berechnet für eine Gruppenvermittlung eine Gebühr von *ƒ* 30.

Zwei ***Beispiele*** (jeweils NS, Rücktrittsversicherung und 4 Exkursionen beinhaltend):

- 20-30 Personen, 1 Woche Aufenthalt (7 x Ü): *ƒ* 72 p. Pers.
- 50-80 Personen, 5 Tage Aufenthalt (4 x Ü): *ƒ* 59 p. Pers.

Jugendherberge

- NJHC *De Kleine Grie,* Oranjeweg 59, 9161 CB Hollum, Tel. 54133, Fax 54435. In unmittelbarer Nähe des Leuchtturms sehr schön gelegen. 130 Betten. Offen 10.4.-25.10. ÜF *ƒ* 22 für Mitglieder, andere *ƒ* 28.

Camping

Sechs Campingplätze für Zelte und Wohnwagen zählt Ameland (Lage siehe Karte):

- *Boomhiemke:* J. Roepespad 4, 9161 CT Hollum, Tel. 54052. 50 Stellplätze. Offen 1.4.-31.10., Wohnwagen ganzjährig.
- *Duinoord:* Jan van Eyckweg 4, 9163 PB Nes, Tel. 42070. 700 Stellplätze. Offen 1.4.-1.11.
- *Kiekduun:* Strandweg 65, 9164 KA Buren, Tel. 42389. 100 Stellplätze. Ganzjährig geöffnet.
- *Klein Vaarwater:* Klein Vaarwaterweg 114, 9164 ME Buren, Tel. 42156. 1.000 Stellplätze, dazu Bungalows und tausenderlei Infrastruktur. Ganzjährig geöffnet.
- *Koudenburg:* Oosterhiemweg 2, 9161 CZ Hollum, Tel. 54367. 50 Stellplätze. Ganzjährig geöffnet.
- *Roosdunen:* Strandweg 20, 9162 EV Ballum, Tel. 54134. 75 Stellplätze. Offen 1.4.-1.11.

Zeltlager

Zwei Plätze bieten ausschließlich Unterkunft in Großzelten an, und zwar:

● *Pointreizen,* p. A. Dijkstra, Westerweldseweg 5, 7921 NA Zuidwolde. 60 Betten, offen 15.5.-1.10.

● *Stuifdijk,* p. A. Albardastraat 31, 7611 BE Aadorp. 60 Betten, offen 1.5.-1.9.

Gastronomie

Das kulinarische Geschehen ist mehr oder minder auf die beiden größten Orte konzentriert. An allen Ecken und Enden der vier Ortschaften gibt es aber Cafés, Eisdielen und (z. T. ambulante) Snackbars. Die großen Campingplätze verfügen über ihre eigenen Verpflegungsstätten; ebenso, versteht sich, haben die besseren Hotels dazugehörige Restaurants.

In Buren läuft (außer Pizzen) kaum etwas, schon weil das nahe Nes alle diesbezüglichen Ansprüche erfüllt; Ballum ist gegenüber Hollum fast in der gleichen Situation. Machen wir also lediglich einen kurzen Streifzug durch die beiden "Metropolen" Amelands:

Hollum

● *De Aanleg* (Ymedunenweg 1): Nur Holländer können ein Restaurant (nach einem neuen Touristenkomplex) "Die Anlage" nennen. Trotzdem hat's leckere Fischspezialitäten, die darüber hinwegsehen lassen.

● *De Griffel* (Burenlaan 41): *Diverse specialiteiten,* hauptsächlich Steaks.

● *De Zwaan* (Zwaneplein 6): Altes Haus mit schönem antikem Ambiente. Tageskarte von 12 bis 17 Uhr, Dinner bis 22 Uhr.

● *Hidde Kat* (Schoolstraat 8): Pizzen und Croissants.

● *Pannekoekhuus* (beim Leuchtturm): Eine unendliche Auswahl von Pfannkuchen gibt es hier, jeweils im Stil von Pizzen mit allem Möglichen behäuft. Von *naturel* (mit nix drauf) für *ƒ* 6,50 bis *ui-lamsvlees-paprika-tomaat-champignons,* d. h., Lammfleisch mit Zwiebel und dem ganzen anderen Zeug für stattliche *ƒ* 21,95.

Strand-
befestigung

Nes

●*Azie* (Torenstraat 13): Auch auf Ameland fehlt "der Chinese" nicht, wie üblich preiswert und mit einem stattlichen Querschnitt durch die asiatische Küche.
●*De Drie Balken* (M. Janszenweg 2): "Das kulinarische Herz Amelands", lacht die Eigenwerbung. Das schöne Haus liegt ja auch mitten in Alt-Nes. Recht ausgebuffte Speisekarte, zudem ganzjährig offen von 10 bis 24 Uhr.
●*De Klimop* (J. Hofkenweg 2): Lunch, Schnelles, Pfannkuchen.
●*Het Witte Paard* (Torenhoogte 5): Klein und fein und große Steaks.
●*Nescafé* (van Heeckerenstraat 10): Nicht nur Pulverkaffee gibt's dort, sondern ordentliche Verpflegung. Restaurant und Pub.
●*Paal 13* (Strandweg 51): Vom schnellen Lunch bis zum großen Diner, von *f* 6,50 bis *f* 36,75.
●*San Remo* (Ballumerweg 3): "Der Italiener", mit Pizzen ab *f* 9, Nudelgerichten ab *f* 12, Fleisch und Fisch ab *f* 22,50.
●*'t van Heeckerenhuys* (Kerkplein 6): Recht elegant – "Galerie, Brasserie und Restaurant" in einem. Rundes Angebot: von der Pizza bis zum Edelfisch.

Sport

Angeln

●Da der geschützte Wattenmeerbereich nur am NSG Oerd an das insulare Festland stößt, kann man annähernd überall ***auflagenfrei*** mit max. 2 Ruten angeln. Am Buresteiger, einer einstigen Anlegestelle südlich von Buren, sogar "aus dem Auto heraus" wie eine Broschüre lobend hervorhebt - das kam schon zur Erwähnung.

●Die unter Wattfahrten (s. u.) genannten Kutter unternehmen im Sommer auch 7stündige ***Angeltouren ins Wattenmeer*** (Erw. *f* 30, Kinder 15). Info: VVV.

●***Geräteverleih*** und ***Wattwürmer*** für den Haken: *De Platvis,* K. de Jongweg 16, Nes.

Fallschirmspringen

●Das Programm und die Preise sind fast die gleichen wie auf Texel, siehe dort. Info: *Paracentrum Ameland,* Ballum, Tel. 54880.

Golf

●*De Amelander Duinnen,* Oosterhiemweg 1, Hollum.

Reiten

Ameland war schon vor langen Zeiten für seine prächtigen Rassepferde berühmt. Davon kann man immer noch etwas nostalgisch nachempfinden bei:

●*De Blinkert:* v. Camminghastraat 13, Ballum, Tel. 54059.
●*De Boer:* Oranjeweg 20, Hollum, Tel. 54147
●*De Postduif:* Ballumerweg 12a, Nes, Tel. 42161.
●*Kuperus:* Torenstraat 14, Nes, Tel. 42067.
●*Le Cheval:* Strandweg 14, Ballum, Tel. 54509.
●*Seelon:* Smitteweg 11, Ballum, Tel. 54556.

Schwimmen

●*Tropica Ambla,* Molenweg 18, Nes. Von außen etwas fabrikartig aussehende Großanlage mit beheiztem Wellenbad und allem Drum und Dran. ***Öffnungszeiten:*** vom 1.4. bis 1.11. täglich 10-18 Uhr; ***Eintritt:*** : Erw. *f* 12, Kinder *f* 9.

Seekanufahren

●*Peddels Outdoor Centre,* Strandweg 85, Buren. Im Sommer je 2 Stunden vor- und nachmittags für *f* 25.

Tennis

Eine Stunde auf den hier genannten Plätzen kostet zwischen *f* 15 und *f* 20.

●*De Berkenhof:* Strandweg 35, Nes.
●*Boonhiemke:* Jan Roepespad 4, Hollum.
●*Hotel Hofker:* J. Hofker 1, Nes.
●*Klein Vaarwater:* Campingplatz, Buren.
●*St. Recreatie Centre Ameland:* Strandweg 20, Ballum.

Ameland

Unterhaltung

Discos

- *De Lichtboei:* Strandweg 41, Nes.
- *Dugout:* M. Janszenweg 3, Nes. Jeden Abend ab 21 Uhr, im Winter nur an Wochenenden.
- *De Swinging Mill:* Molenweg 12, Nes.
- *Het West End:* Badweg 36, Hollum.

Feste/ Veranstaltungen

- *Rôggefeest:* Straßenfest in Nes, Anfang August. Ursprünglich so etwas wie ein Erntedankfest, doch jetzt eine Riesensause mit jeder Menge Zirkus und Musik.
- *Sunderklaasfeest:* Eigentlich der Nikolaustag, 4. und 5. Dezember. Auf Ameland gerät er zu einer Art Mannbarkeitsritual aus alter Zeit, das aber auch die Damen ganz lustig finden.

Zeitungen

- *Ameland Post:* Monatlich, Lokalnachrichten, niederl.
- *De nieuwe Amelander:* 6x jährlich, niederl.

Sonstiges

- *Kooistra's Amusementsbedrijf:* Daddelautomaten, Billard, Games. Ggü. der VVV in Nes, mitten im historischen Zentrum. Außerdem in der HS häufige Darbietungen von Musik- und Gesangsgruppen, darunter der Ameländer Shantychor und der Gesangverein *Crescendo.*

Boje beim Leuchtturm

Touren

In der Saison (etwa April bis Sept.) finden regelmäßig ***zahlreiche Tourprogramme*** statt. Eine genaue aktuelle Übersicht, Fahrpläne und ggf. Karten gibt es bei der VVV Nes. Ein Querschnitt:

Busausflüge zum Festland

- Wem das Inseldasein zu fad wird, kann sich Touren nach Amsterdam und anderen Zielen auf dem Festland anschließen. Info: *Busdienst FRAM,* Tel. 42010.

Fahrradausflüge

- Ab Naturzentrum am Strandweg. Erw. *f* 4, Kinder *f* 3.

Flüge nach Texel

- Zweimal pro Woche (Mi und Do) um 9 Uhr. Preis: *f* 95 pro Person (auch Kinder). Info: *Aero Service Ameland,* Ballum Tel. 54644.

Fahrten n. Terschelling/ Schiermonnikoog

- Bei Springtide (also wenn das Wasser besonders hoch ist), werden Schiffstouren nach den beiden Nachbarinseln anberaumt. Das ist in Abhängigkeit von den Gezeiten nur alle 2 Wochen möglich. Dafür kann man auf den besuchten Eilanden aber 6 Stunden verweilen. Preis: Erw. *f* 37,50, Kinder *f* 20.

Naturführungen

- Das Naturzentrum bietet Gruppentouren zu verschiedenen Themen (z. B. Watt, Strand, Dünen) an. Preis: *f* 50-100 für Gruppen von 25-50 Personen.

Naturwanderungen

- Wanderungen durch Wald und Dünen, arrangiert durch die Staatsforstverwaltung *(Staatsbosbeheer,* Ballumerweg 44, Nes). Erw. *f* 4, Kinder *f* 3.

Planwagenfahrten ●Jeden Mittwoch um 14 Uhr in Hollum (VVV) und Buren (Juttersmuseum). Erw. *f* 8, Kinder *f* 5-6. Kutschfahrten ab Buren *f* 6 bzw. *f* 4.

Rundflüge ●15minütige Inselflüge mit Kleinmaschinen ab Flugfeld Ballum. Info: *Aero Service,* Tel. 54644.

Strandfahrten ●Mit dem "Strandexpreß" ins Naturschutzgebiet *De Hon.* Wechselweise ab Buren oder Nes. Erw. *f* 8,50, Kinder *f* 5. Ab Ballum *f* 10 bzw. *f* 6.

Wattfahrten ●Die Kutter *Ameland* und *Bruinvis* sowie das Ausflugsschiff *Watergeus* unternehmen fast täglich 2,5-3,5-stündige Exkursionen zur "Robbeninsel" und/oder den Muschelbänken. Je nach Schiffstyp und Ziel bezahlen Erw. *f* 10-20, Kinder *f* 7,50-12,50.

Wattwanderungen ●Fast täglich ab Buren und Hollum. Erw. *f* 5, Kinder *f* 4.

Fährverbindungen

Informationen ●Reservierungen und weitere Auskünfte: Reederei *Wagenborg,* Postfach 70, 9163 ZM Nes, Tel. 46111.

Fährhafen ●Abfahrtshafen auf dem Festland ist ***Holwerd.*** Das Städtchen als solches, eher ein Dorf, ist weitaus öder als hübsch. Der 4 km entfernte Fähranleger ist es auch (öd). Er stellt an geballter Häßlichkeit sogar noch ein "Gewerbegebiet" in den Schatten, denn er besteht aus nichts als einem klobigen, ins gubbelige Schlickwatt einer trostlos kahlen Küste geklatschten Rechteck aus Beton. Auf selbigem kann man dann sein Automobil (kostenpflichtig, *f* 4 pro Tag) ***parken*** und wird froh sein, diese letzte Kontinentalplatte im Austausch gegen ein Inseldasein für einige Zeit hinter sich lassen zu können.

Wie schon unter Ameland vermerkt, muß man bei ***Anreise mit öffentlichen Bussen*** den Fahrplan etwas genauer studieren, denn Holwerd und *Veerdam* sind zwei verschiedene Dinge. Jeweils etwa eine halbe Stunde vor Abfahrt der Fähren gibt es in Holwerd aber immer einen Anschluß.

●Terminal ***auf Ameland*** ist ***Nes***. Distanz vom dortigen Anleger ins Dorf: ein knapper Kilometer, *f* 3 mit dem Bus.

Auto-fähre

● Der Dienst wird von zwei großen Autofähren wahrgenommen, die zwischen etwa 6.30 und 21 Uhr fast im ***Stundentakt*** hin- und herpendeln; im Sommer zusätzliche Sonderfahrten. Die ***Fahrtdauer*** beträgt 45 Minuten. Das ***Auto*** muß rechtzeitig (am besten mehrere Wochen im voraus) für die Überfahrt ***angemeldet*** werden.

● ***Tarife:*** Es gibt einen Sommer- (1.4.-30.9.) und Wintertarif (restliche Zeit), jeweils für Hin- und Rückfahrt; einfache Fahrten werden nicht angeboten.

	Sommer	Winter
Erwachsene	ƒ 17,80	ƒ 15,50
Kinder	ƒ 9,40	ƒ 8,25
Fahrrad, Hund	ƒ 8,40	ƒ 7,25
Motorrad	ƒ 27,25	ƒ 23,50
PKW bis 4 m	ƒ 94,20	ƒ 81,20
PKW bis 4,50 m	ƒ 123,90	ƒ 106,80
PKW bis 5 m	ƒ 134,60	ƒ 115,00
LKW, Wohnwagen		
bis 2,60 m Breite	ƒ 28,55	ƒ 24,60
Breiter als 2,60 m	ƒ 57,10	ƒ 49,20

Anreise mit dem eigenen Boot

● Ameland hat ***keinen eigentlichen Yachthafen.*** Boote auf Besuch können aber rechts und links vom ***Fähranleger*** festmachen, wo sie bei Niedrigwasser dann prompt "auf Schiet" liegen – im weichen Wattengubbel kein Problem. Wenn alles voll ist, kann man sich eventuell in den winzigen Priel unmittelbar östlich der Pier packen oder auch in denjenigen in der Ballumer Bucht – obwohl es da eigentlich verboten ist. Der Ameländer ***Hafenmeister*** ist unter Tel. 52159 und auf UKW-Kanal 10 zu erreichen.

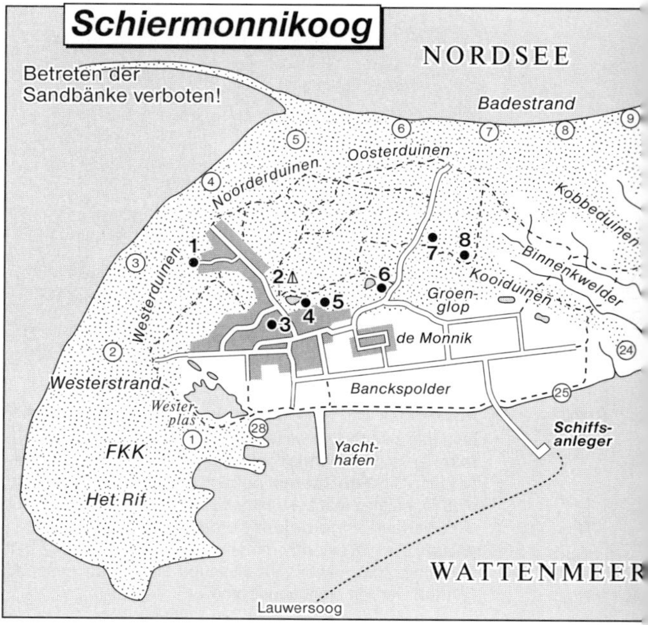

Schiermonnikoog

- Eiland ohne Eile

Geschichte

Name und frühe Geschichte

Auch ich gab mich bei erstmaliger Sichtung des Inselnamens einer Auslegung auf eine mit dem Wortteil *-koog* endende Variante hin: Wo an der Nordseeküste und auf den Inseln, im Deutschen wie im Niederländischen, gibt es nicht einen Koog?

Doch nein. Der Name dieses Eilands trennt sich *Schiermonnik-oog,* und er bedeutet "Grau-Mönch-Insel", mithin "Insel der grauen Mönche". Die triste Farbzuteilung bezieht sich auf die kargen Kutten früher ***Benediktinermönche,*** die das Kloster Claerkamp in Rinsumageest bei Dokkum schon anno 1166 auf die Insel entsandte. ***1465*** bauten sie dort das erste Kirchlein, und 1961 errichtete man ihnen zu Ehren ein Standbild im Willemshof, mitten im Dorf.

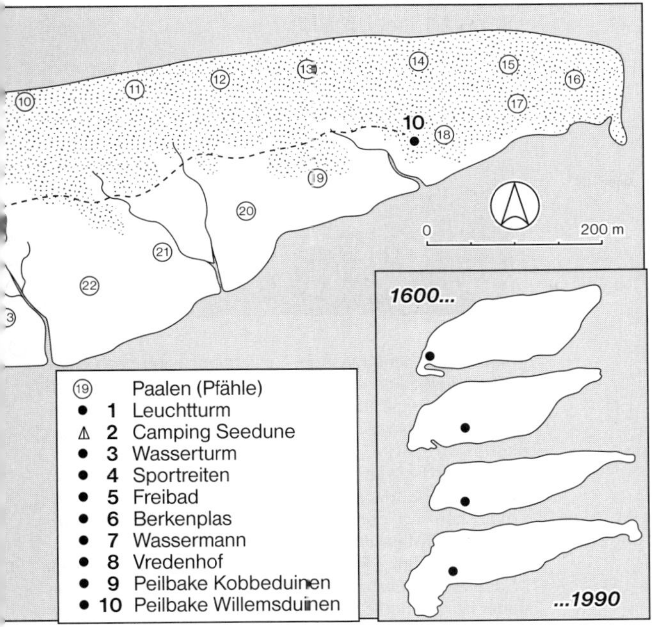

In Privatbesitz

1580 ging Schiermonnikoog aus kirchlichen Händen in den Besitz der ***friesischen Provinzialstaaten*** über. Diese verloren jedoch bald das Interesse an dem öden Sandhaufen, der mehr Geld kostete als einbrachte. ***1640*** verkauften die Friesen das Eiland an die Privatfamilie *Stachouwer,* die ihren Besitz hinfort, vielleicht mit der Macht der benachbarten Camminghas liebäugelnd, wie ein Fürstentum regierte; einmal kam es auch fast zum Kleinkrieg zwischen den beiden Inseln. Zu ***Beginn des 19. Jahrhunderts*** wurde der Feudalstatus von der Französischen Revolution hinweggefegt, und der Besitz zerbröselte.

Anno ***1859*** wurde die Herrlichkeit Schiermonnikoog erneut *verkocht*, wie es so schön auf Nederlands heißt, diesmal an einen Haager Geschäftsmann namens *John Eric Banck,* der ganz andere Ziele verfolgte als der Stachowersche Imperialistenclan. Dieser betriebige und edel motivierte Mensch ließ Deiche bauen und brachte die darniederliegende Landwirtschaft wieder zu einiger Blüte. Der größte Inselpolder wurde nach *Banck* benannt; im Westen des Polders steht ein Denkmal zu seinen Ehren. ***1866***

machte der neue Manager Schiermonnikoog nach englischem Vorbild sogar zum fashionablen ***Nordseebad*** und leitete damit eine für die Insel außerordentlich segensreiche Entwicklung ein, die bald auf die Nachbareilande abfärben sollte.

Ein paar Jahre später verging ihm offenbar die Lust an der Robinsonade, denn ***1878*** veräußerte er die insulare Liegenschaft an den deutschen ***Grafen Hartwig von Bernstorff-Wehningen*** weiter. Selbiger, nicht minder innovationsfreudig, ließ auf dem fast kahlen Eiland prompt Nadelwald anpflanzen, um damit Geld zu verdienen. Darüber ist man heute noch sehr glücklich, denn wegen herber Verlustrechnungen wurde nichts aus einem profitablen Forstgeschäft, und der Wald blieb stehen. Auf anderen Gebieten allerdings ließ sich der Betrieb zunächst gut an. In den goldenen achtziger Jahren des letzten Jahrhunderts ritt Schiermonnikoog auf der Welle des gerade einsetzenden Bade- und Reisefiebers, und ein förmlicher Boom brach los, der im Bau des majestätischen "Badhotels" à la Scheveningen und diverser anderer luxuriöser Anlagen gipfelte, so der *Villa Opduin* inmitten einer sandigen Einöde. Der Fremdenverkehrsverband VVV entstand bereits 1899.

Doch danach war denen *von Bernstorff-Wehningen* wenig Fortüne mit ihrem Erwerb beschieden. Das teure Badhotel begann ***1923*** zu verfallen, zwei Jahre später kullerte es endgültig in die See, die ein 300 Meter tiefes Loch in die Dünen gerissen hatte. Erbfolger *Graf Bechtold Eugen* mußte bei Kriegsausbruch ***1939*** sehen, wie er mitten in Feindesland mit seinem weißen Elefanten fertig wurde. Kaum ein anderer Deutscher trat während des Krieges wohl beschützender für "seine" Holländer ein als der letzte Inselfürst, und niederländische Quellen bescheinigen den beiden *Bernstorffs* auch durchaus, viel für das Eiland getan zu haben. Doch man dankte es ihnen nicht; die Niederländer hatten noch nie gerne Untertanen unter einem Patron sein wollen. Nach Kriegsende wurde *Graf Bechtold Eugen* ent-

schädigungslos enteignet. *"Hij heeft herhaalde malen geprobeerd het eiland terug te krijgen,"* – "Er versuchte zu wiederholten Malen, die Insel zurückzuerlangen," steht in holländischen Texten, *"maar dat is niet gelukt"* – "aber es gelang ihm nicht." Der Edle starb verbittert 1987; immerhin ruht er in insularer Erde. Im prächtigen Grafengutssitz *De Rijsbergen,* noch aus der Stachouwer-Zeit stammend, hat man heute die Schiermonnikooger Jugendherberge untergebracht.

Das Dorf

Das Inseldorf, es gab immer nur ein einziges, stand ursprünglich weit im Westen, gut 3 km vom heutigen Städtchen entfernt, und nannte sich Westerburen. Schon im ***17. Jahrhundert*** begann die See an ihm zu nagen, und bald ging es den Weg aller Westdörfer. Glücklicherweise waren diese Vorgänge nicht abrupt. Die Insulaner konnten sich ausrechnen, zu welchem Zeitpunkt das Wasser in ihren Stuben stehen würde. Eine endgültige Entscheidung wurde durch die teuflische ***Weihnachtsflut von 1717*** jedoch beschleunigt, und beginnend ***1720***, siedelte man nach und nach in Richtung Osten um. Oosterburen, wie man den neuen Ort zunächst nannte, entstand an heutiger Stelle. Eines der ersten Häuser aus jener Zeit, das *Marten* mit Datum 1724, ziert jetzt Schiermonnikoogs Parademeile Middenstreek.

Die große ***Februarflut von 1825*** wurde auch der neuen Siedlung fast zum Verhängnis. Um ein Haar brach die See durch den *Noorder Noorman,* einen alten Priel westlich des Ortes, doch es ging noch einmal gut. Bald übernahm der Sand dort die führende Rolle und schirmte das Dorf mit hohen Dünen verläßlich gegen die See ab. Trotzdem mußte noch ein Deich gebaut werden – der *Stuifdijk,* gegen den *Sand -,* sonst wäre jetzt die Wüste in den Ort gewandert. Das Schicksal aller Nordseeinseln ist halt, daß sie sich gegen *alle* Elemente behaupten müssen, nicht nur gegen den Blanken Hans ...

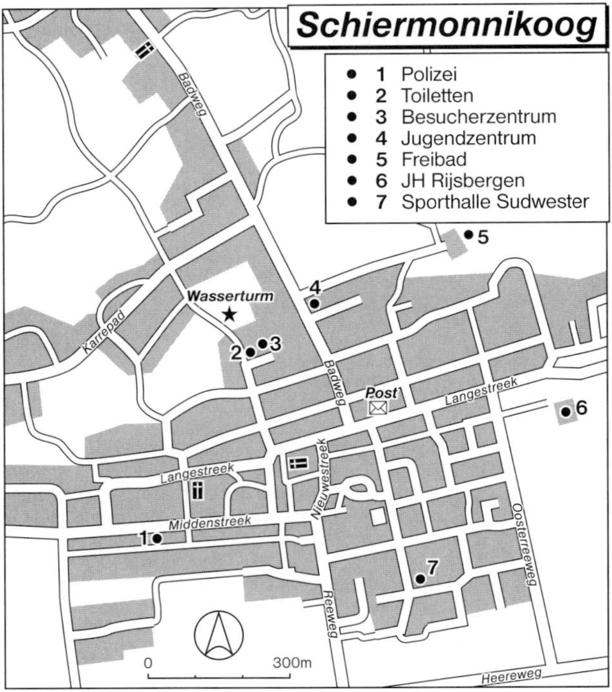

Schiermonnikoog heute

Der ***Middenstreek*** und unfern davon annähernd parallel verlaufend der ***Langestreek*** - sie machen das historische Herz des alten *Oosterburen* aus, das sich längst ***Schiermonnikoog*** nennt und heute von etwa 950 "Permanenten" bewohnt wird. Schlappe einhundert von diesen *Schiersen* sprechen noch den alten Inseldialekt, ein ursprüngliches Friesisch. Aber sie sind kein alleiniger Maßstab für Originalität. Hin und wieder muß ich, allen guten Vorsätzen zum Trotz, dann doch der Versuchung nachgeben, einer Lokalität ein Prädikat zu verleihen, das sie verdient. Also gut: Schiermonnikoog ist das "behaglichste" Inseldorf von allen; an alter, traditionsbeladener Atmosphäre, finde ich, ist es kaum zu überbieten. Nur auf Schiermonnikoog, scheint's, ist auch eine Zeitungsschlagzeile wie diese möglich: *"Eilander redt bergeendjes uit snavel zilvermeeuwen* – Insulaner rettet Bergentlein aus dem Schnabel von Silbermöwen!" Das sind eben engagierte, naturnahe Typen, die sich eins drauf pfeifen, ob in der Television ferne Völker aufeinanderschlagen – sie haben viel kleinere, aber auch viel naheliegendere Prioritäten. Wenn man sich die *Schiersen* einmal genauer anschaut: Sie machen alle einen recht glücklichen Eindruck.

Typisches Inselhaus

Was sich über die beiden "Meilen" hinaus angesiedelt hat, sieht trotz vielen guten Willens aber genauso geschmacklos aus wie anderswo auch, und man tut gut daran, sich möglichst bald an die Strände zu begeben, von denen Schiermonnikoog so viele hat. Drei "Ausfallstraßen" führen an die Nordsee: Der ***Westerburenweg*** peilt geradewegs Paal 2 und die *Westerduinen* an. Zur Linken liegt dann der ***Westerplas,*** ursprünglich ein Kolk (Grube, aus der Erdreich für den Deichbau entnommen wurde), jetzt ein romantisch verwachsener Teich mit Naturschutzstatus, in dem sich ständig allerlei Gefieder tummelt. Der ***Badweg,*** nordwestlich ausgerichtet, hat den rosafarbenen Leuchtturm im Visier und führt durch reizvolle Dünentäler. Der ***Prins Bernhardweg***

letztlich gibt die Richtung (generell NO) auf den "eigentlichen" Badestrand vor, gut 3,5 km vom Ortskern entfernt. Auf ihm herrscht am meisten "Verkehr", wenn man die Rudel von *fietsern* so nennen will. Und überall sonst dominiert die urwüchsige Natur, die Schiermonnikoog so ungemein anziehend macht.

Strand und Natur

Manche Publikationen sprechen Schiermonnikoog "den schönsten Strand Europas" zu. Diesen Titel muß sich die Insel wohl mit Vlielands "Sahara", ein Stückchen weiter westlich nur, oder mit Amrums Kniepsand im deutschen Nordfriesischen teilen, von weiter südlich gelegenen Gefilden ganz zu schweigen. Immerhin 16 Kilometer ist er aber lang, von Paal zu Paal, vom *Rif* im Westen bis zum *Balg* im Osten, und enorm breit (über einen Kilometer) ist er auch. Zu gut drei Vierteln besitzt die Insel zudem (beginnend unmittelbar östlich des Ortsrandes von Oosterburen mit Ausnahme eines dünnen Strandstreifens im Norden) ***Nationalparkstatus.*** Schon insofern nimmt Schiermonnikoog unter den fünf Eilanden einen besonderen Rang ein.

Baden ist überall erlaubt; zwischen Paal 2 und 7, also an den Stränden mit einigem Andrang, allerdings nicht nackt – die grauen Mönche halten da die Hand vor. Im Bereich von Paal 6 und 7

ist der Strand (im Sommer) bewacht, bei 3 und 4 am Badweg im Westen befindet sich das Windsurfgebiet. Nördlich dieses Areals zieht sich ein langer Haken von ***Sandbänken*** dahin, der in den Karten mit einem großgedruckten Hinweis versehen ist: *"BETREDEN VAN DE ZANDBANKEN WORDT TEN ZEERSTE AFGERADEN!"* (Vom Betreten der Sandbänke wird strengstens abgeraten). Dort wirken Brandung und Strömungen nämlich besonders bösartig zusammen, und die wackeren Männer von der KNRM-Seenotzentrale haben wenig Lust, immer wieder ihr Rettungsboot klarzumachen, weil jemand mit dem fetzenden Sog seewärts ins Verderben getrieben wird (sie tun es aber trotzdem).

Het Rif im Südwesten ist eine fantastische Plate, Sand, Sand und nochmals Sand. Irgendwelche Brocken, Ziegel, Steine bei Ebbe? Sie könnten Relikte aus Westerburens alten Tagen sein, ein geschichtsbefrachtetes Urlaubssouvenir. Eine versunkene Kirche liegt etwa einen Kilometer seewärts vom Westerstrand, auf halbem Wege dahin die vormalige Pastorei. Gleich östlich vom Dorf beginnt das ***NSG,*** eines der urwüchsigsten aller Nordseeinseln und seit 1989 Nationalpark. Diese großartige Landschaft, in der über die Hälfte aller in den Niederlanden vorkommenden Pflanzen wächst, ist vom 15.4. bis 15.7. für den Publikumsverkehr gesperrt. Außerhalb der genannten Periode kann man das Areal zwischen dem Dünengürtel im Norden und den prachtvollen Salzwiesen *("Kwelder")* im Süden auf dem *Kwelderpad* bis zur *Willemsduin* (Peilbake bei Paal 18) zu großen Teilen erwandern; weiter im Norden streckt sich der *Waterstaatpad* 3 Kilometer tief in das Gelände. Dazwischen führen lediglich zwei Pfade um die *Kobbeduinen* herum, an deren südlichem Scheitelpunkt den Besucher eine Bake und ein Aussichtspunkt erwarten. Außerhalb dieser wenigen Wege gibt es keine weiteren Begehungsmöglichkeiten; das Areal ist halt NSG. Ganzjährig darf man jedoch auf einem 100 m breiten Streifen längs der See am Oosterstrand bis zum *Balg* vorstoßen, einer herrlich einsamen Sandplate im "Fernen Osten"; man muß dafür aber schon eine stattliche Anzahl von Kilometern zurücklegen (ab *Badstrand* 9 km - one way!). Oder aber man schließt sich einer urigen Traktorfahrt dorthin an - siehe Touren.

Sehenswertes

Aussichtspunkt

Die beeindruckendste Erhebung (es gibt höhere) im Ortsbereich ist der sogenannte *Wassermann,* einen guten Kilometer außerhalb des Örtchens am Prins Bernardweg gelegen. Der Name ist derjenige eines ***Westwallbunkers,*** den die *Duitsen* anno 1940 auf der Poemelsduin errichteten, eines häßlichen Betonklotzes, der nichtsdestoweniger heute große Anziehungskraft zu besitzen scheint, denn stets tummeln sich Schaulustige in der luftigen Höh (etwa 15 m).

Besucherzentrum

Auf Nederlands nennt es sich *Bezoekerscentrum.* Eine Unterabteilung, *De Oude Centrale,* wird von einem Freiwilligenkollektiv gebildet, das nur im Juli und August in Aktion ist und Exkursionen in Schiermonnikoogs Wildnis arrangiert. Zu finden ist das nüchterne Gebäude unterhalb des Wasserturms (Torenstreek 20, etwas nördlich des Dorfkerns). Drinnen gibt es von April bis September und in den Herbst- und Weihnachtsferien Mo-Sa von 10 bis 12 und 13.30 bis 17.30 Uhr satt Informationen zu den Themen Nationalpark im allgemeinen und Inselnatur im besonderen. Auch im Winter ist das Zentrum geöffnet, dann jedoch nur nachmittags. Der Eintritt ist frei. Auskünfte: Tel. 31641.

Leucht-türme Zwei von ihnen gibt es auf Schiermonnikoog; beide wurden anno 1854 in Betrieb genommen. Der südlichere der Türme, eben der beim Besucherzentrum und von reinem Weiß, dient heute nur noch als Wasserreservoir und steht unter Denkmalschutz. Der andere, zartrosa, erhebt sich bei Paal 3 und ist als Radarzentrale der Küstenwacht um die Uhr besetzt. Keiner ist besteig- und von innen beguckbar, doch beide gehören auch aus der Froschperspektive zu den schönsten Fotomotiven der Insel!

Walkiefer Dieses ragende Säugetierrelikt ziert den Eingang zur mitten im Ort gelegenen ***Parkanlage Willemshof.*** Es stammt nicht aus der goldenen Zeit des Walfangs, sondern aus einer ziemlich blechernen: Anno 1951 brachte das Fangboot *Willem Barentsz* das Souvenir aus der Antarktis mit. Damals war es eine Trophäe, heute ist es eher ein Mahnmal zur Erinnerung an frühere Sünden.

Insel-Info

Vorwahl: 0519-5

Auskunft

- ***VVV Schiermonnikoog,*** Reeweg 5, 9166 PW Schiermonnikoog, Tel. 31233 (Buchungen: 31900), Fax 31325. Offen ganzjährig Mo-Sa 9-13 und 14.30-18.30 Uhr. Lage: Ecke Paaslandweg, nahe am südlichen Ortseingang.
- Die ***Quartierliste*** (teilweise deutsch) von Schiermonnikoog kostet *f* 4,50.

Fortbewegung

Schiermonnikoog ist ***autofrei;*** nur Insulaner und Zulieferer dürfen ihre Mobile mitbringen. Das reicht aber auch schon. Sommertags drängt es sich im "Town" bereits ziemlich möffelig zusammen.

Busse verkehren täglich (im Winter eingeschränkt) etwa 2stündlich von 7 bis ca. 19 Uhr zwischen der Fährpier und (via Oosterburen) dem Strandhotel bzw. dem Bungalowpark De Monnik.

Fahrräder, versteht sich, kann man an jeder Straßenecke mieten. Ungefähr 3.000 Leihräder gibt es auf dem kleinen Eiland, mehr als einhalbmal soviel wie Betten

(5.500). Tunlichst gehe man aber ***zu Fuß.*** Die Insel ist so klein, daß sich Tagesetappen per pedes in jeder Himmelsrichtung problemlos bewältigen lassen!

Unterkunft

Die nachstehend aufgezählten Unterkünfte (außer Hotels und Pensionen) sind in der Quartierliste aufgeteilt in die Sparten *Te boeken via VVV-Schiermonnikoog / via eigenaar,* also über die VVV oder direkt über den Eigentümer zu buchen. Die VVV berechnet *ƒ* 15 für jede Buchung.

Hotels/ Pensionen

Das *Van Der Werff* (Reeweg 2, Tel. 31203, Fax 31748) stammt aus dem Jahre 1726 und ist meines Erachtens das schönste und romantischste Hotel aller Inseln. Ursprünglich als Rathaus und Poststelle erbaut, ähnelt es heute einem Museum. Trotzdem, Romantik scheint kein geldwertes Kriterium zu sein, hat man ihm nur zwei Sterne beigemessen. Ganz billig ist es aber nicht: Für eine ÜF muß man mindestens *ƒ* 72,50 anlegen. Die sechs weiteren Hotels sind neuzeitlichen Datums mit relativ moderaten Preisen von *ƒ* 88 für 2 x Ü im Appartementhotel *Schiermonnikoog* (Tel. 31207) und akzeptabel klingenden *ƒ* 58 bzw. *ƒ* 60 in den Fünfsternern *Boszicht* (Tel. 31287) in Leuchtturmnähe und *Noderstraun* (Tel. 31111) direkt an der See (beides jeweils die Minimalpreise für ÜF). Auch werden diverse vergünstigte Sonderarrangements für mehrere Tage angeboten. Hier ist jedoch bei den meisten Hotels (nicht beim vornehmen *Werff*) auf kleingedruckte Zuschläge für HS und Ferienzeiten zu achten, sonst ist der schöne Rabatt wieder futsch.

Moderne Technik am Hafen

Schiermonnikoog

Schiermonnikoogs einzigartiger Vredenhof

Auf allen Inseln hatte es stets eine *Dodemanskist* gegeben, einen improvisierten ***Friedhof,*** auf dem angeschwemmte tote Seeleute begraben wurden, an denen es nie mangelte. Schon die Seuchengefahr diktierte, daß die armen Sailors möglichst bald unter den Dünen verschwinden mußten. Schiermonnikoog hält insofern einen besonderen Rekord - und das in diesem Jahrhundert! Scheinbar treffen die Strömungen vor der Insel derart zusammen, daß auf den Stränden immer wieder die Opfer der zahllosen See- und Luftschlachten des Nordseeraums antrieben, welche die beiden Weltkriege forderten. 1943 erschien dort ein für die damalige Zeit sehr prominenter Gast, der Admiral *Raeder,* um sich über die Verhältnisse vor Ort zu informieren. Besorgte ihn die stets zunehmende Zahl deutscher Mariner auf dem niederländischen Friedhof, die das deutsche Kriegsgeschick sozusagen statistisch widerspiegelte?

Der Vredenhof, unterhalb der Poemelsduin gelegen, verfügt heute über ein umfangreiches ***Archiv,*** das bis in die jüngste Gegenwart mit Neuentdeckungen überrascht. Nachkommen aus allen kriegsführenden Nationen, bis hin nach Australien und Neuseeland, stoßen mitunter auf die heiße Spur eines Vermißten bei der Marine oder Luftwaffe. Deutschland, wie Herr *Raeder* schon argwöhnte, ist auf dem Vredenhof numerisch eindrucksvoll vertreten. Vielleicht, unmöglich ist es nicht, entdeckt auch ein hiesiger Besucher dort einmal einen lieben Verwandten aus alter Zeit.

Zimmer

Selbst mitten in der Hauptsaison kann man durch Schiermonnikoogs alten Ortskern schlendern und wird immer wieder mal ein Schild mit der Aufschrift *Logies vrij* entdecken, das die 300.000 jährlichen Inselbesucher übersehen hatten. Und das, obwohl es gerade mal zwei Dutzend *kamers* dieser Kategorie gibt! Ü ist mehrmals bereits ab *f* 25 vertreten; ÜF kostet ab *f* 30.

Bungalows Fewos Appartements

Geradezu schmerzlich vermißt man bei diesem Komplex die ***saisonellen Preisabstufungen*** in den Katalogen der anderen Inseln, wie unübersichtlich die auch manchmal sein mögen. Auf Schiermonnikoog hat man es sich einfach gemacht und gibt lediglich die niedrigsten und höchsten Preise *(prijs van-tot)* für das ganze Jahr an. Das Verhältnis liegt bei etwa 1 zu 2. Alle drei Arten von Herbergen kosten ab ca. *f* 400 pro Woche. Ein paar hübsche alte Giebelhäuser sind dabei; sie kosten auch gleich das Doppelte. Wegen der dürftigen Angaben in der Liste gibt es nur eine Möglichkeit: anrufen und fragen, was die Unterkunft zu diesem oder jenem Datum kostet.

Gruppenunterkünfte

Sieben *kampeerboerderijen* gibt es auf Schiermonnikoog. Alle sind ganzjährig in Betrieb, und alle bieten eine recht umfangreiche Palette von Unterbringungsmöglichkeiten: Gruppen (bis zu 100 Personen) können unterkommen, aber auch Einzelreisende, und auch für ein paar Zelte ist immer Platz. Ab *f* 10 (Ü) ist man schon dabei. Auskünfte direkt durch die Betreiber:

- *Binnendijken:* 9166 LL Middenstreek 5, Tel. 31633.
- *De Branding:* 9166 SE Heereweg 2, Tel. 31557.
- *De Duinhoeve:* 9166 SC Kooiweg 2, Tel. 31283.
- *De Kooiplaats:* 9166 SB Kooipad 1, Tel. 31372.
- *De Oorsprong:* 9166 SE Heereweg 8, Tel. 31391.
- *Eureka:* 9166 SE Heereweg 4, Tel. 31421.
- *Springfield:* 9166 LT Melle Grietjespad 17, Tel. 31366.
- Die *groepsaccommodatie De Aude Schúele* (9166 NC Badweg 3, Tel. 31446), offen von März bis Dezember, bietet außerdem Unterkunft für Gruppen um 15 Personen.

Jugendherberge

●Die *NJHC Rijsbergen* (9166 NZ Knuppeldam 2, Tel. 31257) liegt am Dorfrand (östliches Ende des Langestreeks) und ist zünftig im einstigen Herrschaftssitz derer von Stachouwer untergebracht. Ganzjährig geöffnet.

Camping

●Nur zelten kann man - natürlich - auf der autofreien Insel. Schiermonnikoogs ***einziger Campingplatz*** liegt am Seeduneweg 1 (Tel. 31398), etwa mittig zwischen Ort und Leuchtturm, und heißt auch so: *Seedune.* Er bietet 800 Zelten Platz. Offen von Mitte März bis September. Für die Sommermonate ist schriftliche Reservierung erforderlich (Postcode: 9166 RX). Keine unbegleiteten Jugendlichen unter 16.

Kinderbetreuung

●Das *Kittiwake* (Badweg 12) wird von einer christlichen Arbeitsgruppe unterhalten und bietet (im Sommer) den Kleinen ein recht rundes Programm. Auch den nicht so ganz Kleinen: Ab und zu gibt es mal einen Discoabend. Programmbeitrag: zwischen *f* 1 und *f* 4. *Kittiwake* ist übrigens englisch und bedeutet "Dreizehenmöwe".
●Im *Dûnatter* am Duinpad können sich Kinder von Mitte Mai bis Anfang September in einem (beheizten) Freiluftbad mit allerlei Spielmöglichkeiten amüsieren. Eintritt: *f* 4,85.

Gastronomie

●*Berkenplas* (Prins Bernardweg 1): Café und Restaurant mit leistungsfähiger Karte von 10 bis 22 Uhr. Am gleichnamigen hübschen Teich in den Dünen östlich des Ortes gelegen. Jugendtreff.
●*Boszicht* (Hotel, Badweg 91): Schmackeliges, wenn auch nicht ganz billiges (*f* 17,50) Frühstücksbuffet 9-11 Uhr, dann ab 12 Uhr täglich Dreigängiges ab *f* 29,50.
●*Brakzand* (Langestreek 66): Fisch- und Fleischspezialitäten, Tagesmenü, Vegetarisches. Ab 16 Uhr.
●*De Oase* (Badweg 5): Mitte '95 übernahmen Thai-Chefs diesen Laden, dessen *zelfgemaakte hamburgers* die Gäste wohl nicht sehr gereizt hatten. Jetzt gibt es Exotisches von 12 bis 23 Uhr. Interessant klingende Gerichte - und alles gut unter *f* 20!
●*De Zeester* (Badweg 117): Am Strand gelegen, bietet der "Seestern" alles vom Pfannkuchen bis zum feinen Diner, an Wochenenden auch zu Livemusik.
●*Di Marco* (Langestreek 11): "Der professionelle Pizzabäcker - nachweisbar besser!" lobt der Italiener *H. Rutgers* in vergleichender Werbung seine Produkte. Was *Maria* (weiter unten) wohl dazu zu sagen hat ...?

- *Klontje* (Middenstreek 12): Wieder einmal taucht hier "Ihr warmer Bäcker" auf, erneut, wie zu hoffen steht und trotz *Th. Klontjes* augenzwinkerndem Logo, nicht mißverständlich.
- *Maria* (Langestreek 46): *Echte Italiaanse Pizza's* - ich übersetz' es gerne. Hier ist Schiermonnikoogs zweiter Italiener (im Alphabet) also zu Hause.

Sport

Reiten

- *Binnendijken* (van der Molenpad 13, Nähe Westerplas-See) vermietet Pferde auf Stundenbasis. Am 2. Mittwoch im Juli auch großer Parcours.

Tennis

- *De Hinneleup* (Nähe Schwimmbad) berechnet für Schiermonnikoog recht stramme *f* 20 pro Bahn und Stunde.
- In drei ***Hotels*** (Noderstraun, Schiermonnikoog, Werff) gibt es ebenfalls Tennisplätze, auf denen auch Nichtgäste spielen können. Meisterschaftsaustragung am letzten Juli-Wochenende.

Windsurfen

- Bei *Paal 3,* so auch der Name des Betriebs am Ende des Strandwegs, kann man Brettl mieten, außerdem Strandstühle und Windschirme. Meisterschaft: siehe unter Veranstaltungen.

Schiermonnikoog

Unterhaltung

Tanz

- *De Koele:* In der "Kuhle" (Kellerbar des Hotels *Duinzicht,* Badweg 17) gibt's ab 21 Uhr live Musik, jedoch nur an Wochenenden.
- *Toxbar* (Reeweg 7): Café, Pub, Billardhalle, ab Frühjahr Tanz in allen Sälen.

Feste/ Veranstaltungen

- *Kallemooifeest:* Setzt dem Pfingstfest noch eins drauf. Buchstäblicher Höhepunkt der Sause ist das Aussetzen eines gestohlenen Gockels in einem Korb auf der Spitze eines hohen Maibaumes - ein altes Fruchtbarkeitsritual. Nein - statt "ist" muß ich "war" sagen. Sauertöpfische Tierschützer haben dem Hahn-im-Korb-Brauch in jüngster Zeit leider ein Ende bereitet. Ob die Giggel sich wirklich auf ihrer luftigen Warte so elend gefühlt haben? Immerhin suchen sie unter natürlichen Bedingungen stets einen solchen Platz auf ...
- *"Windsurf-Happening":* Auf dem Board einmal rund um Schiermonnikoog; in- und ausländische Top-Surfer sind dabei. Erstes oder zweites (von den Gezeiten abhängig) Wochenende im Juli.

Zeitungen und Programmübersichten

- *De Dorpsbode:* Zweimal monatlich. "Dorfbelange", niederl.
- *Lytje Pole:* Viermal jährlich (Hg.: VVV), niederl.
- *Schiermonnikoog Journaal:* Vierteljährlich, niederl.
- *Schierse Zomerkrant:* 13x jährlich, Frühjahr bis Herbst, niederl.

Touren

Natur-ausflüge

- Das Besucherzentrum (s. o.) unternimmt fast ständig irgendwelche Exkursionen: ins Watt, zu Graf *Bernstorffs* Wäldchen, in Salzwiesen, Polder und "zu den Geheimnissen des Nordseestrandes". Die Hauptaktion findet im Juli und August statt. Mit *f* 3-5, Kinder *f* 1, ist man dabei. Info: Tel. 531641.

Traktor-fahrt zum "Balg"

- Im Sommer tuckert ein brummiger Traktor mit Personenanhänger vom Badweg den Strand entlang zur Ostspitze *Balg*. Erw. *f* 11,50, Kinder *f* 6. Info über den "Balg-Expreß" im Fischgeschäft *Noorderstreek* 38 oder bei der VVV.

Watt-wande-rungen

- Wattwanderungen werden vom Besucherzentrum (s. o.) arrangiert. Einen besonderen Leckerbissen gibt es nur sporadisch: die Wanderung nach Pieterburen auf dem Festland.

Fährverbindungen

Info

- Auskünfte durch die Reederei *Wagenborg,* siehe unter Ameland.

Fährhafen

- Schiermonnikoogs Abfahrtshafen auf dem Festland ist ***Lauwersoog.*** Früher breitete sich hier das Mündungsgebiet der *Lauwerszee* aus, eines großflächigen Gezeitenmeeres, das weit bis Friesland hineinreichte. 1969 wurde das Loch dichtgemacht, und die *Lauwerszee* wurde zum ***Lauwersmeer,*** einem Binnensee. Nur noch eine schmale Schleusenpassage, yachtengängig, verbindet das Gewässer, heute eines der schönsten Binnensegelreviere und wichtigsten Naturschutzgebiete Frieslands, mit der Nordsee.

Dort, an der Schleuse, liegt Schiermonnikoogs Fährterminal Lauwersoog: ein kleiner, kahler Fischereihafen und daneben ein Anleger aus Beton, noch trostloser. Auch das *Grand Café*, das dort (als einziges Gebäude außer dem Terminal selbst) steht, verleiht dieser Kunstlandschaft keine fröhliche Note: Man ist froh, wenn die Fähre in Richtung Insel ablegt.

Parken kann man auf dem Terminalgelände und auf zwei großen Parkplätzen gleich hinter dem Deich. Kostenpunkt: *f* 2 für bis zu 3 Stunden, *f* 4 pro Tag.

Lauwersoog hat eine ***Busverbindung*** mit Groningen, dort befindet sich der nächste ***Bahnhof.***

Fähre

- Für Inselfremde werden ***keine Motorfahrzeuge*** mitgenommen. ***Fahrzeit*** ca. 45 Min.
- ***Fahrplan***

	Lauwersoog	Schiermonnikoog
Mo-Sa	06.30	07.30
täglich	09.30	10.30
Mo-Sa Juni-Aug., Juli-Aug. auch So	11.30	12.30
Mo-Fr, März-Okt. auch Sa	13.30	14.30
So von März bis Okt.	15.30	16.30
täglich	17.30	18.30
Fr, Juli-Aug. auch So	19.30	20.30

- Im Sommer und zu Ferienzeiten auch häufige ***Sonderabfahrten.***
- ***Tarife:*** Alle Fährpreise gelten für hin und zurück; eine einfache Fahrt wird nicht angeboten. Erw. *f* 18,30; Kinder und Senioren *f* 9,90; Fahrrad/Hund *f* 8,40.

Anreise mit dem eigenen Boot

- Schiermonnikoog ist ein beliebtes Revier und hat einen urigen ***Yachthafen.*** Genauer gesagt handelt es sich um ein gubbeliges Loch zur rechten Hand eines Leitdamms unmittelbar südlich des Dorfes, an dem früher (beginnend 1927) die Fähren festmachten, bevor der jetzige Anleger etwa 2,5 km weiter östlich entstand. Deshalb auch der Name: *De Oude Veerdam.* Ringsum fällt bei Niedrigwasser alles trocken, auch die Oldtimer der "Braunen Flotte" am Kopf des Anlegers liegen auf Schiet. Nur im Becken mit festen Steigern und Schwimmstegen ist es dann noch naß – nun, 1-1,5 Meter immerhin, entsprechend dem mittleren Anreisetiefgang. Der Popularität der Insel gemäß wird es im Sommer immer brechend voll in der Kuhle; bis zu 120 Boote knüdeln sich dann zusammen. Also lieber erst einmal den ***Hafenmeister*** anrufen: Tel. 31544, UKW-Kanal 5.

Geheimnisvolle Eilande

Im Osten von Schiermonnikoog fasert die Kette der niederländischen Nordseeinseln in ein paar dünne Sandhaken aus, bevor man jenseits der Emsmündung wieder ein Stück festeren Bodens erreicht: Borkum, deutsches Territorium, auf dem bis weit ins letzte Jahrhundert hinein noch Niederländisch gesprochen wurde. ***Simonszand, Rottumerplaat*** und ***Rottumeroog*** nennen sich die drei winzigen Fleckchen in der wilden See, die ersten beiden lediglich Sandbänke, das letztere immerhin eine Insel *(Oog)* - oder zumindest die Reste davon ...

Im 15. Jahrhundert war ***Rottum,*** so der damalige Name, noch ein recht substantielles Eiland, groß genug, um dort Vieh weiden zu lassen und ein paar Lagerhäuser zu bauen, diese wiederum groß genug, um Hamburger Seeräubern zwecks Plünderung ins Auge zu stechen. Doch das war alles nicht von Dauer. Unablässig zerrten Strömungen an dem Inselchen. Es wanderte ständig ostwärts, während der letzten 200 Jahre allein um gut fünf Kilometer, und es wurde dabei immer kleiner. In 30 oder 40 Jahren, so die heutigen Voraussagen, wird es endgültig im Trichter der Ems verschwunden sein.

1738 wurde ***Rottumeroog*** Eigentum der Provinz Groningen. Die setzte dort immerhin einen Strandvogt ein, denn der kleine Brocken Land zog nicht minder fleißig Schiffswracks auf sich als die größeren Inseln im Westen. Noch in jüngerer Vergangenheit wurde die Tradition der Strandmeisterei fortgeführt. Ein Robinson mit dem exotischen Namen *Jan Toxopeus* handhabte Rottumeroogs weltliche Belange, bis ihm 1965, die Insel war binnen kurzem gerade um die Hälfte geschrumpft, die Last offenbar zu schwer wurde. Vielleicht gab es auch keine Zuschüsse mehr; jedenfalls stieg er aus dem Ausstieg aus. Das Wasserwirtschaftsamt nahm sich nunmehr der Insel an und versuchte sie mittels diverser Uferbefestigungen am weiteren Davonschwimmen zu hindern. Zu Beginn der neunziger Jahre setzte sich zusammen mit dem Nationalparkkonzept jedoch der Konsens durch, der Natur ihren Lauf zu lassen. Das wiederum paßte dem inzwischen herangewachsenen *Toxopeus Jr.* nicht, der "sein" Eiland in der Auflösung wähnte und eine "Besetzung" in Gang brachte, mit dem Erfolg, daß die Befestigungsarbeiten fortgeführt wurden. Heute ist Rottumeroog, das Miniterritorium der beiden Sandbänke sowieso, Teil des Nationalparks Wattenmeer, und niemand darf dort mehr sein kleines Königreich errichten. Aber ein paar Bevorzugte, der Segler und der Wattenläufer (ab Pieterburen) zum Beispiel, können sich in diesen Bereichen - außerhalb der sommerlichen Brutzeit - eines der urwüchsigsten Naturgebiete des gesamten Nordseeraumes erfreuen. Mal einen oder zwei Tage auf Rottumeroog Robinson zu spielen dürfte manchen Anspruch aufs Nordsee-Abenteuer erfüllen.

Anhang

Kleine Sprachhilfe Nederlands

Aussprache

Hier sind nur diejenigen Buchstaben (-kombinationen) aufgeführt, deren Aussprache abweichend vom Deutschen ist bzw. sein kann. Allgemein gilt für die Aussprache des Niederländischen, daß die Klänge im Gegensatz zum Deutschen weiter hinten in der Kehle gebildet werden und dadurch "dicker" klingen.

Im Wort

ch, g	wie rauhes "ch" in "la***ch***en"
ei	wie "äi"
eu	wie "ö"
ij	zwischen "ai" und "äi", fast wie in "L***ay***out"
oe	wie "u" in "B***u***s"
ou	wie "au" in "M***au***s"
s	stimmloses "s" wie in "Bu***s***"
sch	wie "ß" und "ch" in Häuschen
sj	wie "sch" in "***Sch***ule"
tj	wie in "Ma***tj***es(heringe)"
u	wie "ü" in "M***ü***he"
ui	etwa wie "öi" in "F***eui***lleton"
v	zwischen "f" und "w", etwa wie in "***F***rage"
z	stimmhaftes "s" wie in "Ro***s***e"

Am Wortende

-n	wird manchmal verschluckt
-lijk	"lek" klingt fast wie "lök"
-tie	"tsi"
-ig	"ech" mit weichem "ch" (kein "ä")
-isch	"iß"

Die wichtigsten Fragewörter

waar?	wo?
waarvandaan?	woher?
waarnaartoe?	wohin?
waarom?	warum?
hoe?	wie?
welke?	welches?
hoeveel?	wieviel?
wanneer?	wann?
waarmee?	womit?
wat voor een?	was für ein?

Die wichtigsten Floskeln und Redewendungen

jja - nee	a - nein
dank U - alstublieft	danke - bitte
graag gedaan / tot uw / je dienst	Keine Ursache / gern geschehen
Dankjewel, hetzelfde / eensgelijks!	Danke gleichfalls!
Dank U, hetzelfde ..	zu älterer Person od. Erw., den man nicht kennt:
Goedemorgen! / dag!	Guten Morgen! / Tag!
Goedemiddag!	Guten Mittag!
Goedenavond!	Guten Abend!
Welterusten!	Gute Nacht!
Welkom!	Willkommen!
Hoe gaat het met jou / U?	Wie geht es dir / Ihnen?
Dank U wel, goed! Dankjewel!	Danke, gut
Hallo! / Hoi! - Dag!	Hallo! - Tschüß!
Tot ziens!	Auf Wiedersehen!
Okee!	In Ordnung!
Eet smakelijk!	Guten Appetit!
Proost!	Zum Wohl! Prost!
Sorry!	Entschuldigung!
Is niet erg. / Is Okee.	Macht nichts!
Hartelijk gefeliciteerd.	Herzlichen Glückwunsch.
Dat bevalt me.	Das gefällt mir.
Dat bevalt me niet.	Das gefällt mir nicht.
Tot gauw.	Bis bald.

Die wichtigsten Fragen

Wat is dat?	Was ist das?
Kunt U me vertellen, ...?	Können Sie mir sagen, ...?
Is er ...?	Gibt es ...?
Heeft U ...?	Haben Sie ...?
Ik zou graag ... (willen) hebben.	Ich möchte bitte ... haben.
Ik zoek ...	Ich suche ...
Ik neem ...	Ich nehme ...
Waar vind ik ...?	Wo finde ich ...?
Ik heb ... nodig.	Ich brauche ...
Kunt U me ... geven, alstublieft?	Können Sie mir bitte ... geben?
Waar kan ik ... kopen?	Wo kann ich ... kaufen?
Hoeveel kost dat?	Wieviel kostet das?
Waar is ...?	Wo ist ...?
Hoe kom ik naar ...?	Wie komme ich nach ...?
Hoeveel kost de rit naar ...?	Wieviel kostet die Fahrt nach ...?
Ik wil graag naar ...	Ich möchte nach ... (Taxi)
Hoe lang duurt ...?	Wie lange dauert ...?
Hoe lang bent U open?	Wie lange haben Sie geöffnet?

Die wichtigsten Richtungsangaben

(naar) rechts	(nach) rechts
(naar) links	(nach) links
rechtdoor	geradeaus
terug	zurück
tegenover	gegenüber
alsmaar / steeds maar / rechtdoor	immer geradeaus
ver	weit
dichtbij	nah
buiten	außerhalb
in het centrum	im Zentrum
hier	hier
daar	dort
om de hoek	um die Ecke
tussen	zwischen
voor	vorne, vor
achter	hinten, hinter
over	über
onder	unter
naast	neben
buiten	außen

Die wichtigsten Zeitangaben

gisteren	gestern
vandaag	heute
morgen	morgen
overmorgen	übermorgen
's morgens	morgens
's middags	mittags
in de namiddag	nachmittags
's avonds	abends
's nachts	nachts
dagelijks	täglich
eerder	früher
later	später
nou, nu	jetzt
gauw	bald
altijd	immer
nooit	nie
deze week / maand / jaar	diese Woche / Monat / Jahr
vorige week / maand / jaar	vorige Woche / Monat / Jahr
volgende week / maand / jaar	nächste Woche / Monat / Jahr
deze week / maand / jaar	diese Woche / Monat / Jahr
vorige week / maand / jaar	vorige Woche / Monat / Jahr
volgende week / maand / jaar	nächste Woche / Monat / Jahr

Zahlen

1	*een*	25	*vijfentwintig*
2	*twee*	26	*zesentwintig*
3	*drie*	27	*zevenentwintig*
4	*vier*	28	*achtentwintig*
5	*vijf*	29	*negenentwintig*
6	*zes*	30	*dertig*
7	*zeven*	40	*veertig*
8	*acht*	50	*vijftig*
9	*negen*	60	*zestig*
10	*tien*	70	*zeventig*
11	*elf*	80	*tachtig*
12	*twaalf*	90	*negentig*
13	*dertien*	100	*honderd*
14	*veertien*	101	*honderdeen*
15	*vijftien*	121	*honderdeenentwintig*
16	*zestien*	200	*tweehonderd*
17	*zeventien*	300	*driehonderd*
18	*achtien*	1.000	*duizend*
19	*negentien*	2.000	*tweeduizend*
20	*twintig*	10.000	*tienduizend*
21	*eenentwintig*	1 Mio.	*een miljoen*
22	*tweeëntwintig*	1/2	*een half*
23	*drieëntwintig*	1/3	*een derde*
24	*vierentwintig*	1/4	*een kwart*

Nichts verstanden?

Ik spreek bijna geen Nederlands.
Ich spreche kaum Niederländisch.
Wat zeg je / zegt U?
Wie bitte? (Was sagen Sie / sagst Du?)
Ik heb je/U niet verstaan.
Ich habe dich / Sie nicht verstanden.
Spreekt U / Spreek jij Engels / Duits?
Sprechen Sie / sprichst du Englisch / Deutsch / Französisch?
Wat is ... in het Nederlands / Engels / Duits?
Was heißt … auf niederländisch / englisch / deutsch?
Kun je / Kunt U dat nog een keer zeggen, alstublieft?
Würden Sie das bitte wiederholen?
Zou je / U iets langzamer kunnen spreken alstublieft?
Könntest Du / könnten Sie bitte etwas langsamer sprechen?
Kun je / kunt U me vertellen wat dit woord betekent?
Kannst Du / können Sie mir sagen, was dieses Wort bedeutet?
Hoe spreekt U dit woord uit?
Wie wird dieses Wort ausgesprochen?
Wil je / wilt U mij dat alstublieft opschrijven?
Können Sie mir das bitte aufschreiben?

Literatur

Das Thema Niederlande wird in der deutschen Literatur recht stiefmütterlich behandelt - hatte man hierzulande vielleicht mit *Immanuel Kant* (der nie die Niederlande besuchte) schon seit 1764 die Meinung geteilt, daß den Holländern das Schöne und Erhabene abginge, sie nur noch *"gänzlich die Nullität"* besäßen? War das platte Land unserer Nachbarn, die Monotonie der Ebene, keine Töne wert, wie sie ein *Goethe* über Italien erklingen ließ - obwohl er, wie an voriger Stelle vermerkt, von der niederländischen Geschichte geradezu hingerissen war? So hat es den Anschein, wenn man von der voluminösen Literatur über die genialsten Maler der abendländischen Welt einmal absehen will. Wer sich zum Thema Niederlande über Belangloses hinaus informieren möchte, sollte auch die dortige landessprachliche Literatur lesen und verstehen können. Ein entsprechender Querschnitt, zumindest für den Bereich der niederländischen Inseln, ist deshalb in die nachstehende Buchliste aufgenommen worden.

- *Bakker, Hans:* ***Ameland von Ost nach West.*** Van den Brink, Nes, k. J.
- *Boxer, C. R.:* ***The Dutch Seaborne Empire 1600-1800.*** Penguin Books, London 1965.
- *De Feyfer-Teutelink, F.E.,* und *Kok, J.P.:* ***Cranberry historie en receptuur.*** Stichting VVV Terschelling, 1992.
- *Dolder, Willi und Ursula:* ***Lebensraum Nordseeküste und Wattenmeer,*** Greil, Grünwald 1989
- *Greenpeace Report:* ***Nordsee in Not,*** Rowohlt, Reinbek 1988
- *Janssen, Susan und Kruse, Jan:* ***Das Nordsee-Kinderheft,*** BUND Schleswig-Holstein 1992
- *Jantzen, Friedrich:* ***Pflanzen am Meer,*** LB-Naturbücherei, 1989

Anhang

• *Mac Cavin, Malcolm:* **Das Greenpeace-Buch der Nordsee,** Franckh-Kosmos, 1991

• *Maywald, Armin:* **Das Watt,** Maier, Ravensburg 1991

• *Pott, Eckart:* **Vögel am Meer,** LB-Naturbücherei, 1989

• *Quedens, Georg:* **Vögel der Nordsee,** Breklumer Verlag, Breklum 1989

• *Reeuwijk, Dick van:* **Aufstand der Georgier.** Privatdruck, Den Burg 1992.

• *Rohde, Jürgen:* **Naturwunder Küste,** Bucher, 1985

• *Schilling, Jörg,* und *Täubrich, Rainer:* **Niederlande.** Beck'sche Reihe, München 1988.

• *Schol, Aad,* und *Uitgeest, Klaas:* **...en om hen heen was alles branding...** Langeveld en de Rooy, Den Burg 1994.

• *Schramm, Godehard:* **Holland.** Fischer Taschenbuch Verlag, Frankfurt 1984.

• *Siderius, Kees,* und *Abrahamse, Jan:* **Waddeneilanden.** Koninglijke Nederlandse Toeristenbond ANWB, Den Haag 1994.

• *Som, O'Neil V.:* **Niederländisch Wort für Wort.** Reise Know-How Verlag Peter Rump, Bielefeld 1994.

• *Stichting VVV Terschelling (Hg.):* **Naturführer Watteninsel.** Terschelling, k. J. Gut im niederländischen Original; sehr fehlerhaft in der deutschen Übersetzung.

• *Streble, Heinz:* **Was finde ich am Strande,** Franckh-Kosmos, 1990

• *Vogel, Hans-Jürgen:* **Schiermonnikoog – ein kleines Inselmosaik.** VVV Schiermonnikoog 1995. Leider miserables Deutsch.

• *Werner, Jan:* **Nordseeküste – Führer für Sportschiffer.** Delius Klasing, Bielefeld 1989.

• *Zwaal, A. J.:* **Terschellinger Historie.** 't Behouden Huis, Terschelling, k. J.

Urlaubshandbücher Nordsee

„Deutschlands Nordseeinseln" — „Ostfriesische Inseln" — „Westfriesische Inseln" — „Nordseeküste Niedersachsens"

Die Urlaubshandbücher aus der Reihe Reise Know-How informieren über die aktuelle Situation und bieten ausführliche Insel- und Ortsbeschreibungen mit Besichtigungs-, Übernachtungs- und Gaststättentips, Informationen zu Sport und Unterhaltung, Anreise und Ausflügen.

Zeltplätze und Jugendherbergen sind ebenso verzeichnet wie sämtliche Museen (mit Öffnungszeiten), die Höhe der Kurtaxen, Preise für Strandkörbe und Adressen von Fahrradvermietern. Hinweise für Naturliebhaber und Hintergrundinformationen zu Natur und Kultur, Geschichte und Gegenwart vervollständigen diese Bücher. Und wer gerne im Strandkorb schmöckert, entdeckt in den vielen unterhaltsamen Exkursen Neues und Interessantes an seinem Urlaubsort

Nordseeküste Niedersachsens
ISBN 3-89416-603-7
288 Seiten, DM 24,80

Deutschlands Nordseeinseln
ISBN 3-89416-197-3
480 Seiten, DM 29,80

Reise Know-How Verlag Peter Rump GmbH, Bielefeld

REISE KNOW-HOW

REISE KNOW-HOW Bücher werden von Autoren geschrieben, die Freude am Reisen haben und viel persönliche Erfahrung einbringen. Sie helfen dem Leser, die eigene Reise bewußt zu gestalten und zu genießen. Wichtig ist uns, daß der Inhalt nicht nur im reisepraktischen Teil „Hand und Fuß" hat, sondern daß er in angemessener Weise auf Land und Leute eingeht. Die Reihe REISE KNOW-HOW soll dazu beitragen, Menschen anderer Kulturkreise näher zu kommen, ihre Eigenarten und ihre Probleme besser zu verstehen. Wir achten darauf, daß jeder einzelne Band gemeinsam gesetzten Qualitätsmerkmalen entspricht. Um in einer Welt rascher Veränderungen laufend aktualisieren zu können, drucken wir bewußt kleine Auflagen.

SACHBÜCHER:

Die Sachbücher vermitteln KNOW-HOW rund ums Reisen: Wie bereite ich eine Motorrad- oder Fahrradtour vor? Welche goldenen Regeln helfen mir, unterwegs gesund zu bleiben? Wie komme ich zu besseren Reisefotos? Wie sollte eine Sahara-Tour vorbereitet werden? In der Sachbuchreihe von REISE KNOW-HOW geben erfahrene Vielreiser Antworten auf diese Fragen und helfen mit praktischen, auch für Laien verständlichen Anleitungen bei der Reiseplanung.

Welt

Achtung Touristen
DM 16,80 ISBN 3-922376-32-0
Äqua-Tour (Rad & Bike)
DM 28,80 ISBN 3-929920-12-3
Auto(fern)reisen
DM 34,80 ISBN 3-921497-17-5
Die Welt im Sucher
DM 24,80 ISBN 3-9800975-2-8
Fahrrad-Weltführer
DM 44,80 ISBN 3-9800975-8-7
Motorradreisen
DM 34,80 ISBN 3-921497-20-5
Um-Welt-Reise (Reise Story)
DM 22,80 ISBN 3-9800975-4-4
Wo es keinen Arzt gibt
DM 26,80 ISBN 3-89416-035-7

REISE STORY:

Reise-Erlebnisse für nachdenkliche Genießer bringen die Berichte der REISE KNOW-HOW REISE STORY. Sensibel und spannend führen sie durch die fremden Kulturbereiche und bieten zugleich Sachinformationen. Sie sind eine Hilfe bei der Reiseplanung und ein Lesevergnügen für jeden Fernwehgeplagten.

STADTFÜHRER:

Die Bücher der Reihe REISE KNOW-HOW CITY führen in bewährter Qualität durch die Metropolen der Welt. Neben den ausführlichen praktischen Informationen über Hotels, Restaurants, Shopping und Kneipen findet der Leser auch alles Wissenswerte über Sehenswürdigkeiten, Kultur und „Subkultur" sowie Adressen und Termine, die besonders für Geschäftsreisende wichtig sind.

Europa

Amsterdam
DM 26,80 ISBN 3-89416-231-7
Baltikum - Estl./Lettl./Litauen
DM 39,80 ISBN 3-89416-196-5
Bretagne
DM 39,80 ISBN 3-89416-175-2
Budapest
DM 26,80 ISBN 3-89416-212-0
Bulgarien
DM 39,80 ISBN 3-89416-220-1
England, der Süden
DM 36,80 ISBN 3-89416-224-4
Estland
DM 26,80 ISBN 3-89416-215-5
Gran Canaria
DM 36.80 ISBN 3-927554-24-3
Großbritannien
DM 39,80 ISBN 3-89416-617-7
Hollands Nordseeinseln
DM 24,80 ISBN 3-89416-619-3
Irland-Handbuch
DM 36,80 ISBN 3-89416-194-9
Island
DM 39,80 ISBN 3-921497-35-3
Lettland
DM 26,80 ISBN 3-89416-216-3
Litauen mit Kaliningrad
DM 29,80 ISBN 3-89416-169-8
London
DM 26,80 ISBN 3-89416-199-x
Madrid
DM 26,80 ISBN 3-89416-201-5
Mallorca
DM 29,80 ISBN 3-927554-17-0
Mallorca für Eltern und Kinder
DM 24,80 ISBN 3-927554-15-4
Oxford
DM 26,80 ISBN 3-89416-211-2
Paris
DM 26,80 ISBN 3-89416-200-7
Polen: Ostseeküste/Masuren
DM 36,80 ISBN 3-89416-613-4
Prag
DM 26,80 ISBN 3-89416-204-X
Provence
DM 36,80 ISBN 3-89416-609-6
Pyrenäen
DM 36,80 ISBN 3-89416-610-X
Rom
DM 26,80 ISBN 3-89416-203-1
Schottland-Handbuch
DM 36,80 ISBN 3-89416-179-5

Ozeanien

Neuseeland Campingführer
DM 24,80 ISBN 3-921497-92-2
Neuseeland (Reise Story)
DM 24,80 ISBN 3-921497-15-9
Bikebuch Neuseeland
(Rad & Bike)
DM 36,80 ISBN 3-929920-16-6

Rad & Bike:
Reise Know-How Rad & Bike sind Radführer von lohnenswerten Reiseländern bzw. Radreise-Stories von außergewöhnlichen Radtouren durch außereuropäische Länder und Kontinente. Die Autoren sind entweder bekannte Biketouren-Profis oder „Newcomer", die mit ihrem Bike in kaum bekannte Länder und Regionen vorstießen. Wer immer eine Fern-Biketour plant - oder nur davon träumt - kommt an unseren Rad & Bike-Bänden nicht vorbei!

Amerika

Atlanta & New Orleans
DM 28,80 ISBN 3-89416-230-9
Durch den Westen der USA
DM 39,80 ISBN 3-927554-20-0
Durch die USA mit Flugzeug und Mietwagen
DM 39,80 ISBN 3-927554-10-3
Amerika von unten (Reise Story)
DM 22,80 ISBN 3-9800975-5-2
„Und jetzt fehlt nur noch John Wayne..." (Reise Story)
DM 22,80 ISBN 3-927554-18-9
USA/Canada (Rad & Bike)
DM 46,80 ISBN 3-929920-17-4
USA/Canada
DM 44,80 ISBN 3-927554-19-7
Canada Ost/USA NO
DM 39,80 ISBN 3-927554-22-7
Durch Canadas Westen m. Alaska
DM 36,80 ISBN 3-927554-03-0
Hawaii
DM 36,80 ISBN 3-89416-860-9
Argentinien/Uruguay/Paraguay
DM 44,80 ISBN 3-921497-51-8
Costa Rica
DM 36,80 ISBN 3-89416-166-3
Ecuador/Galapagos
DM 39,80 ISBN 3-921497-55-8
Guatemala
DM 36,80 ISBN 3-89416-214-7
Honduras
DM 36,80 ISBN 3-89416-608-8
Mexiko
DM 36,80 ISBN 3-9800975-6-0
Panama
DM 36,80 ISBN 3-89416-225-2
Peru/Bolivien
DM 36,80 ISBN 3-3929920-20-4
Radabenteuer Panamericana
(Rad & Bike)
DM 28,80 ISBN 3-929920-13-1
Traumstraße Panamerikana
(Reise Story)
DM 24,00 ISBN 3-9800975-3-6
Trinidad & Tobago Barbados, St Lucia, Grenada, St. Vincent & die Grenadinen
DM 36,80 ISBN 3-89416-174-4
Venezuela
DM 39,80 ISBN 3-921497-40-x

Reise Know-How

Anhang

Register

Kartenverzeichnis

Hilfe!

Dieses Urlaubshandbuch ist gespickt mit unzähligen Adressen, Preisen, Tips und Infos. Nur vor Ort kann überprüft werden, was noch stimmt, was sich verändert hat, ob Preise gestiegen oder gefallen sind, ob ein Hotel, ein Restaurant immer noch empfehlenswert ist oder nicht mehr, ob ein Ziel noch oder jetzt erreichbar ist, ob es eine Alternative gibt usw.

Der Autor dieses Buches ist zwar stetig unterwegs und versucht, alle zwei Jahre eine komplette Aktualisierung zu erstellen, aber auf die Mithilfe von Reisenden kann er nicht verzichten.

Darum: Schreiben Sie uns, was sich geändert hat, was besser sein könnte, was gestrichen bzw. ergänzt werden soll. Nur so bleibt dieses Buch immer aktuell und zuverlässig. Die besten und hilfreichsten Zuschriften belohnt der Verlag mit einem Freiexemplar der nächsten Auflage. Schreiben Sie direkt an:
Reise Know-How Verlag Peter Rump GmbH,
Hauptstr. 198, D-33647 Bielefeld.

Danke!

Anhang

Der Autor

Roland Hanewald erblickte 1942 in Cuxhaven das Licht der Nordseeküste und wuchs an der Weser auf. Er fuhr über zwanzig Jahre lang als Offizier der Handelsmarine zur See - ärgerlicherweise immer an den holländischen Nordseeinseln vorbei -, siedelte sich lange auf den 7.000 Eilanden der Philippinen an, und fand zu Beginn der 90er Jahre wieder zur Nordsee zurück: Könnte es einen besseren Inselkenner geben? Über seine alte Heimat hat er seither vier Bücher verfaßt: Nordsee-, Nordfriesische und Ostfriesische Inseln sowie auch die niedersächsische Küste, alle in diesem Verlag. Außerdem ist er als Reisejournalist mit Reportagen in bislang achtzehn Ländern weltweit tätig.